Zu diesem Buch

»In seinem leicht zu entschlüsselnden gleichnishaften Roman zeigt sich Bjørneboe unbekümmert gegenüber zeitgenössischen Themenstellungen und modernen Erzähltheorien ... Aber gerade in Bjørneboes anarchischer Einfachheit steckt eine Kraft, die auf uns, die wir täglich durch Überinformation unter Beschuß geraten, belebend wirken kann.« (Basler Magazin)

Jens Ingvald Bjørneboe, geboren am 9. Oktober 1920 in Kristiansand, begann als Maler und arbeitete als Lehrer in Oslo, ehe er freier Schriftsteller wurde. 1966 wurde er mit dem norwegischen Staatspreis ausgezeichnet. Der renommierte norwegische Erzähler, Dramatiker, Lyriker und Publizist, dessen Werke ein leidenschaftliches soziales Engagement durchzieht, erregte vor allem mit seinem provozierenden Roman »Nackt im Hemd« Aufsehen, der nur scheinbar und ganz oberflächlich gesehen ein »pornographisches« Lesebedürfnis stillte. Bjørneboe starb am 9. Mai 1976 in Veierland.

Jens Bjørneboe

HAIE

Die letzte Reise der Bark »Neptun«

Deutsch von
Henning Boetius

rororo
Rowohlt

Veröffentlicht im Rowohlt Taschenbuch Verlag GmbH,
Reinbek bei Hamburg, Dezember 1987
Umschlagentwurf Jürgen Kaffer/Peter Wippermann
(Foto: Anders/G + J Fotoservice)

Deutsche Erstausgabe 1984 im Merlin Verlag, Gifkendorf

Titel des norwegischen Originals »Haiene«
Gesamtherstellung Clausen & Bosse, Leck
Printed in Germany
980-ISBN 3 499 15930 9

Vom Augenblick der Geburt an bis zum Tod wird der Hai von einer einzigen unersättlichen Gier gejagt, dem Hunger.

Einleitung

Am 21. April des Jahres 1900 stand der Volontär Eugene Henderson vor der Tür der Reederei Malcolm & Malcolm in Glasgow. Es war ein feuchter, grauer Morgen. Eugene war ein sehr junger Mann mit hohem Stehkragen, rotblondem Haar und einem Anflug von Sommersprossen, mit eben erst sprießendem Backenbart und einer gewissen Neigung zum Fettansatz. Er putzte sich sorgfältig die Schuhe an der Fußmatte ab, bevor er eintrat. Mit dem Hut in der Hand grüßte er sehr höflich und bescheiden die Kontorangestellten hinter dem Tresen. Ein paar von ihnen sahen auf und nickten ihm zu, ehe sie sich wieder Briefmarkenkasse, Buchführung und Korrespondenz zuwandten. Es lag keinerlei Herzlichkeit in der Begrüßung.
Es war so, daß Henderson eine ausgeprägte Vorliebe dafür hatte, in seinem warmen Bett zu bleiben, und heute war er wieder zu spät gekommen. Er richtete seinen Blick von einem zum anderen. Die Atmosphäre war anders als sonst. Nur einer der Angestellten legte die Feder nieder und blickte zu ihm auf, über eine starke Stahlbrille hinweg, die auf einem schmalen Nasenrücken saß. Es war Benson, nach Henderson der jüngste im Geschäft. Beide waren auf eine gewisse Art Freunde, in der ihnen eigenen trägen und phlegmatischen Weise. Hin und wieder tranken sie ein Glas dunkles Bier zusammen. Benson blickte den anderen düster an und schüttelte langsam und vorwurfsvoll den Kopf. Henderson legte Mantel und Regenschirm ab, ging hinter die Schranke und beugte sich über ihn.

»Was gibts?« flüsterte er, »ist irgendwas los?«
»Der Chef ist heute früher als sonst gekommen. Du hast Pech gehabt.“
»Zum Teufel.«
Henderson blickte sich im Kontor um. In seiner unerschütterlichen Trägheit und trotz seiner Neigung zum Verschlafen war er alles in allem ein tüchtiger und sehr arbeitswilliger Lehrling. Und da seine Schläfrigkeit sozusagen von einer bürgerlichen und ziemlich beherrschten Art war und nie mehr als einige Minuten Verspätung zur Folge hatte, wurde sie von seinem Vorgesetzten mit ironischem Gleichmut geduldet. Er war ein brauchbarer, junger Mann, der seinen irdischen Beruf mit fast feierlichem Ernst ausübte.
»Hat Mr. Malcolm etwas verlauten lassen?« fragte er leise.
»Nein«, antwortete Benson, »er brauchte gar nichts zu sagen. Er betrachtete nur deinen Platz – lange.«
Es schien, als sei der Volontär jetzt völlig wach geworden. Er sah sich noch einmal im Raum um. Dann sagte er:
»Es ist doch irgendwas los. Was ist eigentlich passiert?«
»Heute ist der Halbjahrestag.«
»Was für ein Halbjahrestag?«
Der Kontorist nahm die Brille ab und sah ihn mit ernstem Gesichtsausdruck an.
»Es ist der 21. April. Vor genau einem halben Jahr segelte die ›Neptun‹ von Manila ab und ist seit vier Monaten als vermißt gemeldet. Mr. Malcolm erinnerte daran, ehe du kamst, und sagte, daß man das Schiff jetzt als spurlos verschwunden betrachten müsse, als endgültig abgeschrieben.“
»Ach so,« sagte Henderson und sah aus dem Fenster,

»wird es Schwierigkeiten mit der Versicherungsgesellschaft geben?«

Benson hatte keine Zeit mehr zum Antworten. Die Tür zu den inneren Büros hatte sich geöffnet, und Mr. Algot, der Bürochef, kam zum Vorschein mit einem Bündel Papieren in der Hand. Er trug wie immer seine Gummischuhe und starrte den Volontär überrascht an, mit runden, milchblauen Augen in einem leicht geröteten, massigen Gesicht.

»Ach nein, Herr Henderson!« sagte er, als fiele er aus allen Wolken, »Sie geruhten also doch noch zu kommen, Sir!«

»Verzeihen Sie«, sagte Hendersen, »es soll nicht mehr vorkommen.«

»Was soll nicht mehr vorkommen? Daß Sie hierher kommen? Sie wollen doch nicht etwa sagen, Sir, daß wir sie nicht mehr zu Gesicht bekommen sollen?«

»Ich werde nicht mehr verschlafen«, brachte der Volontär mit gesenktem Haupt hervor.

»All right, Henderson«, versetzte der Bürochef und überreichte ihm die Papiere: »Wir haben einen Botengang für Sie.«

»Besten Dank, Sir.«

Algot sah zur Außenwand hinüber. Zwischen den Fenstern hing ein Aquarell der Bark ›Neptun‹. Dann schüttelte er den Kopf.

»Mit Mann und Maus«, sagte er leise.

Erstes Buch

Der Steuermann

Sailor take care, sailor
take care ...

Mein Name ist Peter Jensen, geboren in Hammerfest in Norwegen im Jahre 1866. Ich war zweiter Steuermann auf der ›Neptun‹, und ich will erzählen was geschah.

Ich werde so gut berichten, wie mein sehr gutes Erinnerungsvermögen und meine bescheidenen Schreibkünste es mir erlauben. Die himmlischen Götter allein kennen den Sinn dieser grauenhaften und wahnwitzigen Seereise. Aber so wahr das Kreuz des Südens am Firmament steht, so sicher ist es, daß alles seine Bedeutung hat. Nur unser geringer menschlicher Verstand ist Schuld daran, daß wir nicht in der Lage sind, dergleichen zu begreifen. Allein, diese Reise begann absurder und sinnloser als jede andere, von der ich weiß. Es war, als ob das ganze Schiff von Haß durchdrungen sei, als wäre es aus Haß gezimmert, geschmiedet, getakelt und genagelt. Das ganze Schiff war wie vom Satan besessen.

Sie war eines der schönsten Geschöpfe, die ich je gesehen habe, eine weißgestrichene, ein wenig übertakelte Bark. Nun ist seit jeher eine Bark das Edelste und Schönste, das Graziöseste und Wunderbarste, was auf den Meeren schwimmt. Eine Bark ist für mich das Höchste, was die Schiffsbaukunst erreicht hat. Doch selbst für so ein herrliches Schiff war sie ein außergewöhnliches Exemplar: wild, launenhaft, schnell, schwierig zu segeln und eine blendende Schönheit. Wenn ich sie selbst ihrem Anblick gemäß hätte taufen können, ich hätte sie ›Venus‹ genannt, nach der Göttin der Schönheit und Liebe und nach dem herrlichen Planeten des Abendhimmels. Und doch war dieses fast sinnliche Weibsbild eines Schiffes vom Teufel besessen.

Ich habe ähnliches von Menschen gehört, von schönen und wilden, unbegreiflichen und undurchschaubaren, herrlichen Frauen, die Männer zum Wahnsinn getrieben haben, bis sie die Opfer von Teufelsbesessenheit wurden. Es sind Berichte von Liebe, Irrsinn und Tod.

Wie gesagt, die ›Neptun‹ war vom Satan besessen. Wenn ich an sie denke, finde ich es unpassend, böswillig und geradezu widernatürlich, einem solchen Schiff einen Männernamen zu geben. Neptun ist eine im höchsten Maße männliche Gottheit, die ihre fruchtbare Unzucht in der bodenlosen und geheimnisvollen Tiefe des Meeres treibt. Es war unanständig, dieses Schiff nach ihm zu nennen – nach einem so ausgeprägten Mann-Gott. Bei ihrem Anblick hätte ich sie Sancta Vénere genannt – die heilige Venus. Und sie war vielleicht der schnellste Segler, den ich je unter den Füßen gehabt habe.

Kurz gesagt: ich war von wilder Liebe zu ihr entbrannt, als ich in Manila an Bord ging. Das war der Grund dafür, daß ich anheuerte. Ich ging an Bord mit Seemannskiste und Geigenkasten, mit bebendem Herzen und fieberndem Hirn, mit allem also, was ich auf dieser wunderlichen Welt besitze. Den 21. Oktober 1899 stachen wir in See, wohl beladen mit Tauwerk und Hanf. Dort stand ich auf den Planken, den Himmel über mir und das Meer unter mir. Großer Gott, was für eine Situation! Nach oben der unendliche Raum des Weltalls, nach unten die bodenlose, dunkle See. Ein Drittel der Mannschaft einschließlich des Stewards und des dritten Steuermannes war total betrunken. Der Zimmermann war bewußtlos in Folge einer

Schlägerei mit einem der Matrosen. Das verzögerte die Abreise, aber es verhinderte sie nicht.

Nachdem in mich in meiner Kammer häuslich eingerichtet hatte, durchmusterte ich die Arzneikiste. Als zweiter Steuermann hatte ich die Aufgaben des Arztes an Bord, und mich beschlich eine unbehagliche Ahnung, daß wir die Medikamente brauchen würden. Die Kiste enthielt die bei der Seefahrt üblichen Arzneien: Chinin, Opium, Morphium, Äther, Chloroform usw., Verbandszeug, Schienen und eine kleine Auswahl von relativ einfachen, aber modernen chirurgischen Instrumenten. Es ist ein wenig peinlich, daß ich dazu neige, mich zu übergeben, wenn ich Blut sehe, aber so ist es nun einmal. Es ist mein Schicksal, und ich muß es hinnehmen.

Es ist auch mein Schicksal, ein Seemann zu sein. Denn ich bin vor allen Dingen und in erster Linie Seemann auf dieser Erde. Damit will ich sagen, daß ich vor dem Meer Angst habe. Ich hasse das Meer. Ich verabscheue das widerwärtige, boshafte Brüllen der Brandung. Eigentlich bin ich gewissermaßen – sowohl körperlich wie geistig – wasserscheu. Der Gedanke an die halbdunkle und dunkle Tiefe, wo so mancher Mann meines Berufes verfault ist, füllt mich mit wirklicher, tödlicher Angst. Alle Seeleute haben Angst vor der See. Sie wissen um ihre Bedeutung.

Mindestens sechs Generationen meiner Vorfahren waren Seeleute. Ich hasse das Meer, die Bodenlosigkeit, die Tiefe, aber ich komme nie davon los. Das Meer ist das Unbegreifliche. Es ist unfaßbar wie der Sternenhimmel und die Herzen der Menschen.

Aus Angst vor dem Meer habe ich versucht, an Land zu leben, mit festem Boden unter den Füßen. In Zeiten, in denen die Angst vor der See zu stark wurde, um sie auszuhalten, habe ich mein tägliches Brot damit verdient, Unterricht zu geben. Ich war Lehrer vor allem für Mathematik und Geografie, außerdem für Französisch und Englisch, aber auch für Musik. Aber nach einer gewissen Zeit an Land mußte ich wieder auf See. So war es immer. Das ist mein Schicksal, mein Fluch, das zu lieben, was ich hasse.

Was gibt es noch zu erzählen? Ich bin 182 Zentimeter groß und ein ziemlich handfester Mann. Als ich in Manila anmusterte, war ich dreiunddreißig Jahre alt.

Dann ging die ›Neptun‹ auf ihre letzte, sinnlose und unbegreifliche Reise; mit Kurs Südost Richtung Kap Horn, dem Bestimmungshafen Marseille. Eine Todesreise, die mich für mein Leben zeichnen würde. In jenem Herbst 1899 dachte ich auch viel an eine andere Reise, die bald beginnen sollte, die Reise in ein neues Jahrhundert. Überhaupt machte ich mir viele Gedanken damals – an Deck oder in meiner Kammer an Bord jenes schönen und verfluchten Schiffes. So schön war dieses Schiff, daß es für mich bis auf den heutigen Tag Sancta Vénere heißt – die heilige Venus.

Der Zimmermann

Nachdem wir die Schleppleinen losgeworfen und die Segel gesetzt hatten, waren es nicht meine seemännischen Pflichten, die mich in Beschlag legten. Das heißt, es waren nicht Karte, Zirkel, Lineal, Kompaß oder Sextant, die mich beschäftigten – es war aber dennoch eine seemännische Arbeit. Ein Seemann muß alles können. Oft ist man Monate lang von jeder Landverbindung abgeschnitten. Man muß einen gebrochenen Arm oder ein Bein schienen, einen Zahn ziehen, einen zerquetschten Finger amputieren können; strenggenommen muß man eine Kuh melken können oder die Funktion einer Hebamme übernehmen und ein Kind zur Welt bringen, falls die Geburt auf offener See stattfinden sollte.

Aber sobald wir unter Segeln waren und das klare, fast durchsichtige Plätschern von Wasser und Wellen am Bug und an der Bordwand hörten, mußte ich mich schon aufs neue in die Arzneikiste vertiefen. Der Zimmermann war immer noch bewußtlos. Abgesehen von seinen Atemzügen gab er kein Lebenszeichen von sich. Die Augen waren halb geöffnet, ohne Leben, ein Weiß wie Email. Das Gesicht war bleich wie Kalk, der Puls unregelmäßig und langsam. Sie hatten ihn rücklings auf die verschalte Luke gelegt, und als das Schiff unter vollen Segeln krängte, lag er mit dem Kopf tiefer als mit den Füßen. Von Mund und Nase aus hatte sich das Blut über die untere Gesichtshälfte und den Hals ausgebreitet. Auf der Stirn, unmittelbar unter der Haarwurzel, war eine drei Zoll lange, klaffende Wunde. Das Blut war zuerst über seine Brauen und Augen geflossen und später weiter in sein Kopfhaar hinein.

Wie die Schlägerei anfing oder was ihre Ursache war, weiß

ich nicht. Aber nach allem, was ich gesehen habe, muß es ein tierischer Kampf gewesen sein.
Sie schlugen sich, um sich gegenseitig umzubringen. Die Wildheit und Roheit – ich hätte fast gesagt Tollheit – der Schlägerei erfüllte mich mit tiefem Abscheu und einer fast ekelerregenden Angst. Sie schien auch auf die Mannschaft paralysierend zu wirken. Die Leute standen stumm und unbeweglich dabei und sahen zu, ohne irgend ein Zeichen von Anteilnahme oder Sympathie für einen der beiden Gegner. Mannschaft? Ein anderes Wort gibt es ja nicht für diese seltsame Mischung von Leuten aus allen Ecken dieses Erdballs, von allen Hautfarben und Rassen, Männern aus den Docks und Hafenstädten der ganzen Welt, zusammengewürfelt auf der Bark ›Neptun‹ zu ihrer letzten Reise – quer über den stillen Ozean von Manila nach Kap Horn, Rio anlaufend, über den Atlantik und durchs Mittelmeer nach Marseille.
Bereits als ich da stand und die passive, düster wirkende Mannschaft und die zwei Männer betrachtete, die sich wie Raubtiere auf dem Deck wälzten, fühlte ich eine hoffnungslose Sehnsucht nach Marseille in mir – eine tiefe Traurigkeit – ein ohnmächtiges Gefühl, daß ich diesen Teil der Welt nie wieder sehen sollte. Seltsamerweise dachte ich auch daran, wie ein Mittagessen in ›Le Poulette‹ nach Monaten langweiliger Schiffskost schmecken würde. Aber diese Vorstellung beherrschte mich nur für einen Augenblick, für den Bruchteil einer Sekunde.
Was zwischen den beiden außer sich geratenen Männern an Deck geschah, war allzu grauenhaft, um als menschliches Wesen an etwas anderes denken zu können. Ich hörte das gräßliche Geräusch von Faustschlägen auf Fleisch und sah, daß beide Gesichter von Blut verschmiert waren.

Der Zimmermann war ein mittelgroßer, kräftig gebauter Mann in den Dreißigern. Er war, wie ich später erfuhr, Javanese, aber dabei ein Bastard von teilweise holländischer Abstammung. Sein Widersacher war ein schlanker, muskulöser Südamerikaner – Peruaner –, angemustert als Leichtmatrose.
Das erste, was ich sah, war, daß der Zimmermann den Mund des anderen mit einem so gewaltigen Schlag traf, daß das Blut buchstäblich aus ihm herausspritzte. Der andere stürzte rücklings nieder und überkugelte sich mehrmals auf dem Deck. Aber fast augenblicks war er wieder auf den Beinen. Wie eine Katze sprang er seinen Gegner an, der niederfiel und unter ihm zu liegen kam. Er richtete sich mit dem Oberkörper auf und schlug aus allen Kräften auf den Zimmermann ein – wieder und wieder, dann rollten beide auf die Seite. Der Javanese schlang die Arme um den Nacken des Leichtmatrosen und zog dessen Gesicht an seines heran. Es sah aus, als würde er ihn küssen, und im gleichen Augenblick stieß der Peruaner einen schrillen, durchdringenden Schrei aus. Der Zimmermann biß ihm in die Wange. Mit einer gewaltigen Anstrengung riß der andere sich los, während sein Blut von der Wange hinunter über Hals und Brust strömte. Fast zur gleichen Zeit waren beide wieder auf den Beinen. Zweimal hintereinander traf der Zimmermann den Peruaner im Gesicht, dann hob dieser sein Knie an und trat ihn mit voller Kraft zwischen die Beine. Im selben Moment, in dem er sich mit einem Schrei nach vorne krümmte, schlug ihn der Leichtmatrose in den Nacken. Er fiel mit dem Gesicht auf das Deck, aber bekam dabei die Beine des anderen zu fassen, so daß dieser rücklings zu Boden fiel. Wieder rollten sie über Deck, und als sie liegenblieben, lag der Leichtmatrose wieder auf

dem anderen. Er packte den Zimmermann mit der linken Hand an der Kehle und schlug mit der Rechten auf sein Gesicht ein. Ein Schlag nach dem anderen traf ihn auf Mund und Nase. Der Zimmermann bekam die langen Haare des anderen zu fassen, zog seinen Kopf hinunter und drückte beide Daumen in seine Augen hinein. Der Peruaner schrie wie ein Wahnsinniger und versuchte, die Hände des anderen von seinem Gesicht wegzubekommen, aber der Javanese hatte vier Finger jeder Hand fest in den Haaren und die Daumen in seine Augen gepflanzt.
Die Mannschaft stand immer noch genauso unbeweglich, genauso schweigsam dabei und sah zu. Das einzige, was man hörte, waren die wilden, herzzerreißenden Schreie des Leichtmatrosen. Indem er sich auf die Seite wälzte, schaffte er es mit der Zeit, freizukommen. Er rollte ein paar Mal übers Deck, dann kam er auf die Knie mit dem Gesicht nach unten und den Händen vor den Augen. Er schrie nicht mehr, aber zuckte wie unter Krämpfen.
Der Zimmermann erhob sich langsam und spuckte Blut übers Deck. Dann ging er zu dem anderen hinüber, zögerte einen Augenblick und trat ihn von hinten zwischen die Beine. Mit einem Aufschrei fiel der Peruaner auf die Seite. Zweimal noch trat ihn der andere, diesmal in den Bauch.
Es war klar, daß der Kampf vorüber war. Aber fast ehe man es wahrnehmen konnte, war der andere wieder hoch, schwankend und wild wie ein Tiger vor Raserei. Er stieß praktisch seinen Schädel in den Mund des Javanesen, der zurücktaumelte, mit den Händen vor dem Gesicht. Einen Augenblick lang verharrte er so, dann sprang er auf den anderen los. Der Schlag traf den Peruaner am Kiefer, und er fiel zurück gegen die Lukenverschalung. Neben ihm lag

eine Planke, zwei Zoll dick und etwa vier Fuß lang. Blitzschnell ergriff er sie und sprang hoch. Der Zimmermann schaffte es nicht, dem Schlag auszuweichen, er warf nur den Kopf zurück. Der andere hob die Planke über sich und schlug. Sie traf den Zimmermann dort, wo der Scheitel in die Stirn übergeht, und er fiel in sich zusammen wie von einer Kugel getroffen.

Mit zweien von der Mannschaft bettete ich den leblosen Körper auf die Luke. Dann folgte all die Geschäftigkeit, die notwendig ist, um ein Schiff unter Segel und hinaus auf die offene See zu bekommen. Der Peruaner taumelte nach vorne und hinunter ins Mannschaftslogis.

Als ich frei war, trug man mir den Zimmermann nach achtern und hinunter ins enge ›Hospital‹. Ich muß gestehen, daß ich anfangs nicht wußte, was ich mit ihm machen sollte. Nachdem ich seine Pulsschläge gezählt hatte, entkleidete ich ihn, schickte den Smutje nach gekochtem Wasser und begann damit, das Blut von Hals, Gesicht und Kopf wegzuwaschen. Durch den Entlüfter hörte man von draußen das Rauschen und Plätschern an der Bordwand. Das Schiff hatte jetzt ziemlich stark übergelegt und machte viel Fahrt.

Der Zimmermann wirkte völlig leblos. Unter den halbgeschlossenen Lidern nahm ich nur das Weiße der Augen wahr. Im günstigsten Falle handelte es sich um eine sehr starke Gehirnerschütterung, im schlimmsten Falle um einen Schädelbruch, möglicherweise verbunden mit inneren Blutungen. Nachdem ich das meiste Blut entfernt hatte, sah ich, wie übel er zugerichtet war. Mund und Nase wirkten wie eine einzige zusammenhängende Wunde. Die Verletzung an der Stirn war ganz offen und blutete immer noch sehr stark, wie es solche Wunden in der Kopfhaut immer zu tun pflegen. Als ich sie auswusch, gewahrte ich den Stirnknochen zwischen den klaffenden Rändern der Wunde. Vom linken Mundwinkel zog sich ein langer, tiefer Riß in Richtung Ohr. Zwei seiner Vorderzähne waren kaputt.

Ich untersuchte den Kiefer, um zu sehen, ob er gebrochen war, aber ich fand nichts, was darauf hindeutete.

Dann säuberte ich sein Gesicht mit Essig und Alkohol. Aber er gab kein Lebenszeichen von sich. Ich goß ein Glas Kognak in den halbgeöffneten Mund hinein, aber auch das hatte keine Wirkung. Im ganzen sah es nicht so aus, als würde er noch viele Stunden am Leben bleiben. Ich konnte nichts weiter tun, als die Wunde an Stirn und Mund zu nähen. Ich kann dieses Nähen nicht leiden, und es hat auch wenig Sinn, einen Mann zusammenzuflicken, der sich anschickt, diese Welt für immer zu verlassen. Aber sollte das Wunder geschehen, sollte er einmal wirklich zurückkehren aus seiner Ohnmacht in unsere wache, bewußte und lebendige Welt, dann war wenigstens dieses Flickwerk getan.

Ich nahm zwei gekrümmte Nadeln, Sehnen, Klammern und zwei Pinzetten an mich und ging in die Kombüse hinüber, um sie mehrere Minuten lang zu kochen. Dann kehrte ich zurück und begann mit der widerwärtigen Arbeit.

Bereits als ich die erste Naht anbrachte und die Sehnen knoten mußte, merkte ich, daß ich dem Erbrechen nahe war. Alles in allem brachte ich elf Nähte an seiner Stirn an und sieben am Mundwinkel. Eine offene Wunde unter dem rechten Auge nähte ich viermal. Als ich die Wunde unter der Haarwurzel zusammennähte, geschah etwas. Er gab beim vorletzten und letzten Stich zwei deutliche

Stöhnlaute oder Seufzer von sich. Es waren ganz klare Lebenszeichen. Ansonsten lag er unverändert da. Über die große Stirnwunde legte ich eine sterile Kompresse und danach einen Verband – wie einen Turban – um seinen ganzen Kopf. Die Verletzung am Mundwinkel würde man nach dem Nähen pflastern können. Nase und Lippen behandelte ich mit Alkohol und danach mit Pflastern.

Er atmete jetzt ziemlich gleichmäßig, aber der Puls war immer noch schwach, unregelmäßig und langsam. Ich war mir ziemlich sicher, daß er im Laufe der Nacht sterben würde, und es wurde mir schlagartig klar, wie sinnlos es war, diese Arbeit an einem solchen sterbenden, rohen und brutalen Menschentier zu verrichten. Natürlich war das ein verzweifelter und gottloser Gedanke; nur die Mächte, die über Leben und Tod herrschen, wissen, was wirklich im Menschenherzen verborgen ist. Sollte der Mann tatsächlich überleben, war es nicht mir zu verdanken; aber es war dennoch wichtig, daß ich mein Bestes für seine Verletzungen tat.

Von den zwei kaputten Vorderzähnen war der eine – der mittlere – an der Wurzel gelockert, der andere war gebrochen. Ich betrachtete sie und dachte daran, daß wir eine monatelange Reise vor uns hatten, ohne die Möglichkeit, einen Dentisten zu erreichen, und daß die beiden Zähne ihm in der nächsten Zeit Schmerzen und Unbehagen bereiten würden, falls er entgegen jeder Wahrscheinlichkeit im Laufe der nächsten Tage nicht den Weg allen Fleisches gehen würde.

Ich wählte unter den Instrumenten eine Zange, die ich für passend hielt, und zog ohne Schwierigkeiten den lockeren Zahn. Wie seine übrigen Zähne war er makellos und weiß wie Elfenbein. Mit dem anderen Zahn war es schwieriger.

Erstens war er so nahe am Zahnfleisch gebrochen, daß es schwierig war, ihn zu fassen, und zweitens saß er fast unglaublich fest. Erst nach einer Arbeit von mehreren Minuten begann er locker zu werden. Ich drehte und wackelte mit ständig größer werdendem Erfolg. Einmal ließ der Zimmermann sein Stöhnen vernehmen. Dann hatte ich den Zahn draußen und legte ihn mit dem anderen Abfall nach Beendigung meiner wundärztlichen Tätigkeit beiseite. Der Boden der Hospitalkammer war bedeckt von blutigen Fetzen und Wattestücken.

Ich war nahe dran, zu Gott zu beten, daß er mich für die Zukunft vor weiterer Tätigkeit als Medizinmann bewahren möge, vor etwas, wozu weder mein Hirn noch meine Nerven oder Finger geeignet waren. Aber statt dessen blieb ich sitzen und betrachtete den bandagierten Kopf und den nackten Körper. Er war ein sehr gut gebauter Mann und sicher mit größerer physischer Widerstandskraft ausgestattet als ein Weißer. Und er würde diese seine Zähigkeit jetzt brauchen.

Aber falls er jetzt, was wahrscheinlich war, *wirklich* eine Schädelfraktur hatte, also einen regelrechten Bruch der Hirnschale infolge des fürchterlichen Schlages, was konnte ich dann als Laie mit nur den einfachsten medizinischen Kenntnissen für ihn tun? Es mußte möglich sein, etwas anderes zu unternehmen, als ihn nur da liegen zu lassen und seine tierhafte, katzenähnliche, zähe Konstitution mit dem Tode ringen zu lassen. Konnte man dieser geheimnisvollen Lebenskraft zu Hilfe kommen?

Während ich dort saß, naßgeschwitzt und in Hemdsärmeln, während ich darüber nachgrübelte, was ich tun könnte, war ich zur gleichen Zeit angefüllt von einer großen, inneren Freude; ich war an Bord meiner Braut, meiner eigenen Sancta Vénere, des schönsten Schiffes, das ich je gesehen hatte. Gegen die Außenwand der Hospitalkammer, die auf der Backbordseite lag, im Augenblick die Leeseite, schwappte das salzige Meerwasser, und ab und zu bedeckte eine der Seen die Entlüfterklappe, so daß ich in das sonnengefüllte, hellblaue Wasser hineinsah. Der Gedanke an die heilige Venus – den schönen, strahlenden Abendstern östlich der Sonne und westlich vom Mond, wie ich sie in meinem Herzen getauft hatte –, das herrliche, überdimensionierte Rigg, der schlanke, weiße Rumpf – all dies machte mich glücklich. Ich fühlte mich wie ein Gott oder mindestens wie ein Prinz, überströmt vom goldenen Wohlwollen der Götter. Nachdem ich hier unten in der Kajüte damit fertig war, Äskulap zu dienen, würde ich an Deck gehen und das Seelige vollziehen. Ich würde mich mit ihr vereinen, ich würde das Ruder nehmen und sie in meinen Armen haben.

O Jugend! O Lebensfreude!

Ein Laut, der von dem Sterbenden kam, rief meine träumenden Gedanken zurück zum Krankenbett. Er kam aus der Tiefe seiner Kehle und klang wie ein schwaches Gurgeln. War es ein Lebenszeichen, oder war es der erste Beginn eines Todesröchelns? War seine Majestät schon unter uns hier unten im Achterdeck? Ich wußte es nicht.

Dann wurde es wieder still.

Auf dem Regal über der Koje, zwischen einem Bund Kerzen und einer leeren Kognakflasche, stand Dr. Thiers' großes, zweibändiges ›Handbuch der Schiffsmedizin‹, zusammen mit einem Katalog pharmazeutischer Präparate. Ich saß lange da mit den Büchern auf den Knien in der Hoffnung, etwas darüber finden zu können, wie man in einer Notsituation erste Hilfe im Falle eines Schädelbruchs lei-

sten kann. Endlich kam ich zu dem Schluß, daß das einzige, was ich tun konnte, darin bestand, die Herztätigkeit anzuregen. Ich gab ihm Belladonna und danach eine Injektion von etwas, dessen Namen ich vergessen habe. (Das Schicksal hat übrigens meine Bitte erhört; seit ›Neptuns‹ letzter Reise habe ich nicht mehr als Quacksalber und Medizinmann fungieren müssen. Allerdings muß ich hinzufügen, daß ich selbst dem Spiel des Schicksals etwas nachgeholfen habe, indem ich bei späteren Anmusterungen angab, daß ich unfähig sei zur Rolle des Amateurschiffsarztes, und im Laufe der Zeit habe ich das wenige, was ich wußte, vergessen – nicht nur den Namen des Präparates, das ich dem Zimmermann einspritzte.)
Es hatte inzwischen den Anschein, als würde die Behandlung wirksam. Nach einer Weile atmete der Patient tiefer, und der Puls wurde kräftiger, regelmäßiger und schneller. Das gab mir neuen Mut, und ich stand auf, um an Deck zu gehen, als mir plötzlich einfiel, daß der andere Kampfhahn, der peruanische Leichtmatrose, der Widersacher des Javanesen, noch unversorgt war. Der schwarze, amerikanische Messejunge wurde nach vorne geschickt, um ihn zu holen.
Das Hospital war viel zu eng, als daß man noch einen Mann darin hätte behandeln können, und so beschloß ich, meine eigene Kammer als Erstehilfestation für ihn zu verwenden. Als ich mich mit abgekochtem Wasser, Verbandsmaterial und Instrumenten versorgt hatte, kam er nach achtern, den Arm über der Schulter eines anderen Matrosen, der ihn stützte. Er war fürchterlich zugerichtet und in jammervoller Verfassung. Um seinen Kopf hatte er einen schmutzigen Schal gebunden, um die Blutung der Bißwunde in der Wange zu stoppen. Das Tuch hatte das

Blut nicht gestillt, sondern sich so am Gesicht festgeklebt, daß es dem Mann große Schmerzen bereitete, als ich den Schal abnahm.

Ich setzte den Peruaner auf einen Stuhl mit dem Gesicht zur luvwärtsgerichteten Lüftungsklappe und begann, ihn zu untersuchen. Beide Augen waren blutunterlaufen und umrandet von schweren Blutergüssen. Das linke schielte und schien sehr beschädigt zu sein. Die von den javanesischen Raubtierzähnen des Zimmermanns stammende Bißwunde war einfach fürchterlich. Die Zähne des Unterkiefers hatten die Wange an zwei Stellen vollkommen durchdrungen. Die linke Hand war total gelähmt.

Zunächst wusch ich ihm das Blut ab, dann spülte ich die Augen aus. Das rechte war nicht so stark beschädigt, aber auf das linke mußte ich eine Kompresse mit Borwasser und darüber einen Lederflicken legen, der mit einer Schnur um den Kopf gebunden werden konnte. Gegen die Schmerzen gab ich ihm ›Aurum‹, eine Mischung aus Opium und Alkohol.

Dann zog ich ihn bis zum Gürtel aus, legte ein Handtuch auf mein Kopfkissen und bat ihn, sich in die Koje zu legen. Ich wusch und desinfizierte die Wunde in der Wange so gut ich es vermochte und machte eine Rolle aus einem sauberen Taschentuch, die ich mit Äther tränkte. Er wurde angewiesen, sie über Mund und Nase zu halten und tief einzuatmen. Als der Rausch stark genug war, das heißt, er nur noch gerade eben bei Bewußtsein war, fing ich an, die Wundränder zusammenzunähen. Das war weitaus schwieriger, als das Nähen der Wunden des Zimmermannes, und ich benötigte eine ganze Menge Nähte. Er fühlte wohl Schmerzen während der Operation, aber er gab keinen Laut von sich. Nachher legte ich eine sterile Kompresse

über den Biß und klebte sie gründlich mit Pflastern fest, die das halbe Gesicht bedeckten. Auch in die Oberlippe setzte ich ein paar Nähte. Der Sonnenschein und die reine Seeluft sollten in Gottes Namen den Rest bewirken.
Vom Unterarm bis zur Spitze des kleinen Fingers der linken Hand legte ich eine Schiene aus einem flachen Stück Holz und verband die Hand so, daß der kleine Finger und der Ringfinger nicht bewegt werden konnten. Es waren vor allem die zwei inneren Gelenke, die beschädigt waren, und ob es sich um einen Bruch oder um eine schwere Verstauchung handelte, die Schienung würde jedenfalls von Nutzen sein. (Ich bete zu Gott, daß keine Ärzte, also keine richtigen Mediziner, dies lesen. Aber Tatsache ist, daß ich tat, was ich konnte, nach bestem Wissen und Gewissen.) Zum Schluß gab ich meinem jetzt nach der Behandlung noch mehr mitgenommenen Patienten ein ordentliches Wasserglas Kognak und stützte ihn auf dem Weg zum Achterdeck.
Ich ging hinüber zum Rudergänger, einem feingliedrigen Kubaner mit schmalen Händen und einem schmalen, scharfgeschnittenen Gesicht. Er sprach ein gutes Englisch, und ich bat ihn, den Peruaner nach vorne und hinunter ins Mannschaftslogis zu schaffen. Das Ruder, sagte ich, würde ich übernehmen bis zum Wachwechsel, so daß er selbst vorne bleiben konnte. Der erste Steuermann war im Kartenraum. Es war kurz vor Sonnenuntergang, und wir waren nicht mehr in Sichtweite des Landes.
Am westlichen Himmel brannte die ganze unfaßbare, tropische Farbenpracht – aber ich sah sie nicht. Ich sah und hörte nichts.
Ich stand am Ruder der Sancta Vénere!
Ich hatte den ersten körperlichen Kontakt mit meiner Ge-

liebten. Ich hielt ihre lebendige Seele in den Händen. Ich legte zum ersten Mal die Hand auf sie!
Es ist keine Übertreibung, wenn ich sage, daß ich zitterte, als ich das erste Mal das Mahagonieruder ergriff. Das Deck lag schräg unter mir, der Wind kam von Steuerbord, ein bißchen achterlich und dwars, aber ich hatte für nichts anderes Sinn als für sie. Vorsichtig luvte ich ein Viertelstrich an, nur um ihre Reaktion zu spüren, um zu prüfen, wie sie im Ruder lag. Und da merkte ich es: dieses schwache Beben, auch sie zitterte unter der Berührung! Es loderte eine hohe Flamme von Glück in mir auf. Von der Sohle bis herauf in die Fingerspitzen fühlte ich ihr Erbeben, dieses Einssein von Rumpf und Rigg, von Körper und Seele, von Tauwerk und Wind. Es war eine gewaltige, brausende Musik von See, Schiff und Wind.
Ja, ich stand am Ruder der Heiligen Venus!
Langsam sank die Sonne ins Meer, die Dämmerung war kurz, und kurz darauf wurde der Abendstern sichtbar. Ich stand dort, schwindelnd vor Liebesglück. Ich wußte, daß es Sancta Vénere's Seele war, die ich liebte, und diese Liebe wurde erwidert. Und was ist irdische Liebe gegen die Liebe zu einer Seele!
Es war Licht im Kompaßhäuschen, und die Kompaßnadel zitterte ebenfalls. Alles bebte, der Rumpf, das Tauwerk, der Fockmast, der Großmast und der Besan. Sie hatte bewiesen, daß sie das war, was ich von ihr gehalten hatte, als ich sie das erste Mal von Land aus sah. Jetzt führte ich sie, Sancta Vénere – die heilige Venus – den Himmelskörper der Liebe!
Wie lange ich dort als Rudergast stand, weiß ich nicht, aber die Tropennacht war schwarz wie Koks, als die Wache zu Ende ging, und die Ablösung kam.

Ich ging wieder unter Deck, um meine Pflichten in der Krankenpflege fortzusetzen. Sie galten diesmal nicht dem Zimmermann, sondern dem dritten Steuermann und dem Steward. Beide waren immer noch im Vollrausch. Der Steuermann lag auf dem Rücken in seiner Koje, mit offenem Mund und rotem, geschwollenem Gesicht. Er schnarchte schwer. In dem Steward war ein bißchen mehr Leben. Er hatte eine Flasche Rum mit in die Koje genommen, als er sich hingehauen hatte, und sie lag neben ihm auf dem Kissen. Er war voll wie ein Faß, aber er hatte seine blauen, wäßrigen Augen geöffnet. Er wirkte fast genauso todkrank wie der Zimmermann und machte einen schwachen Versuch zu reden. Ich erriet, daß es die Flasche war, worum es sich drehte, und daß er es nicht schaffte, sie anzusetzen. Ich füllte ein Wasserglas und goß es vorsichtig und geduldig in seinen Mund. Nachher schaffte ich es mit unendlicher Mühe, ihnen ein Glas Kochsalzlösung einzuflößen; damit hatte ich getan, was ich für sie tun konnte. Später erfuhr ich, daß der dritte Steuermann, ein großer und kräftiger Nordamerikaner, nur ein gewöhnlicher Trunkenbold war, während es sich bei dem Steward, einem flämischen Belgier von Ende vierzig, um einen echten Alkoholiker handelte, mit Leberzirrhose und beginnender Dementia (schon am folgenden Morgen gab ich ihm eine Morphiumspritze, um ihn zur Ruhe zu bringen).
Nachdem ich mit beiden fertig war, ging ich ins Hospital und setzte mich dort nieder. Ich war sehr müde, aber ich blieb dort sitzen. Der Atem ging jetzt kürzer, und der Puls war wieder schwächer und langsamer. Etwa eine Stunde nach Mitternacht gab ich ihm neuerlich Belladonna und noch eine Spritze von dem Stoff, dessen Namen ich vergessen habe. Ungefähr um drei begannen seine Augenli-

der leicht zu flattern, und es sah so aus, als würde er sie öffnen. Aber dann war er wieder weg. Etwas später bekam ich ein paar Eßlöffel Kognak in ihn hinein.
Etwa um fünf Uhr morgens hörte ich draußen einen schwachen Laut und drehte den Kopf. Langsam wurde die Tür geöffnet, und in der Öffnung stand der Kapitän, im Nachthemd, mit seinem vollkommen ausdruckslosen, undurchdringlichen, runden Gesicht.
»Na?« sagte er, »Mr. Jensen, wie geht es dem verdammten javanesischen Satanshund? Wird er am Leben bleiben?«
»Ich fange an, es zu glauben, Sir.«
Langsam machte er die Tür hinter sich zu. Für seine Verhältnisse war es eine lange Rede gewesen.
Um sechs ging ich hinauf in die Offiziersmesse, um etwas Essen zu mir zu nehmen. Ich war starr vor Müdigkeit. Auf dem Tisch, der mit Schlingerleisten versehen war, stand Tee, Geschirr und Besteck. Unser kleiner, schwarzer Messejunge sah schläfrig aus, als er Tee einschenkte und mir geröstetes Brot und Marmelade reichte.
»Gut geschlafen, mein Junge?« sagte ich. »Jawohl, Sir.«
Ich trank zwei Tassen Tee und zwang ein paar Schnitten Brot in mich hinein. Dann kam der Kapitän herein. Er hatte das Nachthemd mit einer weißen Tropenuniform vertauscht und blickte mich wieder mit seinem teilnahmslosen, ausdruckslosen Gesicht an.
»Roll dich auf die Seite, Steuermann«, sagte er.
Ich erhob mich und ging in meine Kammer, der man immer noch ansah, daß sie tags zuvor als Lazarett verwendet worden war. Ich schlief im selben Augenblick ein, als ich den Kopf aufs Kissen legte.
So verliefen die ersten vierundzwanzig Stunden an Bord des Segelschiffes ›Neptun‹.

Poseidon – Das Meer

Und der Geist Gottes schwebte auf dem Wasser ...

Wie ich schon gesagt habe: ich bin Seemann. Ich will einen Schritt weitergehen: ich will sagen, daß die Götter in ihrem Zorn mich zum Seemann gemacht haben. Mit jedem Organ meines Körpers, mit jeder Faser meiner Nerven und mit jeder Zelle meines Hirns bin ich Seemann. Nicht freiwillig, sondern weil ich so geschaffen bin. Ich habe erwähnt, daß sechs Generationen meiner Vorfahren Seeleute waren. Sie alle erwarben ihren kargen Unterhalt, ihr kümmerliches Brot durch das Meer, durch Neptun-Poseidons fürchterliches Reich.

Sechs Glieder meiner Sippe sind über seine stürmische Oberfläche gesegelt – ich selbst gehöre also zur siebten Generation –, und andere haben ihre Nahrung aus der Tiefe geholt, aus der blauen Dämmerungswelt unterhalb der Wasseroberfläche, von dort, wo sie beginnt, bis in die bodenlose Tiefe.

Was hat es mit dem Königreich Neptuns auf sich?

Viele meines Geschlechtes sind während ihrer täglichen, harten Mühsal auf dem Meer dem Todesengel begegnet. Ein Onkel ging auf dem Nordmeer mit einem Schiff unter, mein Großvater war auf der ›Union‹, als sie 1847 spurlos auf dem Südatlantik verschwand. Ein Bruder von ihm war an Bord des Schoners ›Stella Maris‹, während ihres Schiffbruchs im Indischen Ozean, zwei Jahre danach, und er gehörte zu dem vermißten Teil der Besatzung. Wir haben Neptuns kannibalischen Gelüsten unseren Tribut gezollt. Es ist nicht nur Saturn, der seine Kinder frißt. Wir sind Neptuns Söhne, Poseidons Gezücht, und er schluckt uns.

Ich bin Seemann, und ich heirate nicht. Keine trauernde Witwe und keine brotlosen Kinder werde ich jemals hinter mir zurücklassen.

Wenn man vom Archipelagos nach Südosten segelt, erreicht man schnell tiefes Wasser. Östlich der tausend Inseln der Philippinen liegt das Gebiet Mindanaos, wo eine Meerestiefe von mehr als zehntausend Metern gemessen worden ist. Das ist, was ich mit ›bodenlos‹ meine, weil es dort praktisch keinen Boden und keine Grenze gibt. Der Druck dort unten unter Millionen Tonnen von Wassermassen ist so gewaltig, daß man bis dorthin niemals vordringen wird. Alles würde zerquetscht werden, zusammengeknüllt wie Blechdosen. Schiffe, die hier sinken, erreichen nie den Meeresboden. Ähnliche Meerestiefen gibt es noch mehrfach. Genau östlich des Mindanao-Grabens, südlich der Inselgruppe der Marianen, gibt es eine Tiefe von mehr als elftausend Metern. Der Graben östlich von Japan und den Kurilen hat Untiefen von zehntausendfünfhundert Metern. Südlich des Äquators – in der Rinne, die sich von der Samoa-Gruppe vorbei an den Freundschaftsinseln bis hinunter in Richtung Neuseeland erstreckt – sind an mehreren Stellen fast elf Kilometer gemessen worden. Im Atlantik finden wir ähnliche Tiefen nur östlich von San Domingo – auf jeden Fall mehr als neuntausend Meter.

Solche Tiefen also haben wir unter dem Kiel, nachdem wir von den Philippinen aus in See gestochen sind. Es ist eine Welt des Unbegreiflichen, des Geheimnisvollen, des Irrationalen. Wenn die Meeresoberfläche in ihrem Aufruhr und ihrer Wildheit, in der Flaute oder im Sturm den Gefühlen des Menschen vergleichbar ist, diesem Meer, auf dem wir alle unser eigenes kleines Schiff des Verstandes und Bewußtseins segeln, in der gewaltigen, aber bekannten Welt der Emotionen – dann erinnern die großen Tiefen, die undurchdringlichen Abgründe des Meeres an die unbekannten und nie besuchten Welten des Menschenherzens, an die unbegreiflichen, unzugänglichen, nachtdunklen und unfaßbaren Unterwelten der Seele.

Das ist Neptuns Reich.

Wir wollen den Blick von der Tiefe abwenden und in die entgegengesetzte Richtung schauen, ins Weltall, wo die alles durchdringenden Kräfte die Planeten und Fixsterne, das Sonnensystem und die Sternbilder tragen und zusammenhalten. Wir wollen, während wir diese zehntausend Meter Tiefe und Dunkelheit unterm Kiel haben, den Himmel aus leuchtenden, fernen Welten ansehen, den wir über den Masten haben.

Es wurde ein neuer Stern aufgefunden, ein neuer Planet innerhalb unseres eigenen Sonnensystems. Er wurde 1846 von dem Astronom Galle entdeckt, dreiundfünfzig Jahre, bevor die Bark Sancta Vénere zu ihrer letzten Reise ablegte.

Dieser neue Stern ist der Neptun.

Er hat zwei Monde – Nereid und Triton –, und er hat einen Durchmesser, der viermal größer ist als der des Sternes, den wir selbst bewohnen, der Erde. Er ist der äußerste der Planeten, und sein Abstand von der Sonne ist gewaltig. Er stellt den alleräußersten Kontakt unseres Sonnensystems mit den Mächten des unendlichen Himmelsraumes dar. Neptun ist ein großer Stern und ein großer Gott. Und sein geistiger und physischer Einfluß ist unermeßlich.

Wer ist dieser virile, mächtige Mann-Gott?

Die Griechen nannten ihn Poseidon, und in uralten Zeiten auch Psyche, die erst später zu einer Göttin wurde – die

Menschenseele, die höhere, überirdische Liebe, die veredelte Vénere – fast hätte ich gesagt: die heilige Venus. (Dabei fällt mir ein, daß Sancta Vénere dazu gezwungen worden ist, ihren Namen jenen Krankheiten zu leihen, die unsere medizinische Wissenschaft die ›venerischen‹ nennt, die in allen Reedereikontoren der ganzen Welt als ›selbstverschuldet‹ bezeichnet werden und die bedauerlicherweise kein unbekanntes Phänomen an Bord unserer eigenen schönen, weißen Bark waren.) Aber es ist nicht Psyche oder die erhabene Venus, von der wir hier sprechen, sondern es ist der gewaltige, brutale und mächtige Neptun, der Herr der Abgründe und Tiefen, der Urvater der Leidenschaften.

Wir wollen etwas näher betrachten, wie die Mythologie, wie die klaren Kindheitsträume der Menschheit ihn beschreiben. Kann man behaupten, daß unsere eigene Ratio tiefer in den Abgrund sieht?

Nun möchte ich doch vorwegschicken, daß ich hoffe, vom Leser nicht als wirklichkeitsferner Träumer, Phantast oder Mystiker abgeschrieben zu werden. Vielmehr steht fest, daß ich die Sonnenhöhe nehme, Positionen bestimme, sie auf der Seekarte eintrage mit Lineal und Bleistift und ein Logbuch oder Schiffsjournal genauso sorgfältig, exakt und verantwortungsbewußt führe, wie irgendein anderer Schiffsoffizier der britischen Handelsmarine. Aber wie gesagt, das Seemannsblut von sieben Generationen fließt in mir. Ich glaube an Bilder, Sterne und Zeichen, und außerdem bin ich der einzige, der die Geschichte der letzten Reise der Bark ›Neptun‹ niedergeschrieben hat. Deshalb muß man mich wohl, wenn man wissen will, was geschehen ist, so akzeptieren wie ich bin. Ich schreibe so, wie ich es tue, nicht auf Grund mangeln-

den Verstandes, sondern auf Grund von Erfahrungen, die nicht alle Menschen gemacht haben. Ich bin ein durch und durch empirischer Geist. In den gleichen Gewässern segelte auch Darwin vor siebzig Jahren an Bord der Bark ›Beagle‹, und ich werde ihm keine Schande machen. Gewiß habe ich den Kurs in eine andere Richtung abgesteckt, aber wir segeln unter den gleichen Sternen.
Ich will nur hinzufügen, daß keiner den Boden der Tiefe des Menschenherzens mit Hilfe von Lot und Lotleine erreicht.
Poseidon war der Sohn des Kronos und daher der Bruder von Zeus, was schon einiges über seine Stellung unter Göttern, Titanen und Menschen aussagt. Als Zeus die Unterwelt dem Hades überließ, gab er gleichzeitig Poseidon die Herrschaft über das Meer, über das den ganzen Erdball bedeckende nasse Element.
Aber ursprünglich war der Titan Okeanos der Herrscher des Meeres, der Sohn vom Gott des Himmels Uranos (dessen Stern 1781 von dem Astronomen Herschel entdeckt wurde als ein Vorzeichen des Ausbruchs der großen Französischen Revolution), gezeugt mit dem Geist der Erde Gea. Okeanos war so mächtig, daß nur Zeus über ihm stand. Er paarte sich mit seiner Schwester und zeugte dreitausend Söhne, die Okeaniden. Aber dann wurde Okeanos alt; die Götter des Olymp eroberten die Welt, am Ende auch das Meer. Zeus verjagte Okeanos, Neptun-Poseidon erbte sein Reich und wurde uneingeschränkter Herrscher über alle Meere und Flüsse. Alle Götter der Meere und Ströme mußten sich ihm beugen und unterordnen.
Poseidon zeigt sich ab und zu an der Meeresoberfläche, aber die Tiefe, die unterseeischen Abgründe sind sein

Heim, sein Schloß. Er herrscht tief, tief unten im Unbekannten, unendlich weit unter der sonnenüberglänzten, tagklaren Oberfläche, wo die Delphine ihr Spiel treiben. Seine Fruchtbarkeit und Paarungskraft sind unerschöpflich, und ungeachtet seiner Ehe mit der Nereide Amfitrite hat er viele edle Geschlechter von Halbgöttern gezeugt, sowohl mit anderen Nereiden wie mit Nymphen, Meerjungfrauen und anderen der halbbewußten Geister der Tiefe.

Äußerlich ist er ein athletischer Gott in mittlerem Alter mit wucherndem, gewaltigem Haar und Bart. In der rechten Hand trägt er seine Waffe, seinen furchterregenden Dreizack. Die Stirn ist hoch und breit, die Augen sind blau und so riesenhaft, daß sie den Himmel wiederspiegeln. Kein Mensch erträgt seinen Anblick. Wehe dem, der in die Gewalt Neptuns und seines Sternes gerät!

Und da Neptun in allem lebt, was fließt, kann er auch im Blut hausen, als der verborgene, sündhafte Flußgott des Blutes, der die halbbewußten Kräfte der Nacht zum unendlichen und totalen Aufruhr anstiftet. Neptun des Blutes! Von der Unbewußtheit des Abgrundes und der Tiefe, von der Meerestiefe und der Bodenlosigkeit des menschlichen Herzens herauf steigen seine fürchterlichen Kräfte und treiben den Menschen zu Irrsinn und Aberglauben, Drogensucht, Alkoholismus, Chaos, sexueller Maßlosigkeit, Betrügerei, Lüge und unheilbarem Wahnsinn. Natürlich hat Neptun auch viel mit dem Mond, den Gezeiten und der Mondsüchtigkeit zu tun, mit Ebbe und Flut. Und nicht nur im Blut, auch in den anderen Säften des Körpers wirken Neptun und sein Dreizack; in den Feuchtigkeiten des Gewebes und vor allem im Inneren des Kopfes, im wunderlichen Fruchtwasser, in dem das Hirn schwimmt und schwebt. Er macht die Nerven entzündet und das Hirn fiebrig. Er ruft Gesichter hervor und läßt uns Stimmen hören und die gewaltige, erschreckende Musik aus den Konchyliehörnern der Tritonen. Selbstverständlich ist er in Orkanen und in Windhosen, in Zyklonen – und vor allem im windstillen, tödlichen Zentrum der Taifune.

Nur wenige, äußerst wenige Menschen, nur diejenigen, die schwerste Prüfungen durchlitten haben, sind empfänglich für Neptuns allerhöchste und geistige Ausstrahlung – für Psyche, die ich bereits erwähnt habe: die erlöste, himmlische Venus.

Neptun ist übrigens auch der Dämon des Mohns, des Opiums, des Morphiums und des Alkohols – und der Beschützer und Inspirator der spiritistischen Medien, sowohl wenn die Geister sich ihrer bedienen, als auch wenn sie lügen und betrügen. Die Lüge ist der Halbbruder der Telepathie.

Alle Götter und Göttinnen des Wassers sind Poseidon-Neptuns Diener; Undinen, Flußnymphen, Tritonen, Wasserfrauen, Wassergeister, Nereiden, Strömungsgeister, Pontus, Glaukos, Phorkys und Proteus und alle Sirenen, samt Skylla und Charybdis, Klabautermänner und Wasserkerle.

Genauso die Tiere des Meeres; Wale, Muscheln, Haie, Schnecken, riesige Oktopoden, Plankton, Krebse und Mollusken – alle lebendigen Geschöpfe sind ihm untertan.

Neptun bewirkt auch die Stürme, auf dem Meer ebenso wie im Inneren des Blutes und im Fötuswasser des Gehirnes, die Stürme der Gefühle und die Typhone des Wahnsinns.

Ist es verwunderlich, daß ich vor dem Meer Angst habe?

Nun ist indessen das Meer, die See selbst, eines dieser Lebewesen, die ihm untertan sind. Ein jeder, der dem zur Raserei, zu blinder und haßerfüllter Leidenschaft aufgepeitschten Ozean begegnet ist, weiß, daß das Meer ein lebendiges, beseeltes Ungeheuer ist – in seinem Delirium aus Haß von einer einzigen, teuflischen Manie besessen: alles zu zerbrechen, worauf es trifft. Das Raubtier Meer ist in seinem Wahnsinn die Inkarnation aller Zerstörungslust, eines der größten irdischen Offenbarungen des Bösen.

Alle Seeleute leiden unter der gleichen Angst wie ich, wenn ich auf großer Fahrt bin, was fast immer der Fall ist; wenn ich die Schiffsplanken und die See unter mir habe, ob ich zufällig am Ruder stehe oder eine Position eintrage, immer, immer verspüre ich eine schwache, vibrierende Angst.

Ist es diese Angst, die mich auf See zieht, wieder und wieder? Ist es ihretwegen, daß ich nicht still an Land bleiben kann, Mathematik unterrichtend und ein ruhiges Leben führend, – ist es die Sehnsucht nach dieser schwachen, anhaltenden Angst, nach diesem Hauch von Tod und Wirklichkeit, die mich hinauszieht?

Ja, seltsam ist es, auf dem Meer zu sein – ein Einzelner unter Milliarden Exemplaren des Homosapiens, ein unendlich kleines Menschenatom, das immer noch ausreichend groß ist, um die Mysterien des Sternenhimmels und der Meerestiefe zu spiegeln.

Auch die Philippinen sind vom Meer geboren, sie sind aus der Tiefe emporgestiegen und haben an ihrer Westküste das Chinesische Meer und an ihrer Ostküste den Pazifik. Es ist ein Inselreich, das angeblich aus sieben- bis achttausend Inseln besteht, bewohnt von ungefähr fünfhundertmillionen Menschenseelen; einige wenige Spanier und

Chinesen befinden sich darunter, ein Teil Mischlinge, aber zumeist sind es Malayen, die ähnlich wie die Inseln Kinder des Meeres sind.

Bekanntlich endete der spanisch-amerikanische Krieg im Jahr vor der Abreise der ›Neptun‹ – mit den Amerikanern als Siegern, und eines der Resultate dieses Krieges war, daß die Spanier die Philippinen an die USA verkaufen mußten zu einem Preis, den die Sieger festsetzten; in diesem Falle zweihundert Millionen Dollar. Das Inselreich wurde brutto gekauft, mit Ratten, Bananenpflanzen und Menschen, und setzt man voraus, daß die Amerikaner die Inseln gratis als Zugabe erhielten und nur für die Einwohner bezahlten, lag demnach der Stückpreis etwas unter einem halben Dollar pro Kopf.

Will man sich das Gelände vorstellen, sowohl auf dem Land wie unter der See, braucht man nur daran zu denken, daß der höchste Berg dreitausend Meter hoch ist und das Meer im Osten über zehntausend Meter tief. Der Unterschied beträgt dreizehntausend Meter, viertausend Meter mehr, als der höchste Berg der Erde hoch ist.

Von Manila aus stach die ›Neptun‹ direkt gen Westen in See, dann wurde Kurs nach Norden genommen durch das Chinesische Meer und dann nach Osten in den Stillen Ozean. Wir waren mit ungeheuren Mengen Tauwerk und Manilahanf beladen.

Ich schreibe ›Hanf‹, weil man es so nennt, aber ›Manilarep‹ oder ›Manilahanf‹ hat botanisch nicht das geringste gemein mit wirklichem Hanf. Manilahanf wird gesponnen aus den Fasern einer Bananenpflanze, die auf den Inseln wächst und die dem gewöhnlichen, echten Hanfseil weit überlegen ist. Die Bananenpflanze wird in den Heimatländern ›Pisang‹ genannt und gehört zur Familie der Musa-

cea; eine der Arten, Musacea textilis, gibt das Material für den edlen Manila-›Hanf‹ ab, den wir zu feinerem Tauwerk verwenden, teureren Säcken, Matten und vielem anderen. Echter Hanf dagegen gehört zur Familie Cannabis sativa und wird nicht nur in tropischen Gebieten angebaut, sondern sogar in Europa und liefert den Rohstoff zu gröberem Tau, Säcken usw. Seit altersher ist Hanf in Indien angebaut worden. Eine Abart des Hanf (Cannabis indica) wird gewöhnlich indischer Hanf genannt und enthält einen leichten, narkotischen Stoff. Dieser indische Hanf wird seit Jahrhunderten im ganzen Orient geraucht – heutzutage auch in Europa – und verschafft dem Raucher einen edleren, weniger brutalen und verrohenden, weniger schädlichen Rausch als der Branntwein.
Der harzähnliche Saft, der von der Pflanze gewonnen werden kann, wird in arabischer Sprache ›Haschisch‹ genannt. Wenn er gegessen oder geraucht wird, ruft er einen nach innen gekehrten, äußerst behaglichen Zustand hervor, der, ohne mit den Schlaf- und Traumbildern des Opiums vergleichbar zu sein, trotzdem zum Reich der Drogen, zu Neptuns Reich, hinzugerechnet werden muß.
Aber niemand kann über das Meer reden, ohne die Winde, die Luft, den Raum zu erwähnen.
Gewiß ist Poseidons Imperium gewaltig. Es bedeckt das meiste der Oberfläche der Erde und reicht so weit in die Tiefe hinunter, daß man das ganze Gebirgsmassiv des Himalaya auf seinem Boden anbringen könnte, ohne daß es das mindeste Kräuseln auf der Wasseroberfläche bewirken würde. Aber das Weltreich der Winde ist größer, weil es den ganzen Erdball, den ganzen Himmelskörper Gea umfaßt. Über dieses Imperium herrscht Aeolus, Neptuns Sohn. Aeolus ist der Wächter der Winde, aber auch ihr

Vater und ihr Gott. Er ist Herr über den Raum, die leichte und die steife Brise, den Sturm, den Orkan, den Zyklon und den Taifun.

Aber vier der Winde haben eine andere Abstammung: Astraeus und Eos, der Sternenhimmel und die Morgenröte, zeugten die Winde der vier Himmelsrichtungen. Es sind Notus, der Südwind, Boreas, der Nordwind, Euros, der Ostwind und Zephyr, der Westwind. Im Pazifik und im Atlantik treffen die Winde aus dem Süden und aus dem Norden aufeinander – Notus umfängt Boreas am Äquator, und auf Grund der Erdumdrehung werden beide nach Westen abgelenkt. So entstanden die ewigen, stetigen Winde, der Passat, der Freund des Segelschiffes. Boreas erzeugt den Nordostpassat, Notus den Südostpassat. Die beiden anderen Brüder, der westliche Zephyr und der östliche Euros, sind launenhafter, mehr dem Zigeuner ähnlich und schwieriger zu berechnen. Nur im Monsun kann man sie voraussagen. Beide teilen das Jahr zwischen sich, die eine Hälfte der zwölf Monate bläst Zephyr, die andere Hälfte Euros.

Im Mai–Juni wechselt der Monsun die Richtung, und das gleiche findet im Oktober–November statt. In diesen Zeiträumen, wenn Euros und Zephyr die Wache wechseln, setzt ihr Verwandter, der Gott Typhon, seine titanischen Kräfte ein. Er ist, wie sein Name sagt, der Geist der Zyklone, Hurrikane und Taifune, der wildeste von allen Göttern.

Auf den Philippinen nennt man diesen Wachwechsel schlicht und einfach die Taifunzeit.

Es war der 21. Oktober, an dem die Neptun in See stach.

Der Steuermann und der Schiffsjunge Pat

Als ich zu meiner Wache aufgestanden war, ging ich zuerst mittschiffs zur Kombüse und bat den Messejungen Moses, Tee und geröstetes Brot nach achtern in den Kartenraum zu bringen, oder genauer gesagt, in den kleinen Salon dort.

Danach ging ich zum Steward, um nach ihm zu sehen. Er war in fürchterlicher Verfassung, äußerst unruhig, mit sabberndem Mund und tränenden Augen. Er murmelte unzusammenhängendes Zeug vor sich hin und starrte mich an in tiefer Angst. Dann bedeckte er die Augen mit seinen Händen und schrie laut auf. Er schrie mehrere Male so, drehte dann das Gesicht gegen die Schiffswand und fing an, herzzerreißend zu weinen.

Ich goß ein großes Glas voll Kognak und drehte ihn in der Koje um. Sein Gesicht war von Tränen naß, und er zitterte so, daß es ihm unmöglich war, das Glas zu halten. Darauf legte ich den linken Arm um seinen Nacken und hielt das Glas an seine bebenden Lippen. Sehr langsam, fast Tropfen für Tropfen, gelang es ihm, das meiste des Inhaltes zu schlucken, während seine blauen Augen mich anstarrten, weit offen und starr vor Schrecken. Dann kotzte er den Schnaps aus. Ich bin als siebzehnjähriger Kajütsjunge auf einem Passagierschiff gewesen, und ich habe gelernt, Erbrochenes aufzuwischen.

Einen Augenblick lang lag er still und stöhnte schwer, dann hielt er aufs neue die Hände vors Gesicht und schrie, wild und schneidend und mit der vollen Kraft seiner Lungen. Ich nahm sein Schlüsselbund vom Haken an der

Wand und schickte den Koch nach achtern nach einer Flasche Rotwein. Über der Glut im Herd wärmte ich die Hälfte des Weins und rührte Zucker hinein. Die ganze Zeit schrie der Steward in seiner Kammer wie ein Verrückter.

Ich mußte seine Hände von seinem Gesicht wegdrehen. Nach und nach gelang es mir, ihm eine große Tasse des warmen, gesüßten Weines einzuflößen. Fast augenblicks wurde er ruhiger. Er schloß die Augen, und seine Hände zitterten nicht mehr so stark. Dann erbrach er den Wein in einem langen Strahl. Ich wischte auf. Darauf fing das Schluchzen wieder an, das nach und nach in das gleiche schrille Geschrei wie zuvor überging. Er war in Neptuns Gewalt.

Es gab nur eines, obwohl ich es äußerst ungern tat; ich ging nach achtern und holte die Sachen aus der Arzneikiste. Dann kehrte ich zurück und hieß den Koch und den kleinen, schwarzen Messejungen ihn festhalten; ich gab ihm eine Injektion Morphium.

Auf der Poop begegnete ich dem dritten Steuermann, der auch nicht besonders morgenfrisch aussah. Das Gesicht war aufgedunsen und verschwollen, fast genau so rot wie die Haare. Er trug eine blaue Uniformjacke, aber das Hemd war oben offen und ohne Kragen. Er hatte den Kopf zurückgelegt und blickte ins Rigg hinauf.

»Guten Morgen«, sagte ich.

Er antwortete nicht und verzog keine Miene, er verharrte vielmehr in der gleichen Stellung, den Blick zum Masttopp gerichtet. Es blies jetzt ziemlich stark, und die Wellen hatten auf ihrem Kamm einen Spitzenbesatz aus Schaum. Ab und zu löste sich eine Schaumflocke und flog wie eine Möwe vom Wellenrücken auf: das ist der Übergang von

einer steifen Brise zu leichtem Sturm. Mich fesselte es nicht, was der Steuermann anstarrte, sondern ich sah hinaus aufs dunkelblaue und weiße Meer.
Am Ruder stand der gleiche kubanische Matrose, den ich am Abend vorher abgelöst hatte. Wir grüßten einander, und ich warf einen Blick auf den Kompaß vor ihm. Er stand mit fest zusammengepreßten Lippen da, und sein schmales, vornehmes Gesicht hatte einen merkwürdig verbissenen Ausdruck. Hals und Kopf waren wie aus Bronze gegossen. Auch er blickte nach oben. Das Schiff arbeitete ziemlich kräftig in den Seen. Ich ging in den Kartenraum hinein, um den ersten Steuermann abzulösen; er war ein ziemlich hochaufgeschossener, magerer Nordamerikaner und – wie ich später erfuhr – ein sehr religiöser Mann. Er sollte später zur Geschichte der letzten Reise der Neptun einen Beitrag leisten durch eine der unheimlichsten Vorwarnungen, die wir in der ersten Zeit bekamen. Jetzt ging er unter Deck, um sich hinzulegen und wahrscheinlich in seiner Bibel zu lesen.
Ich betrachtete die Seekarte, auf der die Positionen eingetragen waren, dann ging ich wieder hinaus zum Rudergänger.
»Zwei Strich abfallen«, sagte ich.
»Zwei Strich abfallen«, wiederholte er. Er war Seemann.
Sancta Vénere segelte jetzt wie eine Göttin. Die Windstärke lag zwischen kräftiger Brise und leichtem Sturm. Die beiden Royals waren geborgen. Sancta Vénere lag stark über und schoß wie ein Pfeil durch die Seen, während die Gischt von Luv in Wolken über das Deck strich. Herrgott, was war sie für ein Schiff, um damit zu segeln! Wieder fühlte ich das gleiche Glück, das ich am Abend zuvor verspürt hatte, als ich das Ruder nahm.

Auf dem Tisch in dem winzigen Salon neben dem Kartenraum standen das geröstete Brot, die Marmelade und die Kanne mit heißem, dampfenden Tee. Ich war hungrig, ausgeruht und glücklich. Das Barometer blieb in seiner Stellung, ein gutes Stück unter der Sturmmarke. Die Welt, der Wind und das Schiff – alles verhielt sich, wie es sollte. Wahrscheinlich machte Sancta Vénere eine Fahrt von sechzehn Knoten.

Ich kaute das Brot und die wohlschmeckende Marmelade ganz langsam und trank den starken und süßen Tee in kleinen Schlucken. Draußen auf dem Hauptdeck stand fast die ganze Mannschaft in drei, vier Haufen versammelt. Sie schienen nicht miteinander zu reden, aber es war deutlich, daß irgendetwas die Aufmerksamkeit aller gefangen hielt. Die meisten starrten nach oben ins Rigg.

Obwohl die Tatsache dieser Versammlung auffallend war, reagierte ich nicht so bewußt darauf, wie ich es hätte tun sollen. Ich war allzusehr angespannt, und mir graute zu sehr vor der nächsten Aufgabe dieses Tages: nach dem Zimmermann zu sehen und vermutlich meine Arbeit als Samariter und Quacksalber fortzusetzen.

Lebte er überhaupt noch?

Wenn ich mit dem Javanesen fertig sein würde, mußte ich zudem noch nach vorne gehen und nach dem peruanischen Leichtmatrosen sehen, der wahrscheinlich auch die Koje für einige Tage hüten mußte. Um die Wahrheit zu sagen: vor dem letzteren graute mir am meisten. Die Krankenkammer, wo der Zimmermann sich aufhielt, lag sicher und gut Wand an Wand mit der Messe an achtern. Aber um nach vorne zum Mannschaftslogis zu kommen, wo der Peruaner lag, mußte ich über Deck gehen, vorbei an den Menschenklumpen, die dort standen; und es lag et-

was Stummes und Geballtes, etwas reglos Stilles und Bedrohliches in ihnen.
Die Sache ist die, daß ich *Angst* hatte.
Zur letzten Tasse Tee rauchte ich eine Zigarette; dann ging ich ins Hospital hinunter. Als ich heute morgen dort war, um die Morphiumspritze für den Steward zu holen, hatte ich nur einen Blick von ihm erhascht. Jetzt sah ich richtig nach ihm.
Zuerst einmal: der Mann war am Leben. Aber der Puls schlug schwach, langsam und unregelmäßig. Der Atem ging flach und stoßweise.
Der Teil des Gesichts, der zwischen Bandagen, Kompressen und Pflastern zu sehen war, hatte keine Ähnlichkeit mit menschlicher Hautfarbe. Er war dunkelblau, violett und gelblich-grün. Auch am Körper hatte er riesige Blutergüsse; besonders Brust, Schultern und Oberarme waren voller blauer und gelber Flecken. Außerdem lag er genauso bewußtlos und ausgelöscht da wie am Tag zuvor, mit den gleichen ekelerregenden und unheimlichen Augenschlitzen, in denen sich nur das Weiße zeigte. Unter den Verbänden hatten aber die Blutungen mittlerweile aufgehört.
Wieder gab ich ihm Belladonna und eine Injektion des Präparates, dessen Namen ich vergessen habe, und auch diesmal hatte ich nach einer Weile den Eindruck, daß es bei ihm wirkte. Möglicherweise war es nur meine eigene Einbildung, inspiriert von der Hoffnung, daß dieser sterbende Mensch vielleicht doch überleben würde. Ganz abgesehen davon, daß es unangenehm sein würde, die ganze Reise ohne Schiffszimmermann machen zu müssen.
Ich blieb einige Minuten neben der Koje sitzen, um den Mut zu sammeln, nach vorn zu dem Peruaner zu gehen,

vorbei an der düsteren und aus irgendeinem Grund erregten Mannschaft. So scharf, wie wir jetzt segelten, lag das Bullauge hier an der Leeseite fast die ganze Zeit unter Wasser, und ich sah in die durchsichtige, glitzernde und schöne Welt aus sonnenhellem, grünem Salzwasser.

Dann erhob ich mich und ging die Treppe hoch.

Schon ehe ich den schmalen Gang zwischen Kartenraum und Steuermannskajüte erreicht hatte, hörte ich, daß etwas los sein mußte. Es war ein Geräusch von erregten Stimmen, von Schreien und von Flüchen. Als ich das Achterdeck betrat, fand ich den Rudergänger dort allein; der dritte Steuermann war aufs Deck hinuntergegangen.

»Was ist los?« fragte ich.

Der Kubaner nahm die linke Hand vom Steuerrad – ich sah, daß er zwei goldene Ringe an seinen schlanken Fingern trug – und zeigte hinauf ins Rigg, zum obersten Masttopp am Großmast. Mein Blick folgte der Richtung: am äußersten Ende der Royalrahe hing eine Gestalt und klammerte sich fest.

»Wer ist es?« sagte ich.

»Pat.«

»Warum kommt er nicht runter?«

»Er kann nicht.«

Ich kannte das Phänomen von früher; die Höhenangst kann so gewaltig sein, daß der Anfänger sich nicht traut, den Halt, den er einmal gefunden hat, aufzugeben, und deshalb nicht die neuen Griffe machen kann, die notwendig sind, um nach unten zu kommen. Die Situation ist ungefähr so wie bei einer Katze, die sich in einem Baumwipfel verklettert hat. In wilder Angst klammert man sich an den nächsten Gegenstand, und wenn man keine Hilfe bekommt, dann bleibt man dort solange hängen, bis Erschöpfung die Arme und Finger kraftlos macht und man von selbst herunterfällt. Hinzu kam, daß das Rigg der ›Neptun‹ etwas überdimensioniert und der Großmast sehr hoch war; der Junge hing also dort und schaukelte mehr als dreißig Meter über uns wie an der Dachrinne eines zwölf Stockwerke hohen Hauses. Wie einen Schlag spürte ich die Todesangst, die er die ganze Zeit über fühlen mußte.

»Wer ist Pat?« fragte ich.

»Der kleinste von den Decksjungen.«

»Ist er noch nie oben gewesen?«

»Seine erste Reise war er als Messejunge angemustert. Dies ist das erste Mal, daß er an Deck segelt.«

»Wie alt ist er?«

»Vierzehn Jahre.«

»Wer hat ihn hochgeschickt?«

»Der dritte Steuermann.«

Ich bin ein friedliebender Mann, aber jetzt kochte es in mir über: mir wurde vollständig schwindlig, ich war fast bewußtlos vor Raserei. Ich taumelte zur Leiter, die von der Poop zum Hauptdeck führt, dorthin, von wo die Rufe, Schreie und Flüche kamen.

Dort unten stand der dritte Steuermann und wendete mir seinen breiten Rücken und seinen verdammten, idiotisch hellroten Stiernacken zu. Vor ihm standen zwei Männer; der eine war ein mittelgroßer Malaye, nicht sehr kräftig gebaut. Der andere war ein Mulatte von ganz außergewöhnlichen Dimensionen, noch größer als der dritte Steuermann und mit den gewaltigsten Schultern, die ich bei einem Mann je gesehen habe. Hinter ihnen stand ein Haufen schweigender Seeleute.

»Du weigerst dich, einem Befehl zu folgen!« schrie der

Steuermann dem Malayen ins Gesicht, »du mieser Bastard, du dreckiger Hurensohn!«
»Ich bat nur darum, ihn runterholen zu dürfen«, antwortete der Matrose.
»Ich habe dir befohlen, das Maul zu halten!«
»Ich bitte um die Erlaubnis des Steuermanns, ihn zu holen!«
»Der Junge soll selbst runterkommen! Ich werde ihm zum Teufel noch mal beibringen, daß dieses Schiff kein Mädchenpensionat ist!«
»Er *kann* nicht alleine runterkommen«, sagte der Mulatte.
»Ihr haltet das Maul und verschwindet!« heulte der Steuermann, »das ist ein blutiger verdammter Befehl! Keiner verläßt das Deck!«
»Lassen Sie mich ihn holen, Steuermann – sonst ...«, fuhr der Malaye fort.
Der Steuermann schnappte nach Luft: »Sonst?« brüllte er, »sonst ...?«
»Sonst hole ich ihn trotzdem.«
Fast im gleichen Moment wie er ausgesprochen hatte, schlug ihm der Steuermann mit voller Kraft ins Gesicht. Der Matrose torkelte einige Schritte zurück, dann blieb er stehen. Er wurde dunkelrot im Gesicht, und vom Mundwinkel aus floß ein dünner Streifen Blut zum Kinn hinab. Der Steuermann hieb mit seinen Armen nach den anderen, die um ihn herumstanden.
»Verschwindet!« schrie er, »verpißt euch! Macht, daß ihr wegkommt! Steht hier nicht herum wie die Schafe! Macht euch dünn!«
Einige der Seeleute bewegten sich ein wenig, aber die meisten blieben stehen, wo sie standen. Der Mulatte stand unbeweglich direkt vor ihm. Der dritte Steuermann ballte

seine Faust und hielt sie ihm unter die Nase, als wäre er vollständig von Sinnen.

»Du Satan von einem verdammten Nigger!« sagte er leise, fast mit Fistelstimme, »du solltest die Peitsche kriegen!«

»Wenn Sie mich schlagen, Sir,« sagte der Mulatte, »dann werde ich zurückschlagen.«

Ich weiß nicht, was in mir die Oberhand hatte, die Wut über die idiotische Brutalität des Steuermanns oder die Angst vor der ganzen widerwärtigen und haßerfüllten Situation, die entstanden war. Aber ich stieg die Leiter hinunter, und erst jetzt sahen mich die Leute und beobachteten mich mit der gleichen schweigenden Feindseligkeit. Einen Augenblick lang herrschte vollständige Stille.

»Wie lange ist Pat schon da oben?« sagte ich zu dem Mulatten.

»Fast drei Stunden, Sir.«

Ich sah den Steuermann an, aber ich fühlte einen so starken Widerwillen in mir, daß ich es nicht fertigbrachte, ihn anzureden. Statt dessen wandte ich mich aufs neue an den Mulatten:

»Wie heißen Sie?«

»James Arrowsmith.«

»Arrowsmith«, sagte ich, »hol den Jungen aus dem Rigg.«

»Danke, Sir!«

Er drehte sich um, ging zur Reling hinüber, wo er eine Rolle Tau sich über die Schulter, schräg über die Brust und unter den anderen Arm legte, dann griff er in die Wanten und zog sich hoch. In weniger als einer Minute war er im Topp des Großmastes und enterte auf die Rah hinaus. Er mußte den Jungen losreißen, seinen Griff lösen, Finger für Finger.

Mit bebendem Herzen zwang ich mich durch die Gruppe

von Menschen hindurch, die mir den Weg versperrten; schweigsam, ohne sichtbare Reaktion machten sie Platz, und ich ging nach vorne, hinunter ins Mannschaftslogis, um nach dem peruanischen Leichtmatrosen zu sehen. Er war noch am Leben, aber fast genauso krank wie der Zimmermann und der Steward. Der Oberkörper war schlimmer zugerichtet als bei dem anderen, und die große Bißwunde in der linken Backe hatte sich entzündet. Sie war dunkelrot.

Ich fühlte einen unbeschreiblichen Ekel vor dem Ganzen, und mir war übel, als ich aus dem Gestank von Schweiß, Schmutz und Petroleum des Zwischendecks wieder an Deck herauf kam.

Der Mulatte brauchte deutlich länger, den Decksjungen herunter zu bekommen, als er benötigt hatte, in den Masttopp und hinaus auf die Royalrahe zu klettern. Anfangs, nachdem er den Griff des Jungen aus dem Tauwerk gelöst hatte, nahm er ihn ganz einfach wie ein Paket unter den Arm und trug ihn zum Masttopp. Ich wiederhole, daß dies fast vierzig Meter hoch passierte, bei einem Wind zwischen steifer Brise und Sturm. Mit einem Arm und den Füßen in dem Fußpferd unter sich schleppte er ihn zum Mast. Dann kriegte er den Jungen dazu, sich auf seinen Rücken zu setzen, wo er sich festklammerte. Dann schlug er das Seil um ihn und begann den Abstieg.

Als ich selbst wieder an Deck kam, war nur noch die letzte Phase übrig. Der Mulatte enterte die Want mit ihm herunter und ließ ihn aufs Deck gleiten. Er fiel zusammen, als wäre kein Knochen in ihm, während das Erbrochene über sein Gesicht, seinen Hals und seinen Oberkörper floß. James Arrowsmith stand unbeweglich und von Schweiß überströmt neben ihm.

Der Junge Pat konnte sich nicht bewegen. Er lag von Krämpfen geschüttelt neben der Luke.
»Mr. Arrowsmith«, sagte ich, »wissen Sie, wo meine Kammer ist?«
»Jawohl, Sir.«
»Würden Sie ihn dort hinbringen, Mr. Arrowsmith?«
»Nein, Sir.«
»Gut, Arrowsmith, ich werde ihn selbst nehmen. Aber ich werde Sie bitten, mitzukommen.«
»Gut, Sir.«
Ich nahm den Jungen auf die Arme. Er war weiß im Gesicht, die offenen Augen waren blau, und die hellen Haare hingen hinunter bis zu den Schultern. Pat wog kaum mehr als vierzig Kilo, und es kostete mich keine Anstrengung, ihn über das Hauptdeck zu tragen, den Aufgang hoch, über die Poop und hinunter in meine Kammer. Er war in einem solchen Schockzustand, daß man damit rechnen mußte, daß der Junge sterben würde. Vollständig paralysiert, das ganze weiße Gesicht und der Hals von einer Gänsehaut bedeckt.
Als ich ihn auf die Koje gelegt hatte, wandte ich mich zu dem Mulatten, der mir gefolgt war.
»Mr. Hammersmith ...«, sagte ich.
»Arrowsmith«, sagte er.
»Mr. Arrowsmith«, fuhr ich fort, »ich wünsche, daß Sie meinen Dank entgegennehmen. Der Junge lebt.«
»Sie hätten ihn selber runterholen können«, antwortete Arrowsmith.
»Nein«, sagte ich, »das konnte ich nicht.«
»Es wäre besser gewesen, Sie hätten ihn selber heruntergeholt«, fuhr Arrowsmith fort.
Ich sah ihn an und überlegte. Er war bleich unter der hell-

braunen Mulattenhaut. Er war immer noch von Schweiß überströmt.
»Ich *konnte* es nicht«, sagte ich. Er blickte mich an.
»Sie sind stark genug dazu«, sagte er.
»Nein«, sagte ich.
»Der kleine Malaye war bereit dazu, und er ist nicht so stark wie Sie, Sir.«
»Hören Sie zu, Mr. Arrowsmith: Ich bin nicht nur Steuermann, ich bin dreiunddreißig Jahre alt. Ich war seit über zehn Jahren nicht auf einer Royalrah.«
»Sie hatten Angst, Mr. Jensen?«
»Ja«, sagte ich, »ich hatte Angst. Und ich habe sie immer noch.«
»Sir«, sagte er, »wenn ich nicht dort gewesen wäre, was hätten Sie dann getan? Für die Mannschaft wäre es gut gewesen, wenn Sie ihn geholt hätten.«
Der Schweiß rann ihm immer noch vom Gesicht und dies nicht auf Grund der Hitze. Er war totenbleich unter der braunen Haut.
»Wenn Sie nicht dort gewesen wären, Mr. Arrowsmith, dann hätte ich ihn selbst runtergeholt. Aber ich habe große Angst bei dem bloßen Gedanken daran. Zehn Jahre sind eine lange Zeit.«
Der Mulatte drehte sich herum und drückte sich aus der allzu schmalen Kammertür hinaus. Ich rief ihm nach:
»Arrowsmith!«
Er antwortete nicht.
Dann war ich allein mit Pat.
Es war ein magerer, wenig ansprechender Vierzehnjähriger, mit weißer Haut, Schatten unter den Augen und schlechten Zähnen. Pat war Engländer, und wie sich später herausstellte, war er nächst dem Kapitän, dem anderen

Decksjungen, dem Steward und mir der fünfte und letzte Europäer an Bord der ›Neptun‹. Das einzige, was mich an ihm berührte, waren die weißen, schmalen Hände und die dünnen Kinderfinger, mit denen er sich an der Royalrahe festgeklammert hatte. Nichts auf der Welt ist so einsam wie eine junge Hand.

Pat hatte alle Anzeichen von chronischer Unterernährung. Er war so unterernährt, wie es – ob weiß oder farbig – nur ein britischer Bürger sein kann. Das größte und reichste Land, das britische Imperium, kann seine Kinder in White Chapel oder Soho – Pats Heimatort – nicht ernähren.

Er kotzte immer wieder, zumeist Galle und Magensaft. Als ich seinen mageren Spatzenkörper entkleidete, sah ich, daß sich nicht nur Übelkeit, sondern auch Durchfall dort oben in der Royals eingestellt hatte. In den Hosen hatte er Spuren hinterlassen. Pat war immer noch halbtot vor Angst, und ich wußte nicht, was ich tun sollte. Zuerst wusch ich ihn nur.

Auf einmal richtete er den Oberkörper auf, schlang den linken Arm um meinen Hals und ergriff mit der rechten Hand mein Handgelenk.

»Laßt mich nicht allein!« schrie er.

Es war, als hörte ich der Menschheit ganzen Jammer aus dieser mageren Kehle. Dann wiederholte er es:

»Steuermann, geht nicht fort!«

Ich legte die Hand auf seine bleiche, hohle Wange:

»Ich werde dich nicht alleinlassen, Pat.«

»Schickt mich nicht nach vorne!« bat er.

»Du kannst hierbleiben, Pat.«

Er sank wieder zurück.

»Schickt mich nicht wieder nach oben«, flüsterte er.

»Ich war es nicht, der dich hochschickte.«
»Nein, es war der dritte Steuermann.«
»Es war Arrowsmith, der dich herunterholte.«
»James?«
»Ja.«
»Ich habe solche Angst vor ihm. Er ist so furchtbar stark.«
Eine ganze Weile lag er vollkommen still, und ich überlegte, was ich für ihn tun könnte. Am Ende gab ich ihm eine Aurum-Mixtur von hundert Tropfen Opium und einem Glas Rum. Das Opium mochte neben seiner beruhigenden Wirkung auch für die Diarrhöe gut sein.
Ich sah Pats Gesicht an.
Auf eine gewisse Weise war dieser Vierzehnjährige uralt. Er war hellhaarig bis auf die Schultern, mit bleicher und feuchter Haut, schmalschultrig und mit magerem, sehnigem Hals. Ich breitete Wolldecken über den bleichen, dünnen Körper – ganz hoch bis zum Kinn. Die ganze Zeit hielt ich seine Hand. Er hatte Angst.
»Kannst du etwas essen?« sagte ich.
Er antwortete nicht, sondern schüttelte nur schwach den Kopf.
»Suppe?« fragte ich.
»Steuermann?« fragte er schwach, »ist dies deine Kammer?«
»Jawohl.«
»Es ist so merkwürdig hier. Irgendwie so still.«
Ganz sachte fing er an zu weinen, ich strich ihm über das lange Haar.
»Kann ich hierbleiben, Sir?« fragte er undeutlich.
»Ja«, sagte ich, »du kannst hierbleiben.«
Ich merkte, daß es draußen stärker blies. Wir mußten uns jetzt der Sturmmarke nähern. Sancta Vénere lag sehr

stark über. Ich gab ihm noch eine Aurum-Mixtur, die er langsam trank. Die Finger, die das Glas hielten, waren dünn und weiß wie bei einem kleinen Mädchen.

»Steuermann?« sagte er.

»Ja?«

»Hast du noch andere Kinder?«

»Nein.«

Es folgte eine lange Pause. Dann wandte er den Blick zu mir, ziemlich matt und verschleiert, halb im Schlaf und ein bißchen berauscht:

»Kann ich nicht dein Sohn sein?« fragte er.

Als ich an Deck hoch kam, dunkelte es. Ich schickte den Rudergänger nach vorne und befahl den Royalgasten, die beiden Royals wieder zu setzen. Sie segelte wie ein Engel. Ich war allein mit ihr jetzt, bei dem Wasser, das in Lee über die Reling kam, und dem Gischt, der von Luv aus das ganze Schiff bedeckte, gab es niemanden, der sich freiwillig an Deck aufhielt. Es blies immer stärker, und die Sturmmarke war längst überschritten.

Ich war jetzt allein mit ihr. Tags zuvor hatte ich sie berührt, die Muskeln, Nerven, das Beben des schlanken Leibs gefühlt – aber jetzt, *jetzt*! war die Stunde gekommen! Es gab nur noch die See, Sancta Vénere, den Wind, das Meer und mich. Jetzt hielten wir die Hochzeit! – Ich hatte Angst, und es war herrlich.

Ab und zu krängten wir so stark, daß die Seen in Lee bis über die Luken wuschen. Gott, war es schön, mit ihr allein zu sein in dieser leidenschaftlichen Umarmung. Wir segelten, segelten, segelten! Der Wasserschwall am Luvbug ging über die Back, über das ganze Deck und schlug auf dem Achterdeck nieder – die ganze Poop troff von Gischt.

Sie schnitt wie ein Pfeil durch die Seen, ich hatte nie zuvor ein solches Schiff gesegelt. Ich war schwindlig, halb verrückt und wie von Sinnen vor Glück.
Dann stand ein Mann neben mir. Vollkommen lautlos kam er aus der Dunkelheit. Das Deck lag zu schräg, um darauf gehen zu können, so daß er ständig nach etwas greifen mußte, um sich festzuhalten. Es war der Kapitän.
Das runde, ausdruckslose Gesicht blickte mich an, und es reichte gerade, ihn in der Dunkelheit wiederzuerkennen. Er sagte etwas, aber es war wegen des Windes nicht zu verstehen. Ich schüttelte den Kopf und legte die Hand ans Ohr, um anzudeuten, daß der Sturm mich taub machte.
Er hielt sich am Kompaßhäuschen fest und legte die eine Hand auf das Ruder. Dann brüllte er mit aller Kraft:
»Mr. Jensen, haben Sie vor, das Schiff zu entmasten?«
»Nein, Sir.«
Er drehte sich und wankte hinüber zum Steuerbordheck, von wo er das Log hinablies. Dann stapfte er zurück. Ohne das Gesicht zu verziehen sagte er:
»Mr. Jensen, sind Sie wahnsinnig?«
»Nein, Sir. Professor Dr. Bleulers einführendem Lehrbuch der Psychiatrie zufolge bin ich nicht verrückt, nur ein bißchen nervös, Sir.«
»Mr. Jensen, ist Ihnen klar, daß Sie – abgesehen von Schiff und tausend Tonnen wertvoller Ladung – mit dreißig Mann an Bord segeln?« heulte er.
»Jawohl, Sir.«
»Steuermann, ich werfe Sie über Bord!«
Mit der vollen Kraft meiner Lungen schrie ich zurück:
»Dann bleiben Ihnen nur noch zwei Seemänner, Sir. Ein Trunkenbold und ein Mormone. Ich bin es nicht, der wahnsinnig ist, Sir.«

Einen Augenblick lang lagen die ganze Back und das Zwischendeck unter Wasser. Dann rauschte es wie ein Wasserfall hinaus nach Lee. Der Kapitän schrie erneut:
»Haben Sie vor, die ganze Nacht so zu segeln?«
»Nein, Sir. Nur bis zum Wachwechsel.«
»Mr. Jensen!« brüllte er, »haben Sie keine *Angst*?«
»Doch, gewiß, Sir! Ich zittere vor Angst am ganzen Körper, aber ich muß ausprobieren, was das Schiff aushält.«
Er schrie zurück:
»Ist das notwendig, Mr. Jensen?«
»Es muß sein, Kapitän!« heulte ich, »eher habe ich keine Ruhe.«
Einen Augenblick lang sagte er nichts, starrte nur voraus in die Stockdunkelheit. Dann drehte er sich um und brüllte:
»Gut, Mr. Jensen. Wenn es für Ihren Seelenfrieden nötig ist, segeln Sie sie voll Zeug, solange Sie Rudermann sind. Aber vor dem Wachwechsel bergen Sie Fock-, Großsegel und das vordere Großoberbramsegel.«
»Fock, Großsegel und vorderes Großoberbramsegel«, antwortete ich so laut ich konnte.
Er blieb noch eine Weile stehen und schüttelte dabei den Kopf.
»Wissen Sie, was das Log anzeigte?« schrie er.
»Nein, Sir.«
»*Achtzehn* Knoten, Mr. Jensen!«
»Gut, Sir.«
Dann war er in der Nacht verschwunden.
Beim Wachwechsel übergab ich sie an den ersten Steuermann in geknebeltem, reduziertem und verstümmeltem Zustand. Ein Drittel des Tuchs war geborgen. Nun lag sie hübsch auf dem Wasser.

»In Gottes Namen«, sagte der Steuermann.
Das Ruder übergab ich an den Rudergänger, den gleichen Malayen, dem der dritte Steuermann zuvor ins Gesicht geschlagen hatte. Ich grüßte ihn, aber er antwortete nicht.
Als ich hinunterging, war ich matt und weich in Gehirn und Nerven, aber ich war vollkommen glücklich: ich hatte meine Hochzeitsnacht mit Sancta Vénere gefeiert. Sie hatte mich angenommen und liebte mich.
In der Kammer hatte ich meine Jacke und mein Hemd ausgezogen, als mir der Zimmermann wieder einfiel. Ich hatte mit einem Mal das Gefühl, daß er tot sei, und mit nacktem Oberkörper ging ich auf den Gang hinaus und zu ihm hinein. Er lag wie sonst, scheinbar leblos, aber Atem und Puls gingen.
Während ich die Tropfen von Belladonna gezählt hatte und dabei war die Spritze zu füllen, hörte ich einen Laut. Ich wendete den Kopf und sah hin. Der Zimmermann lag mit geöffneten Augen in der Koje und blickte mich an:
»Wer zum Teufel sind Sie?« sagte er schwach: »Und wo bin ich?«
»Ich bin Peter Jensen«, sagte ich, »der zweite Steuermann auf der Bark ›Neptun‹. Sie selbst sind der Zimmermann auf dem gleichen Schiff, und Sie waren fast zwei Tage lang bewußtlos. Wir sind jetzt östlich von der Nordküste der Philippinen, mit Kurs durch den Stillen Ozean nach Kap Horn.«
Er gab ein langes Schmerzgestöhn von sich und hob beide Hände über den Kopf. Um die Schmerzen zu stillen, gab ich ihm Opium.
Dann ging ich zurück in meine eigene Kammer, erfüllt von einer wunderlichen Freude und einem Gefühl der Überraschung, daß dieses Raubtier von einem Menschen über-

lebt hatte. Ich zog mich ganz aus. Erst als ich mich hinlegen wollte, sah ich, daß Pat in der schmalen Koje lag, dünn und klein und splitternackt. Einen Augenblick lang hatte ich nur noch Lust, über Bord zu springen.
Dann kam ich wieder zur Besinnung, drängte mich in die schmale Koje neben seine Seite und blieb liegen. Mein ›Sohn‹ gab kein Lebenszeichen von sich. Einen Augenblick später schliefen wir beide.

Die Bark ›Neptun‹

C'est fou, pas être fou ...

Es gab etwas Eigentümliches an Sancta Vénere: über dem Klipperbug, unter der Wurzel des Bugspriets befanden sich, einer Galionsfigur ähnlich, zwei große, holzgeschnitzte Rosetten. Aus der Entfernung und im Profil gesehen, ähnelte das Schiff deshalb einem Männlichkeitssymbol, entlehnt einer unkeuschen etruskischen oder levantinischen Vorzeit, die sich ihrer natürlichen Fruchtbarkeit nicht so schämte, wie wir es heutzutage in unserer britisch bestimmten Zeit tun. Wie das vorige Jahrhundert von leidenschaftlichen und nach Gerechtigkeit suchenden revolutionären Franzosen beherrscht worden ist, so wurde unseres von salzwassernassen, geldgierigen Briten geprägt. Aber alles hat seine Zeit; neue Jahrhunderte werden neue Imperien und neue Herrscher hervorbringen – und sie werden alle vergehen, während der Gürtel Orions bestehen bleibt.

War dieser seltsame männliche Bugspriet mit den zwei Rosetten der Grund, daß Sancta Vénere auf einen Männernamen – Neptun – getauft worden war? Kann dies ihr eigentliches Geheimnis sein, daß sie im Innersten ein *Mann* war? War Sancta Vénere androgyn? War sie sozusagen eine zwiefache Närrin? Ein Hermaphrodit?

Nein! Sancta Vénere war eine Frau vom Kiel bis zum Topp des Großmastes: eine stolze, eigensinnige, selbständige und vollkommen unbeherrschbare Frau, geschaffen für eine Liebe, die eine ebensolche Unabhängigkeit und Stärke bei ihrem Geliebten voraussetzte – eine Liebe, die nur zwischen Gleichberechtigten, zwischen freien Seelen

bestehen kann! Sie hatte auch männliche Züge, so wie jeder wirkliche Mann weibliche Eigenschaften hat, die zu zeigen nur wenige stark genug sind. Mein Gott! Ich habe nur ein einziges Mal so geliebt, und sie war ein Schiff! Sie war in Glasgow gebaut worden, im Jahre 1866, und so waren wir beide dreiunddreißig Jahre alt, als wir in diesem schicksalsschwangeren Herbst von Manila aus in See stachen. Sie war in ihrem besten Alter, eine voll ausgewachsene, reife Frau, die sich von keinem Mann unterdrücken ließ. Sie strickte keine Fäustlinge für die Zulumission, sie gehörte keinem Nähklub an, sie bewunderte keinen ehrenwerten Gatten, der im heimatlichen Kommunalrat das Wort führte. Nein, Sancta Vénere hatte ihr Zuhause in den langen Dünungen unter dem Kreuz des Südens. Dort war sie frei, und dort fand sie ihre Geliebten.
Das was ich hier schreibe, ist die Erzählung von ihrer letzten Reise und kein Lehrbuch maritimer Terminologie und nautischer Daten. Ich schreibe dies für Landratten, die nicht wissen, was ein Royal ist, die keine Ahnung haben, wieviele Kabellängen eine Seemeile und wieviele Faden eine Kabellänge ausmachen. Es dreht sich nicht um ›Glasen‹, ›Eselshaupt‹, ›Perihel‹, ›Tausendfüßler‹ oder um die ›Beaufort-Skala‹. Es dreht sich um Menschenschicksale und um S/V ›Neptun‹. Ich werde den Leser nicht mit nautischen Fachausdrücken belästigen, die er sowieso nicht versteht. Ich will davon nur das Allernotwendigste verwenden.
Aber Sancta Vénere war eine Bark, und der Leser muß wissen, was eine Bark ist. Er muß wissen, wie meine Liebste aussah, wer sie war. Er muß sozusagen ihren äußeren Menschen kennen.
Eine Bark ist ein Schiff mit drei oder vier Masten; ich

ziehe entschieden den Dreimaster vor, weil er schöner, natürlicher, rhythmischer und harmonischer ist. Die beiden vorderen Masten haben Vollsegel, das heißt quergehende, rechteckige Rahsegel. Der dritte, der Achtermast, hat Schratsegel, das will heißen, er ist gaffelgetakelt, mit einem sogenannten Besansegel zwischen Baum und Gaffel und mit einem Besantoppsegel zwischen Gaffel und Masttopp. Nach der Segelführung wird der Mast Besan genannt.

Der einzige Unterschied zwischen einem Vollschiff und einer Bark besteht darin, daß am Vollschiff der Besan sowohl Schratsegel, daß heißt Besansegel, als auch Vollsegel hat. Für mich ist die Barktakelung die rhythmischste, die schönste. Das Schiff hat dieses leichte, graziöse Besanrigg, und das gibt ihm das bezaubernde, weibliche Aussehen. Außerdem ist sie beim Halsen und Wenden meistens geschmeidiger zu manövrieren als ein Vollschiff; sonst sind Bark und Vollschiff in vielem Schwestern, und es kommt oft vor, daß sie umgetakelt werden. Es sind keine großen Veränderungen notwendig, um eine Bark zu einem Vollschiff zu machen und umgekehrt. Das Vollschiff braucht eine größere Besatzung.

Wir wollen, ganz kurz gefaßt, Sancta Véneres Rumpf und Segelführung betrachten, und wir beginnen vorne. Die drei Masten waren: Fockmast, Großmast, Besanmast. Wir wollen sagen, daß die Segelführung der sichtbare Teil der Seele ist; der Rumpf, das Schiff selbst, ist der beseelte, wiewohl irdische Leib. Das Rigg verband sie mit Äolus, mit den Geistern des Raumes, den Winden; den Rumpf hatte ihr Schicksal mit Neptun vermählt, mit dem Abgrund in ihr, mit den Leidenschaften, mit ihrem eigenen furchtbaren, neptunischen Ego.

Ich glaube, ich habe schon erwähnt, daß sie einen Klipperbug hatte, also einen scharfen, vorstehenden Steven. Die Back auf dem Vorschiff lag etwas höher als das Hauptdeck; unter ihr lag der Raum, wo die Mannschaft wohnte. Hinter dem Fockmast lag das erste Deckshaus, das die Kombüse und die Kammern von Koch und Steward enthielt. Das Achterdeck lag etwa sieben Fuß über dem Mittschiff, und hier war das andere Deckshaus, auf der Poop. Es enthielt den Kartenraum, einen ganz kleinen Salon und die Kammer des ersten Steuermanns.

Sancta Vénere war eine Komposit-Bark; das heißt, daß sie mit einer auf Eisenspanten montierten Holzverkleidung ausgestattet war, was Platz einsparte gegenüber den früher üblichen, gewaltigen Eichenbalken, dabei aber genauso stabil war. Sie hatte 991 Nettotonnen, war zweiundsiebzig Meter lang – von den Galionsrosetten bis zum Achtersteven – und knapp elf Meter breit. Wir hatten vier Rettungsboote und siebenundzwanzig Mann Besatzung. Hinzu kamen die Frau des Kapitäns und ihre zwei kleinen Kinder. Alles in allem war Sancta Vénere Heim, Welt und Leichenkiste für dreißig unsterbliche Menschenseelen.

Der etwas überdimensionierte Großmast erhob sich achtunddreißig Meter über die Wasserlinie. Alles in allem führte Sancta Vénere mehr als 3000 Quadratmeter Segelfläche.

Es war nicht selten, daß wir sie zwischen 250 und 300 Meilen an einem Tag segelten, also mit einer Durchschnittsgeschwindigkeit von etwa elf bis vierzehn Knoten.

Ich selbst habe sie unter Vollzeug in einem mäßigen Sturm auf über achtzehn Knoten gesegelt.

Stag, Pardunen und Wanten waren auf dem ganzen Schiff aus Stahltrossen. Wahrscheinlich muß ich zuerst erklären, was Wanten, Pardunen und Stag sind: es ist ganz einfach, aber man muß es wissen, um zu verstehen, was ein Stagsegel ist.

Die Pardunen sind zwischen Masten und Rumpf verspannt, um das Rigg abzusteifen, also um die Standfestigkeit der Masten gegenüber dem Wind zu verstärken und im äußersten Fall in kritischen Situationen das Abmasten zu verhindern. Die Pardunen führen von den Schiffsseiten zu den Masten, während die Stagen von vorne und achtern an den Mastspitzen befestigt sind. Entlang dieser Stagen, die von vorne nach achtern gehen, also schräg hinauf, werden eine größere oder kleinere Anzahl dreieckiger Segel geführt, alle genäht wie Klüver oder wie die Fock bei kleinen Fahrzeugen. Zwischen Bugspriet und Fockmast und in jedem der zwei Zwischenräume zwischen den drei Masten – Fockmast, Großmast und Besan – befinden sich drei oder vier Stagsegel, jedes mit eigenem Namen.

Die Wanten sind der wichtigste Bestandteil am ganzen Rigg. Eine Want ist ein System von Pardunen, früher aus groben Hanftrossen, bei modernen Schiffen immer aus Stahlseilen. Die Stahlseile sind mit Weblingen – quergehenden Holzleisten – verbunden, so daß sie einer Art Strickleiter ähneln. Zu jedem Mast gehen zwei Wanten, eine von Steuerbord und eine von Backbord. Die Wanten haben eine doppelte Funktion: vor allem geben sie dem Rigg eine enorme Steifheit, daneben werden sie von der Besatzung als Leiter verwendet, wenn sie nach oben geht.

Wir wollen die Segelführung der Neptun betrachten. Ganz vorne am Stag, das zwischen Bugspriet und Fockmast gespannt ist, hatte sie vier Segel, von vorne gerechnet: Flieger, Außenklüver, Binnenklüver, vorderes Stengestagsegel. Der Fockmast war mit sechs Vollsegeln getakelt, also sechs rechteckigen Rahsegeln. Von unten nach oben: die Fock – die nach dem Großsegel das größte Segel auf dem Schiff ist –, dann das vordere Untermarssegel und das vordere Obermarssegel; über ihnen befinden sich das vordere Unterbramsegel und das vordere Oberbramsegel. Ganz oben steht das vordere Royalsegel.

Zwischen Fockmast und Großmast hatten wir, ebenfalls von unten gerechnet: das große Stagsegel, das große Stengestagsegel und das große Bramstagsegel. Einzelne Schiffe führen auch ein großes Royal-Stagsegel, jedoch nicht die ›Neptun‹.

Ähnlich wie der Fockmast ist auch der Großmast rahgetakelt, mit den gleichen sechs Rahsegeln, nur sind sie größer. Von unten an also: Großsegel, großes Untermarssegel und großes Obermarssegel, dann das große Unterbramsegel und das große Oberbramsegel. Ganz oben, mit der Rah direkt unterm Großmasttopp, befindet sich das Großroyal, das höchste Segel des Schiffes – dort, wo der arme Pat sich festgeklammert hatte.

Zwischen Großmast und Besanmast gab es weitere drei Segel; wieder von unten an: Besan Stagsegel, Besan Stengegestagsegel, Besan Bramstagsegel.

Der Besanmast ist mit Schratsegeln getakelt, also mit längsgestelltem Tuch. Es ist der Besan mit Baum und Gaffel. Zwischen Gaffel und Besantopp befindet sich das Besantoppsegel.

Natürlich gibt es tausend Dinge von Sancta Véneres körperlichem Dasein zu berichten; eine Bark ist eine ungeheuer vielfältige und komplexe Welt aus Holz, Eisen, Stahl, Hanftauen und Segeltuch. Allein die Takelage, Tauwerk und Taljen, wie es eigentlich heißen müßte, – ich könnte sie fast als die Nervenstränge von Sancta Véneres sichtbarem und körperlichem Wesen bezeichnen –, allein die Takelage ist eine so komplizierte Maschinerie, daß es unmöglich ist, hier näher darauf einzugehen, denn es handelt sich dabei um Hunderte von Namen und Bezeichnungen. Auf einem Schiff hat jedes Ding, jedes Tauende, jede Schraube, ich hätte fast gesagt, jeder Bolzen und jeder Nagel seine spezielle Bezeichnung. Aber all diese Einzelheiten zu erklären, wäre wenig sinnvoll gegenüber Leuten, die auf dem Land leben und nicht die Decksplanken zu ihrer Erdkruste gemacht haben; es würde mehr verwirren als aufklären.

Ich will nur eines hinzufügen wenn die ›Neptun‹ kein Royalstagsegel führte, dann war dies eine Tugend, die ihren besonderen Grund hatte: das Rigg war sowieso schon überdimensioniert.

Sancta Vénere war nicht nur weiß gestrichen, schlank und schön; sie hatte auch ein gefährliches Gemüt und Temperament.

Worum es hier geht, ist, ein klares und anschauliches Bild von ihr zu bekommen.

Ähnlich wie der Sextant den alten Oktanten aus dem Anfang des achtzehnten Jahrhunderts abgelöst hat, trat das Patentlog mit seinem mechanischen, automatischen Zählwerk an die Stelle des Handlogs, des ›Flunderlogs‹, wie man es früher auch nannte. Weil ein Fahrzeug im wesentlichen nach Kompaß, Chronometer und den beiden eben erwähnten Instrumenten gesegelt wird, werde ich kurz erwähnen, was es mit ihnen auf sich hat.

Der Oktant wurde um 1730 erfunden als ein Instrument zur Bestimmung der Sonnenhöhe über dem Horizont und damit zur Bestimmung der Schiffsposition. Seine Vorläufer waren frühere Konstruktionen arabischer Astronomen und Seeleute. Der Oktant sah aus wie ein großer Zirkel aus Holz, mit einem Stück des Kreisbogens mit eingezeichneter Gradskala. Der Sextant ist eine spätere Vereinfachung und Verbesserung des Oktanten und basiert, wie der Name sagt, auf einer Sechsteilung des Kreises an Stelle der früheren Achtteilung. Er ist kleiner als ein Oktant und aus Metall hergestellt. Zwei kleine Spiegel und ein kleines Fernrohr sind die ganze technische Ausrüstung, die notwendig ist, um die Höhe eines jeden Himmelskörpers über dem Horizont zu messen und auf diese Weise die Position des Schiffes in nördlichen und südlichen Breitengraden und Minuten zu berechnen.

Die ost-westliche Längenposition ermittelt man mit Hilfe des berechneten Unterschiedes zwischen der Ortszeit und der Greenwich-Zeit. Die Ortszeit, das heißt Schiffszeit, wird durch die Zenitstellung der Sonne festgelegt, die Greenwich-Zeit wird durch das Chronometer angegeben.

Das Produkt aus Geschwindigkeit und Zeit ergibt eine zurückgelegte Entfernung. Das Log ist das Instrument, mit dem man die Geschwindigkeit des Schiffes mißt. In alten Zeiten verwendete man ein ›Flunderlog‹, eine ziemlich große Holzscheibe, die an der einen Kante mit Blei beschwert war, so daß sie senkrecht im Wasser stehen blieb, wenn sie über Bord geworfen wurde. Den Namen ›Flunder‹ trug das Gerät wegen seiner flachen Form. An der Flunder war eine Logleine befestigt, versehen mit ›Knoten‹ in regelmäßigen, festgelegten Abständen. Die Logleine befand sich auf einer leichten Handrolle, und wenn die Flunder über Bord geworfen wurde, wickelte sie die Logleine ab, so daß man die Sekunden zwischen jedem abgerollten Knoten messen konnte. Man erhielt damit die Schiffsgeschwindigkeit in Metersekunden, und da eine halbe Metersekunde einer nautischen Meile pro Stunde entspricht, genügte eine einfache Rechenoperation, um die Geschwindigkeit in Meilen zu bestimmen. Aber natürlich wird eine solche Messung nie ganz genau, unter anderem, weil die Flunder nie ganz still in der See steht auf Grund des Gewichtes der Logleine und des Reibungswiderstandes in der Handrolle.

Wir führten auf der Sancta Vénere ein solches altmodisches Handlog mit uns, aber man verwendete natürlich immer das mechanische Schlepplog oder sogenannte ›Patentlog‹. Ein Schlepplog steht nicht im Wasser still, sondern es folgt dem Fahrzeug. Es ist ein zylindrisch geformtes Stück Holz oder Metall, mit schrägstehenden Flügeln versehen wie bei einem Propeller, so daß es sich mit einer der Fahrt des Schiffes entsprechenden Geschwindigkeit dreht. Die Umdrehungen werden durch die Logleine auf einen mechanischen Zählapparat übertragen, der achtern an der Reling festgeschraubt ist. An der Umdrehungszahl pro Minute liest man ganz leicht ab, wieviel Meilen Fahrt das Schiff in der Stunde macht.

Indem ich von Log und Geschwindigkeit rede, muß ich darauf zurückkommen, daß ich erwähnte, Sancta Vénere bis zu einer Geschwindigkeit von achtzehn und neunzehn Knoten gesegelt zu haben. Mir ist vollkommen klar, daß dies unwahrscheinlich klingt, aber ich kann berichten, daß ich mit eigenen Augen an Bord eines Segelschiffes ein Logbuch gesehen habe mit der Eintragung von dreihundertneunzig zurückgelegten Meilen in vierundzwanzig Stunden, was eine Durchschnittsgeschwindigkeit von siebzehn Meilen über den ganzen Zeitraum hinweg bedeutet! Sancta Véneres achtzehn Knoten sind nicht so unwahrscheinlich, wie sie sich anhören.

Zum Schluß soll das Logbuch oder Schiffsjournal erwähnt werden, das Erinnerungsvermögen oder Gedächtnis des Schiffes. Im Journal oder Tagebuch werden jeden Tag genaue Angaben eingetragen über Navigation, Position, Fahrt, zurückgelegte Meilen, Wind und Wetter, Beschaffenheit der See und andere physische Verhältnisse, aber auch über alles Geschehen an Bord, das von Bedeutung ist: Unfälle, Krankheit, Heil und Unheil, Begegnungen mit anderen Schiffen, Kollisionen oder Auflaufen. Das Journal wird äußerst gewissenhaft und mit der größten Verantwortung geführt, da es unter Umständen dem Seegericht als rechtsgültiges Dokument vorgelegt werden muß.

Ich habe erwähnt, daß Sancta Vénere – alias S/V ›Neptun‹ – mit dreißig Seelen an Bord segelte. Drei davon waren Passagiere: die Gattin des Kapitäns und ihre zwei Kinder – ein sechzehnjähriges Mädchen und ein vierjähriger Junge. Die siebenundzwanzig anderen bildeten also die Besatzung. Wir waren:

Achtern – die Offiziere:

Kapitän
Erster Steuermann
Zweiter Steuermann
Dritter Steuermann

Mittschiffs:

Steward
Koch

Vorne – die Mannschaft (soweit ich mich erinnere):

Bootsmann
Segelmacher
Zimmermann
8 Vollmatrosen
4 Leichtmatrosen
2 Jungmänner
2 Decksjungen
1 Kombüsen- und Messejunge (achtern)
1 Messejunge (vorne)

Die Besatzung kam als allen Teilen der Welt; alle möglichen Nationen und Hautfarben waren vertreten. Wir waren fünf Europäer an Bord: der Kapitän, der belgische Steward, der Decksjunge Pat, der andere Decksjunge und ich. (Die Frau des Kapitäns war Amerikanerin, und beide Kinder waren englischsprachig und in den USA geboren.)
Bisher habe ich kurz den Kapitän, den ersten Steuermann, den dritten Steuermann, den Steward, den javanischen Zimmermann, den mulattischen Vollmatrosen und den Decksjungen Pat erwähnt. Ich werde später genauer auf jeden einzelnen von ihnen zurückkommen und auch auf die anderen, die das Los hatten, die letzte Reise der Bark ›Neptun‹ mitzumachen.
Hier kann immerhin erwähnt werden, daß der Kapitän und der fanatisch religiöse erste Steuermann Aktionäre und Teilhaber der Reederei des Schiffes waren und daher sowohl an einer schnellen Reise wie an niedrigen Unterhaltungskosten interessiert waren. Übrigens ist es bekannt, daß man, während man auf amerikanischen Schiffen hart arbeitet und gut verpflegt wird, auf britischen

Schiffen knapp und schlecht beköstigt, aber bei der Arbeit nicht so hart angetrieben wird.
So und mit dieser Besatzung aus Afrikanern, Asiaten, Amerikanern, Australiern und Europäern an Bord segelte Sancta Vénere gegen Südosten hinaus in die luftklare, lange Dünung des Stillen Ozeans. Jede Meile, die sie zurücklegte, war ein Produkt von Wasser und Wind. Aber nicht nur das: die Reise war auch das Resultat von menschlichem Bewußtsein, von Mathematik und Rechenschieber, von Sextant, Kompaß und Log, von Lineal, Bleistift, Radiergummi, Zirkel und Logarithmentabellen – von sublimer Rechenkunst. Damit will ich bei Gott nicht sagen, daß ich die Mannschaft vorn zu bloßen Muskeln abwerte, die die Gedankentätigkeit des Kartenraumes, des Hirns, auf Rigg und Takelage übertragen. Nein, es nützt nichts, wenn ein Matrose ein Berg aus Muskeln ist, wenn er nicht die See im Blut hat, wenn er nicht den Text des Liedes, das der Wind in den Pardunen singt, hören kann, wenn er nicht empfinden kann, was die Wellen am Steven und längs der Bordwand flüstern, wenn er nicht die Schrift am Sternenhimmel lesen kann – kurz gesagt: es helfen keine starken Fäuste, wenn nicht alle Säfte von Körper und Hirn mit dem Salzwasser verwandt sind, durchdrungen von diesem fürchterlichen Element, dem unser Haß und unsere Liebe gehören.
Aber *segelte* eigentlich Sancta Vénere? Nein, sie schwebte, sie schwebte mit dem Meer der Luft über sich und dem Meer des Wassers unter sich. Sie schwebte – wenn auch mathematisch definierbar und mit einem von menschlichen Hirnwindungen abgesteckten Kurs –, schwebte sie im grenzenlosen Raum wie ein Himmelskörper.

Sie war nicht ohne Ähnlichkeit mit dem Himmelskörper, an Bord dessen wir alle uns befinden: Gea, der Erde – die auch im Raum schwebt und deren Reise, Kurs, Fahrt und Bahn auch mathematisch festgelegt und berechnet werden kann in Graden, Minuten und Sekunden – nur daß Geas Bahn, Bewegungsrhythmus und Geschwindigkeit ein Produkt noch komplizierterer Mathematik ist als die menschlichen Logarithmentafeln.

Wer musterte uns auf ihr an? Was ist ihre Bestimmung?

Wer liest Kompaß und Log, wer liest die Sonnenhöhe ab und mit welchem Sextanten? Wer hat den Kurs abgesteckt? Wer hat die Position bestimmt? Wer verwendet Zirkel und Lineal?

Und zum Schluß die Hauptsache: wer führt das Journal dieser großen Reise?

Warum musterten wir an? Wo segeln wir hin?

Die Haie

Dies ist ein verdammt ungemütlicher Krieg, aber er ist besser als überhaupt kein Krieg. *Joseph Conrad*

Nachdem wir das nördlichste Kap der Philippinen umrundet hatten, wurde der Kurs nach Südosten abgesteckt – und Sancta Vénere schwebte voran wie eine Gondel in ihrer Welt aus Wind, Sonne und Wasser, aus Dünung und Sternen, mit ihrer kostbaren Last von Manilatau, Bananenfaser, einer Frau, sechs Kindern und dreiundzwanzig Mann. Unter vollen Segeln machten wir gute Fahrt, und allmählich stellte sich der ruhige Lebensrhythmus an Bord eines fahrenden Schiffes her.

Eine Zeit lang ähnelte ein Tag dem anderen, und ich verspürte hin und wieder einen großen Frieden und ein tiefes Glück. Trotzdem gab es Dinge, die mich belasteten. Vor allem hatte ich einen Feind an Bord bekommen, einen wirklichen Feind.

Der große und kräftige, hellrotfarbene dritte Steuermann mit den wasserblauen, feuchten Augen sprach mich nie an. Er sagte nicht guten Morgen, wenn ich ihn grüßte, und er antwortete auf keine Ansprache. Aber hin und wieder warf er mir einen Blick zu, und es war ein Blick voller Mißtrauen und Haß.

Diese Ausstrahlung von Haß war so intensiv, daß ich Unruhe und Angst fühlte. Ich fürchtete mich, ihm den Rükken zuzudrehen. Denn es war nicht der Mann selbst, vor dem ich Furcht hatte; er würde mir kaum etwas antun, wenn er nicht die Gelegenheit bekam, mir auf eine Weise in den Rücken zu fallen, die nie aufgedeckt werden würde.

So mußte er zum Beispiel die Möglichkeit haben, mich von hinten niederzuschlagen und über Bord zu werfen, zu den Haien, in einer Nacht, in der wir uns im Dunklen allein auf dem Achterdeck befanden.
Aber eine solche Gelegenheit würde er nie erhalten. Nein, es war nicht der Mann, es war der irrationale, stupide, idiotische Haß schlechthin, vor dem ich Angst hatte.
Und besonders idiotisch war der Haß, den der dritte Steuermann gegen mich hegte. Es war ein dummer, sinnloser Haß. Der Mann – er hieß Mr. Dickson – würde mir nie vergessen, daß ich sein Ansehen als Offizier zerstört hatte. Ich hatte ihn degradiert und entmündigt, nicht nur vor dem Malayen, den er geschlagen hatte, und vor James Arrowsmith, sondern vor der ganzen Mannschaft, die dabei stand und dem Auftritt zusah. Außerdem hatte ich es noch schlimmer gemacht, indem ich mich des halb zu Tode gepeinigten Opfers der autoritären Anmaßung des Steuermannes angenommen hatte – des Schiffsjungen Pat –, indem ich das Kind von seinem Hauptgegner, dem Mulatten, herunterholen und anschließend den Jungen nach achtern bringen ließ. In den Augen des dritten Steuermanns hatte dies sein Prestige zerstört oder das, was er für seine Würde hielt. Das Ergebnis war dieser tiefe, lächerliche, geistesschwache Haß.
Die Welt ist voll von solchem dummen, idiotischen Haß.
In Wirklichkeit hatte ich das bißchen an ›Würde‹ und Offiziers›ehre‹ gerettet, das dieser uniformierte Kretin noch zu verlieren hatte. Hätte ich nicht als sein Vorgesetzter eingegriffen, wären sowohl der Malaye als auch Arrowsmith hochgestiegen, um Pat herunter zu holen, auch ohne eine Order oder eine Erlaubnis seitens des Befehlenden. Das wäre eine Befehlsverweigerung gewesen, ein offener

Bruch zwischen Offizieren und Mannschaft, also juristisch gesprochen ›Meuterei‹. Aber der dritte Steuermann war zu dumm, dies zu verstehen.
Statt dessen haßte er uns alle drei: den Malayen, weil er gelb und aufsässig war; Arrowsmith, weil er Mulatte und außerdem ein mutiger Mann war; – beide haßte er außerdem, weil sie sich nicht anspucken ließen; mich haßte er, weil ich ihn gedemütigt hatte. Ganz gewiß haßte er die ganze Mannschaft, weil sie Zeuge gewesen war, wie er sein Gesicht verlor.
Aber wie sich später zeigte, haßte er am allermeisten sein kleines, mageres, unterernährtes Opfer, den armen Pat aus den Slums von London.
Wie gesagt, dieser wilde, unartikulierte Haß machte mir Angst; er vermittelte mir ein fast Übelkeit erregendes Gefühl von Sinnlosigkeit, Lüge und Tod.
Lästig war es auch, sich unserer Verwundeten annehmen zu müssen.
Der Leichtmatrose Carlos, der Peruaner, der beinah den Zimmermann getötet hatte, lag fast ständig im Bett und war nur selten an Deck oder oben auf der Back, um Luft zu schnappen. Die Bißwunde in der Wange war immer noch entzündet, und ich mußte sie täglich reinigen und den Verband wechseln. Die Wunde verursachte ihm große Schmerzen, und die Wange war gewaltig angeschwollen. Die Blutergüsse um die Augen waren nicht mehr blau oder violett; sie waren buchstäblich schwarz infolge der Daumen des Zimmermanns. Und das linke Auge hatte sicher schweren Schaden genommen. Die linke Hand war in fast unglaublichem Maße geschwollen, und ich hatte keinen Zweifel mehr daran, daß ein oder zwei der Mittelhandknochen gebrochen waren. Es gab nichts

anderes zu tun, als die Schienung dran zu lassen und gut zu bandagieren. Ich legte auch eine Binde an, um den Arm zu stützen, etwas, das auf alle Fälle die Schmerzen dadurch um einiges verringerte, daß die Hand vollständig in Ruhestellung gehalten werden konnte.

Carlos war mürrisch und schweigsam und machte kein Hehl daraus, daß er nicht nur den Zimmermann, sondern auch mich als eine der Ursachen des Elends auf der Welt betrachtete. Wenn ich seine Wunden pflegte oder eine frische Kompresse auf seine Wange legte, wechselten wir nie ein Wort mehr, als notwendig war. Aber eines Tages brach er das Schweigen:

»Wie geht es dem Höllenkadaver des Zimmermanns?«

»Schlecht«, sagte ich, »du hast ihn fast totgeschlagen.«

»Er überlebt?« fuhr Carlos fort.

»Ja.«

»Das widerliche Schwein«, sagte er langsam, »ich hätte ihn aufschlitzen und den Delphinen vorwerfen sollen, Mr. Jensen.«

»Den Haien«, korrigierte ich ihn.

»Warum soll ein solcher Mann leben, Steuermann?«

»Das mußt du deinen Dorfpfarrer fragen«, antwortete ich.

»Ich piß auf den Priester«, sagte er, »genauso wie ich auf diesen holländischen Satan von Zimmermann pisse. Ich bin nur traurig, daß ich seinen Bauch nicht aufgeschlitzt habe, sehr traurig, Mr. Jensen.«

»Möchtest du gern seinetwegen im Gefängnis sitzen?« fragte ich.

»Ich würde gerne in der Hölle dafür sitzen, seine Gedärme gesehen zu haben.«

Ich sah auf zum Gesicht des Peruaners. Das rechte Auge, das nicht von dem Lederfleck zugedeckt war, beobachtete

mich vollkommen ruhig. Ich bemerkte, daß er einen Haß ausstrahlte, der intelligenter und zielbewußter war als der des dritten Steuermanns. Er war irgendwie gefährlicher. Dem Aussehen nach zu urteilen, war der Peruaner indianischer Abstammung, aber wohl mit einem negroiden Einschlag. Einige Tropfen spanisches oder portugiesisches Blut konnten sich auch in seine Adern verirrt haben.
»Warum habt ihr euch geschlagen?« sagte ich.
Er antwortete nicht. Eine Weile saß er vollkommen schweigsam und ohne sich zu bewegen; dann sagte er plötzlich leise, fast als handele es sich um eine vertrauliche Mitteilung:
»Irgendwann sind Sie auch dran, Steuermann.«
»Was ist bei mir im Weg?« fragte ich.
»Sie sind ein verdammter Gringo – ein beschissener Americano. Ist das nicht genug?«
»Ich bin kein Amerikaner. Ich bin Europäer.«
Ich gab keine Antwort mehr. Und ich konnte ihn verstehen; eigentlich hatte er genug gesagt. Als ich den Verband um seine Hand gelegt hatte, stand ich auf:
»Es wird eine Weile dauern, bis du irgend jemand umbringen kannst.«
Vom ärztlichen Standpunkt aus stand es um den Zimmermann viel schlimmer: es würde seine Zeit brauchen, bis er sich nach dem Wohlbefinden von Carlos erkundigte. Er war äußerst schwach, und es war immer noch seine fast tierische Konstitution, die ihn am Leben hielt. Während vieler Stunden versank er in Lethargie, um dann wieder die schwarzen Augen aufzuschlagen und stumpf in die Zukunft zu schauen. Ihn anzureden, war Zeitverschwendung; das Gespräch würde höchstens aus ein paar einsilbigen Wörtern bestehen.

Mit größter Geduld flößte ich ihm ein wenig Wein und Suppe ein, und dies schien ihn etwas zu kräftigen.
Dem Steward ging es wirklich schlecht. Nicht einmal Schnaps bekam er hinunter. Er schwitzte und zitterte, und ab und zu weinte und schrie er. Ein paar Mal, als das Geschrei auf dem Höhepunkt war, gab ich ihm wieder Morphium.
In den ersten Tagen auf See hatten wir immer noch frisches Fleisch und Gemüse an Bord, und ich ließ den Koch Fleischbrühe für ihn kochen. Der Koch war Chinese, wie so oft auf britischen Schiffen, und wenn es Menschen gibt, die es verstehen, Suppe zu kochen, dann sind es Chinesen. Niemand auf der Welt kann Suppen machen wie ein chinesischer Koch, und das Besondere daran ist, daß diese Suppen als Medizin betrachtet werden; sie werden gerade im Hinblick auf die Schmerzlinderung bei verdorbenen Mägen zubereitet und um darüber hinaus die Gesundheit im allgemeinen zu kräftigen. Für den Steward bereitete er eine leichte, klare Suppe, die seine Nerven hinter den verbrannten und versengten Schleimhäuten im Magensack und im Zwölffingerdarm beruhigen und dämpfen sollte.
Als die Suppe etwas abgekühlt war, setzte ich mich neben die Koje des Stewards und begann, ihn vorsichtig und behutsam mit einem großen Löffel zu füttern. Ich machte es vorsichtig und langsam, und in kleinen Schlucken, Löffel für Löffel, bekam er einiges von der Suppe in sich hinein. Um dem Magen Zeit zu lassen, sich an die alkoholfreie Nahrung zu gewöhnen, wartete ich lange zwischen jedem Löffel. Nach ungefähr einer halben Stunde hatte ich ihm fast einen tiefen Teller voll eingeflößt. Der Belgier wirkte jetzt ruhiger. Dann flüsterte er:
»Gib mir eine Tasse Rum.«

Ich vermischte den Rum mit lauwarmem Wasser und hielt die Tasse an seine Lippen. In ganz kleinen Schlucken nahm er das Getränk ein.

»Oh mein Gott!« murmelte er, »mein Gott!«

Es war offenbar ein Ausdruck der Zufriedenheit.

Aber nach einer Weile wurde er wieder bleicher im Gesicht.

Dann kam alles wieder hoch, sowohl der Schnaps als auch die Suppe.

In den zwei folgenden Tagen erbrach er Blut.

Wer mir aber unterdessen am meisten Sorge machte, war mein neuer ›Sohn‹ – der kleine Decksjunge Pat. Ab und zu sagte er Dinge, die mich auf den Gedanken brachten, daß die drei Stunden auf der Royal-Rah ihn vielleicht um den Verstand gebracht hatten. Aber zugleich hielt ich für möglich, daß er schon immer etwas merkwürdig gewesen sein könnte. Auf jeden Fall war er kaum klarer im Kopf davon geworden, im Masttopp zu sitzen. Gleichzeitig verspürte ich eine immer größere Abscheu vor dem dritten Steuermann. Ich will nicht sagen, daß ich seinen törichten Haß erwiderte, aber ich muß sagen, daß ich ihn aufs äußerste ablehnte. Ohne zu Gewalttaten zu neigen, konnte ich fühlen, daß etwas in mir nichts dagegen gehabt hätte, eine Faust in sein dummes, aufgequollenes, rotes Gesicht zu schlagen.

Am Tage nach der Episode mit dem Großmast saß ich fast eine ganze Freiwache unten in meiner Kammer und redete mit Pat. Er lag immer noch in meiner Koje und war verschreckt und unruhig. Besonders beschäftigten ihn zwei Dinge, um die er inständig bat: erstens, nicht wieder hochgeschickt, und zweitens nicht wieder nach vorne ins Mannschaftslogis verlegt zu werden. Er hatte Angst davor, daß

die Leute ihn wegen seiner Höhenangst zum Narren halten würden.
Keine der beiden Bitten gaben Veranlassung zu besonderem Nachdenken. Der ersteren mußte entsprochen werden; den Jungen hochzuschicken mit dem Schreck, der jetzt in ihm saß, wäre gleichbedeutend mit Mord. Ihm die andere Bitte zu gewähren, war ausgeschlossen; es war unmöglich, ihn achtern zu behalten. Meine Koje war allzu schmal für uns beide, und ich hatte schon ein paar mal seinetwegen auf dem kleinen Sofa neben dem Kartenraum geschlafen. Er mußte wieder nach vorne geschickt werden. Natürlich hätte Pat nie zur See gehen, nie seinen Fuß an Deck eines Schiffes setzen sollen – schwach, ängstlich und asthenisch, wie er war; aber er gehörte zu denen, die nie eine Wahl haben.
Auf See konnte er sich wenigstens beinahe sattessen; das hatte er früher nicht gekonnt.
Es hat mich oft verwundert, daß gerade England, das reichste und mächtigste Land der Welt, der Beherrscher eines Imperiums, das sich um den ganzen Erdball erstreckt, der Beherrscher des Banken- und Börsenwesens der Welt, siegreich auf allen Meeren der Erde, so schlecht mit seinen eigenen Untertanen, seinen eigenen Kindern umgeht. Ich war selber in London, um auf Heuer zu warten, und ich kenne die Gegenden, in denen Pat aufwuchs, aus eigener Anschauung, die Armenviertel, die Slums, bevölkert von Arbeitslosen, Bettlern und Arbeitern, die so unterbezahlt sind, daß es nur einen hauchdünnen Unterschied zwischen ihnen und den Bettlern gibt. In dieser Stadt wohnt eine ganze wandernde Welt auf der Straße, eine hungerleidende Bevölkerung, die auf Treppen und Pflastersteinen schläft, eine Sippschaft von grauen, unter-

ernährten Alten und Kindern. Ihre einzigen Alternativen sind die Wassersuppe der Armenhäuser, die Zuchthäuser, Besserungsanstalten und Kindergefängnisse. Ich habe sie gesehen, die Alten, die noch Jungen, aber schon Arbeitslosen und die schmächtigen, weißhäutigen Kinder, die die Straßen ablaufen, mit den Augen auf die Rinnsteine gerichtet, in der Hoffnung, etwas zu finden, das man in den Mund stecken konnte: Apfelsinenschalen oder Reste von verfaultem, weggeworfenem Obst, im günstigsten Fall ein Stückchen Brotrinde. Ich habe gesehen, wie sie sich wie Tiere um einen Apfelkrotzen geprügelt haben. Und dieses elende, umherwandernde Volk von untererernährten, heimatlosen Schatten wächst und wächst Tag für Tag, Woche für Woche. Dort, wo sie sich aufhalten, betteln, stehlen und morden – in White Chapel, Soho, East End –, dort war Pat aufgewachsen, dort war seine Welt, dort entstand dieses kleine, jämmerliche Leben, das zu verlieren er solche Angst hatte, als er im Masttopp hing. Er war zu klein für sein Alter, nervenschwach, hohlwangig und fast ohne Muskeln; ein eheliches Kind der reichsten Gesellschaft der Erde aus unserer abscheulichen, industrialisierten Zeit, dieser stinkenden, rußvergifteten, gottverlassenen Welt aus Maschinenhallen, Irrenhäusern, Zuchthäusern, Leichenhäusern und Fabrikschornsteinen.

Es war der große Wendepunkt in Pats Leben, auf See zu kommen. Er mußte zwar eine Arbeit verrichten, die seine Kräfte überstieg, aber er streunte nicht mehr durch die Straßen, um nach verrotteten Kohlblättern im Rinnstein zu suchen. Als er sich an die Royal-Rah festklammerte, sich erbrach und vor Angst in die Hosen machte, hatte er schon einiges zu verlieren: feste Mahlzeiten und eine Koje zum Schlafen. Am Grunde von Pats Seele hatte etwas zu

sprießen begonnen, das einer Art von Lebensfreude und Glück ähnelte.
Wie tief und anhaltend der Schaden nach dem Alleinsein und der Todesangst oben im Rigg sein würde, wußte ich natürlich nicht. Aber es war offenbar, daß Pat fürs Leben auf See nicht stark genug war, und jetzt war auch der letzte Rest von Mut und Bereitschaft aus ihm herausgeblasen worden; die kleine Flamme von Lebenskraft war erloschen. Das einzige, absolut einzig mögliche war, ihn von Deck wegzubekommen und in die Kombüse zurückzustecken. Kartoffeln schälen, Geschirr abwaschen, Tee machen und den Boden aufwischen, das würde er wahrscheinlich schaffen. Aber die ›Neptun‹ hatte schon zwei Messejungen.
Im Grunde bin ich kein besonders sentimentaler oder feinfühliger Mann; dennoch – Pat rührte mich, das unendlich Jämmerliche an ihm erfüllte mich mit Mitleid. An diesem Tag – nachdem ich so lange mit meinem neuen ›Sohn‹ gesprochen hatte – ging ich zuerst auf die Poop hinauf und blieb ganz achtern eine Weile stehen. Am liebsten wäre ich nach vorne gegangen oder wenigstens aufs Hauptdeck hinunter, um mich an die Reling zu stellen und die scharfen, dreieckigen Rückenflossen zu betrachten, die dem Schiff Wache für Wache seit jetzt zwei Tagen gefolgt waren. Aber die Atmosphäre mittschiffs und vorne war so, daß ich jede Begegnung mit der Mannschaft vermied. Es war, als ob sich etwas Dunkles und Unbekanntes hinter ihrer Schweigsamkeit verbarg – etwas, von dem ich nicht sagen konnte, was es war. Ab und zu bildeten sie kleine Gruppen und redeten leise miteinander; aber vor allem war es die tiefe, feindselige Stille, die mich beunruhigte. Die seltenen Male, wo sie mir einen Blick schenkten, ge-

schah es mit einem abwartenden, passiven Haß, und das war etwas, das mir wirklich Furcht einflößte. Um ehrlich zu sein, ich fühlte mich unwohl und unsicher, und eigentlich hatte ich Angst, das Achterdeck zu verlassen.

Im Kielwasser und längs der Bordwand folgten uns die Haie – gleichmäßig, ruhig, grenzenlos geduldig, hielten sie die gleiche Geschwindigkeit wie wir und zerteilten die langgestreckte Dünung des Stillen Ozeans Meile für Meile mit ihrer Rückenflosse. Der Wind war abgeflaut, und das Rauschen der Brise im Tauwerk war fast nicht mehr zu hören. Bald würden wir wahrscheinlich bewegungslos liegenbleiben und uns in der See wiegen, mit gegen die Masten schlagenden Segeln, und die Haie würden in einem Ring um uns herumschwimmen.

Ich lehnte mich über die Reling und sah hinunter auf die herrlichen Körper im Wasser. Bei der geringen Fahrt, die wir jetzt machten, brauchten sie nur gerade noch die Schwanzflossen zu bewegen, um mitzukommen. Was hat sich die Natur dabei gedacht, diese schönen Ungeheuer hervorzubringen? Auf eine gewisse Weise ist der Hai das vollendetste, perfekteste Geschöpf in Neptuns Reich. Er ist durch seine Form, seine Stärke, seine Schnelligkeit und seine fürchterliche Waffe das absolute Raubtier – das äußerste, was die Natur in dieser Richtung erreichen konnte. Der Hai hat nur einen einzigen Fehler: er hat immer Hunger.

Einige Meter von der Backbordseite entfernt schwamm ein großer Hammerhai, und es fiel mir aufs neue auf – so wie immer, wenn ich ein Exemplar dieser Art sehe, – was für ein Paradox damit geschaffen wurde, diesen merkwürdigen, mißgestalteten Kopf auf den schlanken, stählernen Körper zu setzen.

Der Kopf des Hammerhaies liegt wie ein riesiger Querbalken über dem Nacken des Fisches: kurz, aber sehr breit, oft mit weit mehr als einem Meter, ja anderthalb Metern zwischen den Außenkanten, wo die Augen sitzen. Diese abnorme Breite des Kopfes – er ist etwa fünf- bis sechsmal so breit wie lang – ist die architektonische Bedingung dafür, daß das fürchterliche Maul so riesig werden kann. Ich habe Hammerhaie gesehen mit einem Maul von über einem Meter Breite. Das macht den Hammerhai zu einem gewaltigen und tödlichen Jäger; aber ästhetisch gesehen zerstört es die prachtvollen Linien des sehr schlanken Körpers mit den gewaltigen Flossen. Und einen gewissen Widerstand gegen das Wasser muß wohl dieser monströse, querliegende Rüssel mit den teuflichen Kiefern beim Schwimmen auch erzeugen.
Neben dem Hammerhai zählte ich weitere fünf oder sechs Haie von üblicher Form und Größe, mit spitzer Schnauze und normaler Kopfform. Es waren kleinere Haiarten, Heringshai, Rothai und wie sie nun heißen. Ab und zu leuchtete einer der weißen Bäuche grünlich unter dem klaren Wasser auf. Mit unangefochtener Majestät glitt der Hammerhai als der feste Mittelpunkt unter ihnen voran; es war, als hätte er vom Schiff Peilung genommen, seine Position im Verhältnis zu ihm bestimmt und beschlossen, sich an sie zu halten.
Natürlicherweise hassen wir diese Untiere.
Alle Seeleute, die in tropischen Gewässern gefahren sind, hassen, verabscheuen und verfluchen diese schönen Bestien. Schön? – Ja. Von oben oder von der Seite gesehen sind sie unübertroffen in ihrer Schönheit. Nur von vorne ist der Hai häßlich – da aber ist er, mit den kleinen, stupiden, idiotischen Schweinsaugen und dem widerwärtigen,

fast unnatürlich großen Maul, dichtgefüllt mit diesen scharfen, sägezahnähnlichen Zähnen, die wachsen und wachsen und herausfallen und wieder von innen heraus erneuert werden – von vorn ist er scheußlich wie alle Teufel der Hölle zusammengenommen. Der Hai produziert sein ganzes Leben lang ununterbrochen neue Zähne, wieder und wieder – innerhalb weniger Stunden –, als ob es der ganze Sinn des Daseins wäre, Zähne hervorzubringen, die nach und nach ausgespuckt werden und in die Tiefe hinabsinken. Wo man den Boden von haireichen Gewässern untersuchen konnte, hat es sich gezeigt, daß ein großer Teil des Sandes aus solchen ausgebrauchten Haizähnen besteht.

Fast alle größeren Arten sind Menschenfresser, und am bekanntesten unter ihnen sind der gestreifte Tigerhai, der Blauhai und der gewaltige weiße Hai, der sich zumeist im Fahrwasser südlich von Australien aufhält. Ich glaube, dieser weiße Hai ist das fürchterlichste Geschöpf, das die Mächte hervorgebracht haben. Mit dem riesigen Kopf und einem Maul bis zu anderthalb Metern Breite, den unregelmäßig großen Zähnen in den mächtigen Stahlkiefern sieht er aus, als wäre er vom Satan selbst geschaffen, als ein Abbild des absolut Bösen. Ich war im südwestlichen Pazifik an Bord eines amerikanischen Schoners selbst daran beteiligt, einen solchen Teufel aus dem Meer hochzuhieven, und ich habe oft Alpträume wegen seines Mauls gehabt. Mit den kleinen, toten, unbeschreiblich dummen Augen und dem aufklaffenden Riesenmaul über dem Eisenhaken und der daran befestigten Stahlkette sah er aus wie die Zusammenfassung aller grausamen und kannibalischen Kräfte des Lebens. Die Haie sind ja auch in des Wortes eigentlicher Bedeutung Kannibalen: sobald ein verwunde-

ter Hai Blut verliert und andere Haie davon Witterung erhalten, wird er lebendig von seinen Gefährten verspeist.
Wie dem auch sei, der Hai mußte zur Schöpfung hinzugehören, damit die Welt vollendet war.
Der Hai ist eine sehr alte Tierart. Die Natur brachte sie früh hervor; schon in einer grenzenlos fernen Urzeit, vor Jahrtausenden und Aberjahrtausenden erreichte der Hai seine Vollkommenheit. Er wurde zu dem einen, einzigen Ding, zum vollendeten Ausdruck seiner Funktion: er wurde Schwanzflosse, Kiefer, Gebiß und Hunger.
Er ist in seiner Vollkommenheit ein sehr primitiver Fisch. Nur das Primitive ist vollkommen. Er hat ein kleines Zentralnervensystem und kein Gehirn; das ganze Bewußtsein findet im Rückenmark und in den Gedärmen statt.
Zoologisch gesehen, werden die Haie zu den Knorpelfischen gerechnet, obwohl schon Verknöcherungen des Knorpels vorkommen. Das zeigt, wie alt er ist. Er hat kaum Schmerzgefühl; genaugenommen verspürt er nur ein einziges Leiden, aber dieses Leiden ist ewig und konstant. Der Hai ist von Anbeginn an ein verfluchter Fisch, und sein Fluch ist anatomisch manifest. Er hat fast keinen Darmkanal, und er verdaut und verliert sein Essen genau so schnell wie er es schluckt. Aber diese Nahrung wird nur halb verdaut. Das Resultat ist, daß das Leben des Haies nur aus *einem* Gefühl besteht, einem ewig nagenden Hunger: Vom Augenblick der Geburt an bis zum Tod wird der Hai von einer einzigen, unersättlichen Gier gejagt, dem Hunger. Dieser ewige Hunger sitzt in dem unentwickelten, spiralförmigen Darm des Haies und treibt ihn zur pausenlosen Jagd an. Hier, in den Innereien, sitzt die Seele des Haies, und die Seele des Haies ist der Hunger. Der Hai ist der Ahasverus des Meeres; ewig auf Wanderung,

einen Hunger zu stillen, der nicht gestillt werden kann, durchpflügt er den endlosen, tropischen Ozean seit Jahrtausenden.
Er ist von den Geistern des Meeres der Böseste.

Der Wind flaute immer mehr ab. Ehe ich in den Salon hinunterging, um zu essen, sah ich in den Kartenraum und las den Barometerstand ab. Alles war in Ordnung; das Barometer zeigte nur gutes Wetter.
Die Mahlzeiten an Bord der ›Neptun‹ waren eine Prüfung. Ich glaube, diese Prüfung bestand in dem unmenschlichen Schweigen, das immer herrschte, wenn wir unser Essen einnahmen. Es war der Kapitän, der die Ursache für unsere täglichen stummen Stunden bei Tisch abgab. Die Schweigsamkeit, die er um sich verbreitete, war so erdrükkend, daß es niemand über sich brachte, etwas anderes als die allernotwendigsten einsilbigen Wörter zu sagen.
Alles fand nach einem grausamen und seelentötenden Ritual statt, das wiederum mit unserer Sitzordnung rund um den Tisch zusammenhing, genau unserem sozialen Rang innerhalb der abgeschlossenen Welt entsprechend, die S/V ›Neptun‹ hieß. Am oberen Tischende saß der Kapitän selbst. Ich glaube nicht, daß ich schon etwas über sein Aussehen gesagt habe – vielleicht, weil es ziemlich ordinär war. Über dem Stiernacken saß der runde, kurzgeschnittene, blonde Kopf mit dem vollkommen ausdruckslosen Mondgesicht. Er muß damals etwa fünfzig Jahre alt gewesen sein, etwa von meiner Größe, aber er schien kleiner zu sein, weil er so ungewöhnlich grob gebaut war. Darin bestand praktisch sein einziger persönlicher Zug: der gewaltige, breite, schwere Körper war so grobgliedrig, daß so-

wohl Ärmel als auch Hosenbeine an ihm ziemlich eng saßen.

An der rechten Seite des Kapitäns saß seine Gattin, eine dunkelhaarige Amerikanerin mit einem scharfgeschnittenen, nicht schönen, aber lebendigen und ansprechenden Gesicht. Ich erfuhr später, daß sie ein bedeutendes Geschäftstalent besaß, immer die Buchführung des ersten Steuermanns und des Stewards kontrollierte und durchging und sich außerdem der ökonomischen Seite des Familienlebens an Land annahm. Nicht nur bezüglich der Haushaltung, sondern auch, wenn es um Bank- oder Börsengeschäfte, Aktien und Geldanlagen ging. Aber die Ökonomie war nicht ihr einziges Interesse.

Dies war indessen bei unserem religiösen Steuermann der Fall. Wenn man von seiner Leidenschaft für die fürchterliche Rechnung absah, die zwischen seinem Gott und der Menschheit am nahe bevorstehenden Gerichtstag – dem ›Jüngsten Tag‹, wie er ihn zu nennen beliebte – beglichen werden sollte, war Geld das einzige, was ihn beschäftigte. Wenn ich ihn recht verstand, würde der besagte Jüngste Tag damit beginnen, daß das Meer seine Toten zurückgab – also mit einem ziemlich düsteren Aspekt, wenn man bedenkt, wie die meisten unserer Berufskollegen aussehen würden, nach soviel Jahren im Salzwasser. Das eigentümlichste am religiösen Fanatismus des ersten Steuermanns war die Tatsache, daß er sich sowohl die Auferstehung als auch das Gericht wie eine buchstäblich irdische und materielle Begebenheit vorstellte. Wenn die Stunde kam, sollten wir alle mit Tang und Muscheln im Haar erscheinen.

Der erste Steuermann, dessen irdischer Name Jeremy Cox war, war von schottischer Abstammung, aber in den USA geboren. Ob er Mormone oder Anglikaner war, weiß ich

nicht mehr, aber ich sehe ihn immer noch deutlich vor mir: alles an ihm war lang und schmal, die Gestalt, die Gliedmaßen, die Finger, das Gesicht, die Lippen, die Nase. Die knochige Physiognomie war eingerahmt von langem, dunklem Haar und Bart. Er hatte eine fast unheimliche Ähnlichkeit mit Präsident Lincoln.
Wie sein Kapitän war Jeremy Cox ein schweigsamer Mann. Er saß linker Hand seines Vorgesetzten und begann jede Mahlzeit damit, seine knochigen Finger zu falten und ein halblautes Tischgebet zu sprechen. Er war der einzige, der wegen des Essens betete; aber hätten wir gewußt, was uns auf dieser Reise bevorstand, wären wir alle vielleicht fleißiger beim Beten gewesen.
Unterhalb von Mr. Cox saß der dritte Steuermann, der Idiot Mr. Dickson.
Unterhalb der Gemahlin saß ich.
Eigentlich sollte das Servieren bei den Offizieren vom Steward besorgt werden, aber da er im Bett lag, mußte die Arbeit von unserem kleinen, dunkelbraunen Kombüsen- und Messejungen erledigt werden, und das Ritual war schwierig für ihn, besonders in der ersten Zeit, nachdem wir in See gestochen waren, weil wir immer noch Proviant aus frischem Fleisch, frischem Gemüse und Obst an Bord hatten. Das nämlich bedeutete mehr Gänge und erschwertes Servieren zuzüglich zur Reihenfolge: zuerst die Gemahlin, danach die andere Seite vom Tisch: der erste Steuermann, dann: zurück zur Seite der Gattin, wo der zweite Steuermann – ich – saß, nun wieder zurück auf die andere Tischseite: dritter Steuermann. Zum Schluß: das Tischende, wo der Kapitän saß. Seine Verpflichtung als Schiffsführer, als letzter von Bord zu gehen, hatte er auch auf das Verlangen ausgedehnt, als letzter bedient zu wer-

den. Dies war allen klar: er bekam trotzdem die besten Stücke. Alle Gänge folgten dieser wunderlichen Navigation: die Suppe, das Fleisch, die Kartoffeln, die Soße, das Gemüse und das Obst, das wir als Nachspeise bekamen, alles wanderte von der einen Seite zur anderen, wieder und wieder.

Für den kleinen Moses, den Messejungen, war die Arbeit wirklich schwierig; aber wie immer gab er tapfer sein bestes. Moses und Pat waren ungefähr gleichaltrig, aber größere Kontraste konnte man sich schwerlich vorstellen. Der graubleiche, schwache Junge in meiner Kammer, und dagegen der vierschrötige, muskulöse Moses, dunkel wie Kaffee, wach, intelligent und mit Nerven wie Hanftrossen – voller Lebensmut und Kampfgeist. Der Negerjunge schlief mittschiffs, wo er die Kammer mit dem Koch teilte und in der oberen Koje lag. Es streifte mich so etwas wie eine Idee.

Dann geschah etwas. Der Kapitän hob das schwere, verschwitzte Gesicht und sah mich an. »Mr. Jensen«, sagte er.

»Jawohl, Sir?«

»Wie geht es dem Steward?«

»Schlecht, Sir.«

»Was soll das heißen? Er muß doch jetzt über seinen Vollrausch hinweg sein?«

»Es ist kein Vollrausch, Kapitän.«

»Was ist es dann, Mr. Jensen?«

»Wahrscheinlich ein Magengeschwür.«

»So!« Er wurde dunkler im Gesicht: »Das sind schöne Nachrichten.«

»Es tut mir leid, Sir.«

»Wie lange wird er liegenbleiben?«

»Ich weiß es nicht.«

Eine Weile saß er da mit Messer und Gabel in den Händen, aber wieder schweigend. Dann hub er aufs neue an:
»Und der Zimmermann? Der Höllenbastard?«
»Wahrscheinlich wird er überleben. Wenn nicht irgendetwas hinzukommt.«
»Hm.«
»Ich bin kein Arzt, Kapitän.«
»Was für eine Satansbesatzung!« brüllte er plötzlich: »Was für ein Satanspack!«
Niemand sagte ein Wort.
»Und der höllische, verdammte, peruanische Kerl, der versucht hat, ihn umzubringen? Wie geht es ihm? Sagen Sie es nur, Mr. Jensen! Sagen sie nur alles auf einmal!«
»Er hat ein kaputtes Auge und eine gebrochene Hand.«
»Er ist also auch arbeitsunfähig? Das Satansschwein! Der Höllenhund! Gott verfluche sie alle zusammen!«
Eine Weile hörte man nur das Kauen und das Geräusch des Bestecks gegen die Teller. Mr. Cox hustete ein paar Mal einen tiefen, krächzenden und gespenstischen Husten.
»Ich habe, der Teufel hole mich, nie eine ähnliche Besatzung gesehen«, murmelte der Kapitän leise: »Nicht in meinem ganzen, verfluchten Leben.«
Ich glaube, Moses war der einzige, den der Ausbruch total unberührt ließ. Sehr ruhig reichte er jetzt das Obst, indem er streng das Ritual befolgte. Möglicherweise war dies so schwierig für ihn, daß es sein ganzes Hirn und alles was darin enthalten war, beanspruchte, sich nur an die Rangordnung und Reihenfolge zu erinnern. Dann ging er mit den Schüsseln nach mittschiffs.
Der Kapitän schob seinen Teller von sich und starrte mich aufs neue an:

»Und das kleine, höllische Waisenhauskind, diese kleine Satansratte aus den Slums, den Aborten von Soho? Der verdammte Lumpenhaufen von einem Decksjungen. Sie wissen, wen ich meine, Mr. Jensen?«
»Ja, Sir.«
»Wann gedenkt dieser neue Prinz von Wales seine Arbeit wieder aufzunehmen?«
»Das kann er nicht, Sir.«
»Und was fehlt Ihro Gnaden?«
»Nervöser Zusammenbruch, Kapitän.«
»*Nervöser*?!«
»Es ist vielleicht nicht das richtige Wort, Sir. Aber ich fürchte, daß er dabei ist, durchzudrehen. Er liegt und klammert sich an die Koje.«
»Wo ist er?«
»In meiner Kammer.«
»In *Ihrer*??«
»Die Krankenkammer ist besetzt, Sir.«
»Werfen sie ihn nach vorne, Steuermann!«
»Das würde ich sehr ungern tun, Sir.«
Einen Augenblick lang sah er nur in die Luft, als hätte er etwas Unfaßbares gehört. Ganz ausdruckslos wandte er mir wieder das Mondgesicht zu und wischte sich den Schweiß von der Stirn.
»Mr. Jensen«, sagte er, »ich brauche Sie nicht daran zu erinnern, daß Sie nicht als Kindermädchen hier an Bord angemustert haben.«
Ich konnte es nicht umgehen, zum dritten Steuermann hinüberzusehen. Er grinste. Ein triumphierendes, schadenfrohes Lächeln verbreitete sich über das rote, aufgedunsene und unintelligente Gesicht. Es ließ sich nicht sagen, was es mehr ausstrahlte, Dummheit oder Bosheit.

Hätte Moses nicht die Sauciere mitgenommen, so hätte ich sie in seine Visage werfen können.
»Herr Kapitän«, antwortete ich: »Es wird besser sein, mit einem Schiffsjungen weiter zu segeln, der seinen Verstand noch beisammen hat, als mit einem Geisteskranken.«
Es schien, als würde er sich wieder besinnen. Auf alle Fälle war die Stimme ganz ruhig und nicht mehr unfreundlich, als er antwortete:
»Schon gut, Mr. Jensen. Sie sind es, der die Rolle des Medizinmannes auf diesem Schiff zugeteilt bekommen hat. Aber was sollen wir mit ihm tun? Er kann ja nicht bei Ihnen liegenbleiben oder sich nur herumtreiben. Haben Sie daran gedacht, Steuermann?«
»Ja, Sir.«
»Und?«
»Ich habe eine Idee.«
»Ja?«
Die Stimme hörte sich jetzt geradezu freundlich an. Etwas mußte inwendig in seinem runden Kopf geschehen sein. Zu dieser Zeit grübelte ich ab und zu darüber nach, ob der Kapitän – dieses rauhe, geldsaugende Ungeheuer – eigentlich eine Seele besäße. Im Augenblick sah es gerade so aus, als ob er tatsächlich auf seine Weise so etwas habe. Die kleinen Augen waren klar und fragend.
»Pat kann in einigen Tagen wahrscheinlich wieder leichtere Schiffsarbeit tun, und er ist ja schon früher als Kombüsenjunge gesegelt«, sagte ich. »Ich möchte vorschlagen, daß wir Pat und Moses austauschen – Moses zieht nach vorne und Pat bekommt seine Koje beim Koch. Wir mustern sie um.«
Er neigte den Kopf und begann eine Apfelsine zu essen.
»Machen Sie es, wie Sie wollen, Steuermann.«

Die Tür ging auf, und Moses kam herein, um den Rest des benutzten Geschirrs vom Tisch zu holen.
»Moses!« sagte der Kapitän mild.
»Ja, Sir!«
»Du weißt, daß der Decksjunge Pat, der mit dem langen, hellen Haar, sehr krank ist?«
»Ja, Sir, er kann fast nicht sprechen. Ich bin unten in Mr. Jensens Kammer gewesen mit Suppe für ihn. Er redet wie ein kleines Kind.«
»Der zweite Steuermann meint, daß er nicht mehr nach oben gehen kann.«
»Er würde vor Angst sterben, Sir.«
»Wenn ihr beide die Arbeit wechselt, dann kann Pat in der Kombüse sein und beim Koch schlafen, während du nach vorne gehst. Du bekommst zwei Schillinge mehr im Monat, mein Junge.«
»Danke, Sir! Vielen Dank, Sir!«
Moses beherrschte sich mit aller Kraft, und es gelang ihm. Aber als er sich vorbeugte, sah ich, wie froh er war.
Ich steckte meine Apfelsine in die Jackentasche, wobei ich immer noch von der Überraschung darüber wie betäubt war, daß der Kapitän Moses ›mein Junge‹ genannt hatte. Gleichzeitig fühlte ich, daß Sancta Vénere still lag und nur in der Dünung rollte. Der Wind mußte sich ganz gelegt haben. Ich atmete beruhigt auf. Der Vorschlag mit Pat war sehr viel leichter durchgegangen, als ich erwartet hatte.
»Hören Sie zu, Mr. Jensen, der Höllenbandit von einem Hurensohn aus Peru soll sofort zu arbeiten anfangen. Er hat auf jeden Fall die eine Hand in brauchbarem Zustand, und er geht auf Ruderwache, sobald wir Wind genug haben, um steuern zu können.«
»Jawohl, Sir.«

»Wie heißt das Untier?«
»Carlos, Kapitän.«
»Ich wünschte, der Teufel würde ihn holen, Steuermann.«
»Jawohl, Sir.«
»Und ich wünschte, daß der Teufel den Zimmermann, den Steward und den verdammten, schurkischen Gewaltverbrecher von einem Mulatten holte. Mit ihm kriegen wir Schwierigkeiten.«
»Nun, Sir. Das würde vier Mann weniger an Bord bedeuten.«
»Wie heißt das scheußliche Schwein?«
»Arrowsmith, Sir. James Arrowsmith. Vollmatrose.«
»Hm. Seiner Visage nach sollte man glauben, das Schwein könnte Rockefeller heißen.«
»Er ist ein Mann mit Selbstbewußtsein, Sir.«
Der Kapitän sah mich an. Mit dem runden Kopf und dem dicken Gesicht und den kleinen graublauen Augen sah er einem Schiffsschwein zum Verwechseln ähnlich, das ich früher einmal an Bord gehabt hatte. Langsam vergrößerten sich seine Augen vor totaler Überraschung:
»Selbstbewußtsein?«
»Jawohl. Selbstachtung.«
»Erst einmal ist der Köter ein Nigger, zum zweiten ist er Matrose – und dann geht er herum mit Selbstachtung! Mr. Jensen! Mr. Jensen! Das sind *Ihre* Worte!«
»Sie können den dritten Steuermann fragen, Kapitän, ob Arrowsmith nicht Selbstachtung hat«, gab ich harmlos zur Antwort, während ich freundlich zu Mr. Dickson hinüberblickte. Er war in seinem Innersten getroffen und strahlte eine uralte, wilde Bosheit aus.
»Sagen Sie mir eines, zweiter Steuermann: gibt es überhaupt einen Weißen vor dem Mast?«

»Ich glaube, daß der Segelmacher möglicherweise einmal weiß gewesen sein könnte. Man kann es schwer sagen. Vielleicht auch der Bootsmann.«
»Niemand sonst?«
»Möglicherweise ist der andere Decksjunge weiß, Sir. Aber er ist sehr sonnenverbrannt.«
»Herr Jesus!« seufzte er: »Wir segeln mit dem ganzen Zwischendeck voller Nigger, Malayen, Indianer, Bastarden und Kannibalen!«
Wie auf Befehl hoben wir alle den Kopf und starrten den ersten Steuermann an. Mr. Jeremy Cox hatte gehustet – und der Husten kam wie aus einer Grabkapelle. Er hatte das Obstmesser beiseite gelegt und saß jetzt mit offenem Mund da, bereit zu reden. Die Ähnlichkeit mit ›Good Old Abe Lincoln‹ war unheimlich und erschreckend. Cox sah aus, als sollte er dem Senat das Verteidigungsbudget vorlegen. Er wirkte so feierlich, als sollte er Geld zählen. Dann hustete er wieder seinen Totenhusten und nahm das Wort; die Silben fielen wie Silberdollar auf einen Teller:
»Es gibt«, sagte er drohend, »es gibt, Gott soll mich strafen, nicht einen einzigen christlichen Menschen vor dem Großmast. Wir segeln mit wilden Tieren an Bord, mit Bestien von unterschiedlicher Farbe und Rasse, voller Aufrührertum, voll von Bösem und voll von selbstverschuldeten Krankheiten – mit Syphillitikern, Räudigen, vom Tripper befallenen Hurenkerlen, Sodomiten und Päderasten, Mördern und Kannibalen, mit Heiden und Australnegern! Der Zorn Gottes wird dieses Leichenhaus von einem Schiff treffen. Eigentlich müßten wir nach vorne auf die Back gehen und sie im Namen des Heiligen Geistes taufen. Aber es ist, Gott soll mich strafen, zu spät für die Stunde der Erlösung.«

Er sah um sich und fuhr dann in einem noch drohenderen Tonfall fort: »Wir segeln mit der Sünde und der Schuld der ganzen Welt an Bord. Die Strafe steht bevor. Der Herr Jehova ist ein eifriger Gott, und das Schwert der Rache sitzt locker in seiner Scheide.«
Wir saßen alle gelähmt und schweigsam da.
»Ich weiß, daß der Herr ein eifriger Gott ist«, sagte ich, »aber Ihre Religion, Mr. Cox, enthält auch Wörter wie Liebe und Vergebung.«
Es ist unmöglich, die Verachtung zu beschreiben, die mich aus den tiefen und dunkel brennenden Augen des ersten Steuermanns traf.
»Mr. Jensen«, sagte er, »es gibt keine Vergebung, keine Gnade, ohne die vorausgegangene Strafe. Lieben ist züchtigen. Es ist Liebe, zu strafen.«
Dann erhob er sich – zwei Meter hoch – und ging hinaus. Seine Heiligkeit, der erste Steuermann Jeremy Cox, hatte gesprochen.
Ich fühlte mich verstimmt und niedergeschlagen nach der Mahlzeit, nicht so sehr auf Grund dessen, was meine Befehlskollegen gesagt hatte, als auf Grund meiner eigenen Reaktion, meines Unwillens gegenüber dem Kapitän und dem ersten Steuermann und meiner Abscheu dem dritten Steuermann gegenüber. Aber nein, ich haßte sie nicht, so ist es nicht zu versehen. Aber Er, der in die Menschenherzen hineinsieht, Er wußte – möge der Herr sich meiner sündigen, leidenschaftlichen Seele erbarmen! – Er wußte, daß ich sie auch nicht liebte. Ich sah sie ohne Liebe an. Und da jeder nach dem gleichen Maßstab gerichtet wird, mit dem er selber richtet, würde ich selbst, wenn das Salzwasser sich einst über mir geschlossen hat, aus meiner eigenen Haltung gerichtet werden – ohne Liebe.

Und außerdem: diese Männer, diese drei weißen Offiziere der größten Handelsflotte der Welt – sie waren meinesgleichen, meine Kollegen und Offizierskameraden; in einer kniffligen Lage mußten sie einander felsenfest vertrauen. Die Wahrheit war, daß ich ihnen nicht vertraute, und ebenso, daß wir eine sehr schwierige Mannschaft hatten. Die Wahrheit ist eine fürchterliche Sache, und wir sollten nicht ihren Namen mißbrauchen. Soviel habe ich begriffen.
Und in diesem Fall war es die Wahrheit, daß ich den dritten Steuermann, der mein jüngerer Freund, Bruder und Mithelfer hätte sein sollen, meine rechte Hand in einer schwierigen Situation gegenüber dem Meer oder der menschlichen Leidenschaft – in diesem Fall war es die Wahrheit, daß ich ihm mit Abscheu, Mißtrauen und Verachtung gegenüberstand. Er war ein unbrauchbarer Navigator, er war dumm und er war brutal. Wie so viele brutale Männer war er nicht mutig – er war kein mutiger Mann. Er hatte den Malayen geschlagen, der beträchtlich kleiner war als er selbst – aber er hatte nicht gewagt, James Arrowsmith zu schlagen. Er war voller Bosheit, roh und feige. So sah ich ihn.
Was den ersten Steuermann betraf, so zweifelte ich ganz einfach an seinem Verstand.
Nur dem Kapitän gegenüber fühlte ich mich unsicher. Hatte er eine Seele? Ging etwas vor unter den kurzgeschorenen Schweineborsten auf diesem runden Schädel? War er nur beschränkt, oder hielt er uns alle zum Narren?
Mit diesen drei Männern sollte ich Sancta Vénere von Manila unter Anlaufen von Rio und Marseille segeln. Meine weißen Brüder inmitten einer schwarzen, gelben, roten und braunen Welt von Leuten mit langen Haaren und Rin-

gen in den Ohren! Wir vier hatten dreißig Menschenschicksale in der Hand. An Bord der ›Neptun‹ vertraten wir die britische Regierung. Nein, ich betrachtete meine Mitoffiziere nicht mit Liebe.
Unter solchen Gedanken ging ich in meine Kammer hinüber, nahm die Apfelsine aus meiner Tasche und gab sie Pat. Während er sie mit den schmalen, weißen Fingern umfaßte, dachte ich wieder über mein schlechtes Verhältnis zu den Schiffskollegen nach. Jede Wahrheit, bis zur äußersten Konsequenz geführt, ist Wahnwitz. Ist es die Wahrheit des Irrsinns oder der Irrsinn der Wahrheit?
»Steuermann«, sagte Pat, »tausend Dank für die Apfelsine.«
»Mein Junge«, sagte ich, »ich habe gute Nachrichten für dich.«
»Was denn, Steuermann?«
»Du brauchst nicht nach vorne.«
Das magere, unschöne Gesicht leuchtete auf:
»Werde ich hier bei dir bleiben, Mr. Jensen?«
»Nein«, sagte ich, »das ist unmöglich.«
»Ich habe dich so gern, Steuermann. Ich möchte hier bleiben. Kann ich nicht bei dir bleiben?«
Die Apfelsine rollte über den Teppich. Er richtet sich halb auf in der Koje und legte beide Arme um meinen Hals:
»Steuermann Peder! Steuermann Peder! Laß mich bei dir bleiben! Ich habe nichts, wo ich hingehen kann.«
»Du sollst mittschiffs schlafen, beim Koch. Moses wird Decksjunge und du wirst Kombüsenjunge.«
Er preßte die Arme noch fester um meinen Hals, und ich merkte, daß er weinte. »Ich möchte lieber sterben«, flüsterte er. »Ich wünsche, ich wäre vom Royal heruntergefallen. Ich will nur bei dir sein.«

»Nein, Pat.«
»Ich möchte dein Sohn sein, Steuermann – oder hast du andere Kinder?«
»Ich habe keine Kinder, Pat.«
»Steuermann«, sagte er leise, »du bist der liebste Mensch, den ich kenne; du bist der einzige auf der ganzen Welt, der lieb zu mir gewesen ist.«
»Du bist auch lieb zu mir gewesen, Pat.«
»Aber du hast keine anderen Kinder, Mr. Jensen; darum kannst du mich behalten. Es gibt niemanden, der mich besitzt.«
»Das geht nicht, Pat.«
»Doch, ich kann bei dir bleiben. Es gibt etwas, das Adoptieren heißt, jemand anzunehmen wie das eigene Kind. Dann könnte ich die ganze Zeit bei dir sein, an deinem Platz – bei dir zu Hause.«
»Aber ich habe keinen Platz. Ich habe kein Haus und ich habe kein Heim. Ich habe nicht einmal ein Bett und eine Anlegestelle. Ich habe keinen Platz und kein Heim, das ich dir geben kann, Pat.«
»Hast du nichts, Steuermann?«
»Nein – nichts, Pat.«
Er wartete eine Weile, dann löste er langsam den Griff um meinen Hals und spielte mit der Apfelsine. Schließlich lächelte er: »Dann bin ich reicher als du, Steuermann.«
»Wie denn?«
»Du hast nichts – und ich habe *dich*.«
»Du *hast* mich nicht, Pat. Kein Mensch *hat* andere.«
»Aber doch, du hast mich. Und außerdem, dann hast du ...«
»Was denn?«
»Das weißt du selbst, Mr. Jensen.«
»Ich habe die Violine, einige Notenhefte und ein paar Bü-

cher. Das ist alles, was ich besitze. Ich sagte dir: das ist das Los des Seemannes.«

Dann ergriff er meine Hand.

»Ich möchte immer bei dir bleiben!« Und die Tränen begannen aufs neue zu laufen: »Ich habe dich so gern.«

»Pat«, sagte ich, »ich würde dich gern als Sohn annehmen. Aber ich habe nichts und ich bin nichts. Ich kann nichts versprechen. Ich habe kein Haus.«

»Du bist mein Vater!«

»Ich kann nichts versprechen, Pat.«

»Doch, Steuermann, ich habe nur dich auf der ganzen Welt!«

»Pat«, sagte ich, »wir sind beide allein.«

Er drückte meine Hand gegen die Wange und weinte weiter. Herrgott, da lag der ganze Schmerz der Menschheit in einem einzigen, weinenden Menschenkind. Und ich dachte, warum soll ausgerechnet ich so geartet sein, daß mir das Leid von allen so zu Herzen geht? Warum gewinne ich alle lieb, die leiden?

»Steuermann«, fuhr er fort: »Du bist so viele Jahre gesegelt, hast du nicht Geld, so daß du ein Haus kaufen kannst?«

»Ich habe etwas Geld. Es liegt auf einer Bank.«

»Auf der Bank von England?«

»Nein. Es ist eine andere Bank.«

»Hast du genug, um ein Haus zu kaufen?«

»Das weiß ich nicht. Ich glaube nicht.«

»Aber wenn du genug hast?«

»Ich kann nichts versprechen.«

»Wie lange bist du gefahren, Mr. Jensen?«

»Zwanzig Jahre.«

»Wie alt warst du, als du zur See gingst?«

»Dreizehn Jahre.«
»Was ist dein Vater?«
»Er war Matrose.«
»Ist er tot?«
»Er trank sehr viel, und in einer Nacht, als er voll war; fiel er ins Wasser und ertrank – in Amsterdam.«
»Mein Vater ist im Arbeitshaus.«
»Ist er schon lange dort?«
»Einige Jahre.«
»Was hat er davor gemacht?«
»Er arbeitete in einer Schusterei und verdiente neunzehn Schillinge in der Woche.«
»Wieviele Geschwister wart ihr?«
»Fünf.«
»Warum kam er ins Zuchthaus?«
»Er nahm die eiserne Schusterleiste und schlug dem Chef damit auf den Kopf. So, daß er starb.«
»Danach bekam er nicht mehr die neunzehn Schillinge?«
»Nein.«
»Und dann?«
»Dann konnte Mama nicht mehr die Miete für unser Zimmer bezahlen.«
»Dann war es die Straße?«
»Ja, Mr. Jensen.«
»Wie alt warst du damals?«
»Neun Jahre, glaube ich.«
Er begann von der Apfelsine zu essen. Er war mager und voller Gedanken, und er weinte nicht mehr. Er blickte über die Frucht hinweg zum Violinenkasten.
»Du, Steuermann?«
»Ja?«
»Kannst du gut Violine spielen?«

»Nicht besonders.«
»In London gibt es viele, die Geige spielen können. Einige spielen auf der Straße.«
»Ja.«
»Willst du für mich spielen?«
»Ein andermal, Pat.«
»Bist du in London gewesen?«
»Ja.«
»Wann denn?«
»Zweimal, als ich ohne Heuer war.«
»London ist eine tolle Stadt.«
»Ja, möglich.«
»Dort wohnen die Königin und der Bürgermeister, und sie haben große Wagen mit weißen Pferden.«
»Das werden sie wohl haben.«
»Steuermann?«
»Ja?«
»Wo kommst du her?«
»Von Hammerfest in Norwegen. Es ist die nördlichste Stadt der Welt.«
»Ist Hammerfest wie London?«
»Nein.«
»Wie ist es dort?«
»Vor der Stadt liegt das nördliche Eismeer, und weiter gegen Westen liegt der Nordatlantik. Ab und zu werden die Häuser mit Tauen am Boden befestigt, weil es ziemlich stark bläst, da oben.«
»Hast du auf dem nördlichen Eismeer gesegelt?«
»Als Junge.«
»Wie ist das nördliche Eismeer?«
»Bei gutem Wetter ist es sehr schön dort. Es ist ein gutes Meer.«

»Und sonst?«
»Hin und wieder gibt es Sturm. Selten Orkan. Aber Zyklone und Taifune haben wir nicht.«
»Ist es lange her, seit du dort warst, Steuermann?«
»Fünfzehn Jahre, glaube ich.«
»Wohnst du nirgends?«
»Nein.«
»Dann wohnst du überall, Steuermann.«
»Ja.«
»Auf dem ganzen Erdball. Überall wo Salzwasser ist.«
»Ja, so ungefähr.«
Er lächelte: »Und jetzt bist du auf dem Stillen Ozean!«
»Ja.«
»Zusammen mit mir!«
»Zusammen mit dir.«
»Möchtest du nicht irgendwo wohnen?«
»Ich glaube nicht. Ich habe meine Schiffskiste und eine Kammer auf jedem Schiff.«
»Und in deiner Kiste hast du Geld?«
»Ja, etwas.«
»Wieviel?«
»Ich weiß es nicht. Es ist lange her, daß ich es gezählt habe.«
»Bedeutet es dir nichts?«
»Jetzt nicht mehr. Als ich vorm Mast segelte, sammelte ich Geld, um an Land zu gehen und meine Patente zu machen.«
»Sind es Silberdollars?«
»Einige sind dabei, glaube ich.«
»Zählst du es nie, Steuermann?«
»Warum soll ich es zählen, Pat? Kost und Logis habe ich an Bord.«

»Möchtest du kein Haus an Land haben?«
»Ich fühle mich an Land nicht wohl.«
»Du fühlst dich auf See wohl, Mr. Jensen?«
»Ja. Ich mag es, Wache zu gehen. Ich mag es, die Sonnenhöhe zu nehmen. Ich mag es, nachts die Sterne zu sehen. Ich mag es, Ruhe zu haben. Ich mag es, in meiner Kammer zu sein und dazuliegen und zu lesen und zu spielen.«
»Ich wünschte, ich wäre dein Sohn, Steuermann.«

An Deck war es windstill, und ich bemerkte den Geruch, sobald ich hochkam. Das ganze Hauptdeck war voll von Blut. Dick und schwer und dunkel floß es umher zwischen Back, Kombüsenhaus und Reling. Auch das Wasser längs der Bordwand war rot von Blut. Die Mannschaft stand an Deck versammelt, und unter ihnen sah ich auch den riesigen Rücken des ersten Steuermannes, jetzt offenbar als einen der ihren und in größter Freundlichkeit. An der Steuerbord-Großrahnokk, die weit nach außen über die Schiffseite ragte, war eine schwere Talje befestigt. Unter den Männern auf dem blutigen Deck herrschte eine fast besessene Erregung.
Das Haiefischen hatte begonnen.
Zwischen den ekstatischen, brüllenden Männern lagen drei verstümmelte, um sich schnappende und schlagende Haie. Die Leute wateten barfuß im Blut. Einer von ihnen, der Segelmacher – ein ziemlich heller Mann, der mir früher nicht sonderlich aufgefallen war –, betätigte sich mit einem riesigen Haimesser und erledigte das meiste von der Schlächterarbeit. Das Haimesser wird von malayischen Perlenfischern verwendet, wenn sie tauchen; es dient als Verteidigungswaffe gegen die Haie, und um durch die

grobe, sandpapierähnliche Haut zu kommen, muß ein Werkzeug von außerordentlicher Qualität verwendet werden. Ein solches Haimesser ist gut einen Fuß lang, aus spezialgehärtetem Stahl und scharf wie eine Rasierklinge. Es wird in einer Scheide aufbewahrt, die mit Talg gefüllt ist, um das Blatt gegen Rost oder anderen Schaden zu schützen.

Ein Hai ist ein ungewöhnlich zählebiges Tier, gerade auf Grund seiner primitiven Physiologie. Aber er blutet sehr. Das Fleisch ist von Harnsäure durchtränkt und ungenießbar für Menschen. Nur in den Mittelmeerländern wird das Fleisch verwendet, indem man es in kleine Stücke schneidet und es in Essig, Pfeffer und andere scharfe Gewürze einlegt, so daß der Geschmack verschwindet – worauf das Haifleisch fälschlicherweise als eingelegter Thunfisch verkauft wird, oder Tònno, wie es die Italiener nennen. Natürlich sind es nur Dagos, die so etwas machen. Ehrliche und zivilisierte Menschen verwenden vom Hai nur die Leber und die Flossen. Letztere sind indessen eine international anerkannte Delikatesse; besonders die Chinesen verstehen es, eine erstklassige Suppe aus ihnen zu kochen.

Die drei schnappenden Bestien an Deck bekamen nun eine nach der anderen das Haimesser zu schmecken.

Zuerst wurde die Schwanzflosse abgehackt, danach trennte man mit einigen raschen Schnitten die Rückenflossen ab. Zum Schluß wurde die Bauchhöhle geöffnet und die Leber herausgenommen. Das Blut schwappte fast schwarz aus den klaffenden Wunden heraus, und aus dem Schnitt in dem weißen Bauch quollen die Gedärme hervor. Dann wurde das Untier wieder in die See gehievt.

Eigentlich begann das Schauspiel ernsthaft erst unten im Wasser.

Das rote Blutwasser kochte von Haien, die bis zum Wahnsinn von Blutgeruch und Fleischgeschmack aufgepeitscht waren. Die See war ein Hexenkessel von weißen Bäuchen, hellrotem Schaum und zappelnden Schwanzflossen, von schwarzen Körpern und weißen Zähnen. Kein ausgehungertes, sibirisches Wolfsrudel könnte größere Wildheit an den Tag legen. Woher kamen diese Bestien? Sie waren wie auf ein Pfeifensignal hin aufgetaucht; der frische Blutgeruch holte sie aus den Tiefen hoch, aus den fernsten Abgründen des Meeres.
Stück für Stück wurden die verstümmelten Teufel wieder über Bord gehievt. Ohne Schwanzflossen konnten sie nicht mehr schwimmen, aber der Blutstrom aus ihren Wunden rief ihre hungrigen Genossen herbei, die an einen gedeckten Tisch gingen und gewaltige Bissen aus den zappelnden, hilflosen Körpern rissen. Sie schlangen die losen Gedärme in sich hinein, drehten ab wie der Blitz und kehrten wieder zurück. Die Geschmeidigkeit, die Biegsamkeit und die Stärke dieser frühzeitig im Morgen der Geschichte vollendeten Haikörper waren unbegreiflich, genauso unbegreiflich wie die Kindheit der Erde, die sie hervorgebracht hatte.
Am seltsamsten war es vielleicht, die mißgestalteten Ungeheuer zu beobachten, die über Bord geworfen wurden. Trotz der fehlenden Schwimmfertigkeit und den aufgeschlitzten Bäuchen waren sie lebendiger als je zuvor. Und sie waren genauso sinnlos vom Hunger erregt wie die anderen Dämonen, obwohl der Blut- und Fleischgeruch von ihren eigenen Wunden und Innereien stammte. Man konnte sie Fleischstücke von ihren eigenen Schwänzen hinunterschlingen sehen, ja sogar ihre eigenen Gedärme schluckten sie, während sie selbst von ihren Brüdern ge-

fressen wurden. Es war unfaßbar, einen solchen verkrüppelten Haikörper sich zu einem lebendigen Ring aus Stahl zusammenbiegen zu sehen, um seinen eigenen, blutigen Schwanzstumpf zu erreichen.

Allein, die Mahlzeit ging schnell vor sich. Nach wenigen Minuten blieben nur die hungrigen Tiere in dem immer röter werdenden Wasser zurück, das sie in Kaskaden und Wirbeln durcheinanderpeitschten.

Auf Deck wurde jetzt der nächste Hai vivisektiert; verstümmelt und aufgeschlitzt unter einer neuen Sturzwelle aus Blut. Dann ging er über die Reling, und die Mahlzeit begann aufs neue. Aus dem letzten Satan von einem Fisch wurden zuerst große Stücke herausgeschnitten, um sie an den drei Haihaken zu befestigen, die in Verwendung waren und die hinaus zu den Bestien geworfen werden sollten, nachdem der letzte Invalide aufgefressen war, mit Haut und Knorpel und Gedärmen und Wirbelsäule und Kiefer und Hirnschale. Zumeist legt sich ein Hai weit auf die Seite oder auf den Rücken, wenn er zubeißen will, aber nicht immer. Das war leicht zu beobachten in diesem maritimen Bild einer kannibalischen Hölle, das sowohl Bosch als auch Breughel hätte erbleichen lassen.

Während ich dastand und hinunter in das Inferno sah, glitt eine gewaltige, dreieckige Rückenflosse durch den Blutschaum. Es war der Hammerhai, den ich heute früh achteraus gesehen hatte. Er drängte voran wie ein Schlachtschiff und schob die anderen Körper beiseite. Das Ziel – der letzte von den dreien, die man an Deck geschlachtet hatte – war jetzt nichts anderes mehr als ein zappelnder Klumpen Fleisch, aber der Hammerhai erreichte ihn, legte sich soweit auf die Seite, daß die ganze, weiße Unterseite im Sonnenlicht glänzte, dann öffnete er das Maul und

nahm den Kopf des anderen mit einem einzigen Zuschnappen. Der Blutstrom aus den Pulsadern spritzte hoch, und die anderen Haie warfen sich im Wahnwitz über den Kadaver.
An Deck ertönte wildes Geheul beim Sichten des Riesenhaies, und nicht lange danach gingen die Haken über Bord. Alle hingen über die Reling und starrten hinunter in die aufgewühlte See. Der Hammerhai schoß von der Schiffseite weg und drehte eine Runde im Meer. Dann kehrte er zurück.
Er schwamm an der Bordwand entlang und an den drei Ködern vorbei, dann glitt er nach achtern, aber gleich darauf war er zurück im Blutwasser unter den anderen Fischen. Er schwamm nur dem Geruch nach; die kleinen Schweinsaugen sahen nichts – es war, als ob er blind herumschnüffelte. Eine kurze Sekunde war er dem Stahlhaken so nahe, daß der Köder am Haikörper entlangscheuerte. Er mußte etwas gemerkt haben, denn er drehte gleich darauf und kam zurück. Er nahm jetzt den Köder aufs Korn, und auf einmal legte er sich über und schluckte sowohl das Fleischstück als auch den Haken und ein paar Fuß von der Stahlkette, die die Leute als Vorfach verwendeten.
Vom Deck kam ein Gebrüll. Der Fisch saß fest.
In einem Wirbel von rotem Wasser schoß er los, und einen Augenblick später war die Hanftrosse wie eine Violinseite gespannt. Dann ging der Hai direkt nach unten, und es wurde mehr Leine nachgegeben. Soweit ich es schätzen konnte, hatte das Untier eine Länge von sechs oder sieben Metern. Die widerwärtigen Auswüchse an beiden Seiten des Teufelskopfes verursachten mir mehr Übelkeit als je zuvor.

Die Mannschaft zog jetzt die Trosse ein, und unter kreischendem Schreien, Jammern und Tränen seitens des Flaschenzuges wurde der Behemot-Leviathan an die blutige Wasseroberfläche hochgezogen. Bald hatten sie ihn längs der Schiffseite, groß, wild und kannibalisch – mit dem fürchterlichen, weit offenen sägegezähnten Maul. Ganz schmerzfrei war der Haken also nicht. Sie zogen den Kopf und den halben Oberkörper von diesem Satan in Fischgestalt aus dem Wasser. Weiter ging es nicht. Dort hing er mit seinen sieben Metern und peitschte das rote Salzwasser auf zu Blumen aus rosa Schaum. Der Riesenteufel muß seine zweitausend Kilo gewogen haben. Das Gesicht hing an der Stahlkette und wirbelte umher, ein Gesicht von einer Bösartigkeit und Häßlichkeit, für die es keine Namen oder Worte gibt. Es war ganz einfach die Hölle der Tiefe, die dort hing.

Nach und nach bekamen die Seeleute eine Schlinge um seine Schwanzflosse, und mit Hilfe von quietschenden, heulenden Flaschenzügen zogen sie diese Offenbarung aller heidnischen, kannibalischen Kräfte der Welt aus dem Wasser hoch in die dünne Luft, wo ihre herkulische Kraft gebrochen war. Mit einem gewaltigen Krachen schlug er auf die Decksplanken, und ein Freudengeheul brach aus den Kehlen der Männer.

Sofort fing die Zerteilung von Kaliban an.

Der Mann mit dem Haimesser schaffte es nicht, die Schwanzflosse abzuschneiden oder abzuhacken. Erst als ein anderer Seemann mit blutigen Füßen und aufgekrempelten Hosen mit dem Zimmermannsbeil übers Deck kam, schaffte man es, sie abzuhacken. Das schnappende, jappende Maul war über einen Meter breit. Die Zähne waren groß, unregelmäßig und schief.

Sonst war alles nur Geschrei, Leidenschaft und Blut. Ich stand ruhig auf der Poop und sah zu.

Mir fiel ein, daß das größte all dieser Ungeheuer, die man Haie nennt, in den Gewässern meiner Kindheit, im Nordatlantik und Eismeer, seine Bahnen zieht, der Eishai, ein Hai, der bis zu neun Metern lang wird, der aber kein Menschenfresser ist – ein Philantrop von einem Riesenhai, der den Menschen ähnelt, die ihn fangen – diesem frommen, trinkfreudigen, mutigen, munteren und menschenfreundlichen Volk, das entlang der Küste der Finnmark wohnt.

Während ich dies dachte, fühlte ich einen eisigen Hauch im Nacken, wie aus einem Leichenkeller. Es war der große, magere, lincolnähnliche, totenblasse erste Steuermann. Ich bekam den ganzen Rücken entlang eine Gänsehaut.

Er erhob einen langen, apokalyptischen Zeigefinger, während er nach vorne zeigte gegen das Deck und die See.

»Mr. Jensen«, sagte er, »die Teufel vom Land begegnen den Teufeln des Meeres.«

»Was sagen Sie, Mr. Cox?«

»Die Haie sind die fleischgewordenen Seelen von verlorenen Seeleuten!«

»Mr. Cox, Sie reden wie von Sinnen!«

»Die Seelen, die unerlöst und ungetauft ertrinken, kehren zurück als Haie – von ewigem Hunger und Begier zernagt.«

»Das Meer gibt seine Toten zurück, meinen Sie? In Form von Haien!«

»Ja!« sagte er, »als Blauhai, Hammerhai, Tigerhai und weißer Hai.«

»Sie machen mir Angst, Mr. Cox!«

»Sehen Sie sie an!« schrie er, »sehen Sie diese Bastarde an

– gelbe, braune und schwarze – sie sind die Kinder des Teufels auf Erden, so wie es die Haie im Meer sind.«
»Wissen Sie, was Sie da sagen, Steuermann!« sagte ich, »wissen Sie, daß dies lästerliches Reden ist? Sie lästern Gott und den Sinn des Daseins!«
»Wenn die See sich über diesem liederlichen, heidnischen, teufelsbesessenen Schiff geschlossen hat, kehrt ihr alle in Haigestalt zurück – als Seelen von toten Seeleuten!«
Ich starrte ihn an, und ich wußte, daß ich in die verzweifelten Augen eines Verrückten sah. Nur das Meer spiegelte sich in ihnen.
»Sehen Sie sie an!« rief er, »sehen Sie aufs Deck! Die Haie sind ihren Bezwingern begegnet! Sie sind ebenso die Verdammten des Teufels, unerlöste Seelen – verfluchte, mißgestaltete, rote, gelbe, schwarze und braune, heidnische Geschöpfe – alle zusammen Abkömmlinge des Satans – aber das Meer wird sich rächen! Warten Sie bis zum nächsten Taifun!«
»Wenn das Meer seine Toten zurückgibt, dann steht der Jüngste Tag bevor? Ist es so, Mr. Cox?«
Er dachte nach.
»Nein«, sagte er, »das erste Zeichen, daß Gottes Zorn sich nähert als Jüngstes Gericht, ja als der Jüngste Tag, das wird sich im Fallen der Aktien zeigen, in den Kursen der Londoner Börse, das Fallen der Börsenkurse kündet den Tag des Zorns!«
Ich fühlte mich übel, krank und verzweifelt. Die Segel schlugen wie tot gegen die Masten. – Es gab auf der Welt nichts anderes als Blut und Windstille. Dann hörte ich eine Stimme hinter mir:
»In eineinhalb Stunden bekommen wir Wind aus Westnordwest.«

Ich drehte mich um, und mir begegneten die kleinen, gleichgültigen, desinteressierten Augen des Kapitäns. Er war schwer wie ein Berg und so träge, daß er nicht einmal das Deck oder das Blutbad in der See sah. Er sah nur mit leerem Blick zum Himmel auf.

Der geistlose Idiot von einem Kapitän hatte recht; vor Sonnenuntergang pflügte Sancta Vénere mit guter Fahrt durch die gefräßige, bodenlose Dünung des Stillen Ozeans. Wieder sang der Wind im Tauwerk, das Deck war gespült und sauber.

Gott schütze unsere Seelen.

Die Chinesen

Fifteen men on a dead man's chest
Hie, Ho! and a bottle of rhum!

Am achten Tag auf See bekam der Steward mania potatorum. Als ich am Vormittag zu ihm in die Kammer trat, wirkte er weitaus gesünder als sonst. Er saß aufrecht im Bett und hatte die Knie unter der Decke an sich gezogen. Es schien, als wäre er mit irgendeiner Arbeit beschäftigt.
»Wie geht es, Mr. la Fontaine?« sagte ich, »Werden wir sie bald oben zu sehen bekommen?«
»Ich bin schon mitten in der Arbeit«, antwortete der Belgier und nickte bedeutungsvoll in Richtung seiner Knie, »aber es gibt Dinge, die nicht stimmen in den Rechnungsbüchern.«
»Nun«, sagte ich, »kleine Ungenauigkeiten entstehen leicht.«
Er sah mich an, und ich bemerkte eine gewisse kühle Geringschätzung in dem Blick.
»Kleine?« sagte er, »kleine!«
»Nun ja, Steward, das ist nicht mein Fach.«
Er senkte die Stimme.
»Sagen Sie, Steuermann, glauben Sie, daß der Koch stiehlt?«
»Absolut nicht. Der Marxist Ti-Pong ist ein Ehrenmann.«
Wieder starrte er auf die Decke über den hochgezogenen Knien. Es war offenbar, daß er sich etwas ansah, das ihm Sorgen und Kopfzerbrechen machte.
»Ich kann unmöglich so viel Pfeffer angefordert haben«, sagte er.
»Pfeffer?«

»Ja, schwarzen Pfeffer. Hier steht es: 211 Tonnen schwarzer Pfeffer!«
»211 Tonnen?«
»Ja. Haben Sie je etwas ähnliches gehört, Steuermann? 211 Tonnen Pfeffer!«
»Nein«, sagte ich, »ich habe nie in meinem Leben etwas ähnliches gehört!«
»Wenn es Ladung gewesen wäre«, fuhr er nachdenklich fort, »aber hier ist die Rede von Proviant!«
»Hm«, sagte ich, und mich überkam ein merkwürdiges Gefühl von dunkler Angst.
»Es muß der Koch sein«, fuhr er logisch fort, »nur ein Chinese kann soviel Pfeffer benötigen!«
»Mr. la Fontaine, das ist völlig ausgeschlossen!«
»Sie reden, wie Sie es verstehen, Steuermann. Ausgeschlossen! 86 segelte ich mit einem Chinesen, der Gewürze stahl – er war Koch auf dem Schoner ›Janus‹ von Liverpool. Er stahl Muskat.«
»Ich meine, es ist ausgeschlossen, daß wir als Proviant . . .«
»Nichts ist ausgeschlossen! Alles, alles ist möglich – nichts ist ausgeschlossen – das sollte ein Seemann wissen, besonders, wenn man wie Sie als Offizier fährt!«
»Wir können unmöglich . . .«
»Hören Sie, Steuermann! Wir wollen beim Kern der Sache bleiben, bei den nackten Tatsachen: wenn ein Chinese Muskat stiehlt, dann kann doch ein anderer Chinese Pfeffer stehlen!«
»Das ist es nicht, was ich meine.«
»Warum kann er nicht Pfeffer stehlen? Sagen Sie mir das, Steuermann! Antworten Sie mir logisch darauf. Kann er oder kann er nicht!«
Die Halsstarrigkeit des Stewards irritierte mich jetzt über

alle Maßen, und um dieses Gerede, das die Welt idiotisch und das Leben sinnlos machte, zu stoppen, schrie ich zurück:
»Wir segeln nicht mit 211 Tonnen Pfeffer Proviant!«
Er lächelte voller Hohn, voller Besserwissen – wie zu einem Kind.
»Gut«, sagte er herablassend, »wenn Sie meinen Worten nicht Glauben schenken, dann werden Sie selber sehen müssen.«
Mit beiden Händen, nachdem er zuerst einen unsichtbaren Kopierstift hinters Ohr gesteckt zu haben schien, hob er ein unsichtbares Rechnungsbuch von seinen Knien hoch und reichte es mir:
»Vielleicht wird dies Sie überzeugen, Sir.«
Ich nahm das Protokoll entgegen, außerstande, ihm zu antworten.
»Nun? Sie schweigen. Sie haben es selbst gesehen. Sie werden auch sehen, daß ich in der offenen Rubrik meine eigenen Kommentare hinzugefügt habe. Was sagen Sie nun?«
»Ich bin sprachlos, Steward.«
»Sehen Sie, sehen Sie!« Er streckte mir die Hände entgegen: »Bekomme ich es wieder zurück?«
Ich reichte ihm das ›Buch‹, und er legte es sich wieder auf die Knie. Dann nahm er den Kopierstift vom Ohr und schrieb zuunterst auf die Seite einige Worte. Danach blätterte er um und schrieb weiter. Als ich Anstalten machte zu gehen, wandte er sich mir zu und unterbrach seine Arbeit.
»Ach, bleiben Sie einen Augenblick, Steuermann! Es gibt hier leider noch mehr. Da haben wir zum Beispiel das Leinzeug und die ganze Stärke! Haben Sie jemals in ihrem

Leben von so viel Stärke gehört, Steuermann? Sagen Sie es nur, wenn Sie etwas ähnliches gesehen haben!«
»Wieviel Stärke haben wir?«
Er öffnete den Mund und starrte mich voller Gedanken an, darauf sah er im Rechnungsbuch nach.
»Um ganz genau zu sein, Sir; dann haben wir elfhundertunddreiundvierzig und ein halbes Pfund Stärke.«
»Hm«, sagte ich, »das ist unglaublich.«
»Unglaublich, aber wahr. Wollen Sie es selbst sehen? – Nun, dann nicht.«
»Ich vertraue Ihnen ganz und gar, Mr. la Fontaine.«
»Danke, Steuermann. Und ich habe noch gar nicht das Leinenzeug erwähnt. Ich versichere Ihnen, daß wir soviel Leinenzeug an Bord haben, daß, wenn wir es ausbreiten würden, wir von Manila bis Kap Horn auf Leinenzeug laufen könnten.«
»Was Sie nicht sagen!«
»Wir könnten von den Philippinen bis nach Feuerland spazieren auf lauter Tischdecken, Servietten, Handtüchern, Laken und Kissenbezügen!«
Er wandte seine Aufmerksamkeit wieder dem Protokoll zu, in dem er interessiert und wach weiterlas und ab und zu vom Bleistift Gebrauch machte. Er unterstrich hier und da ein paar Worte oder eine Zahl und schrieb ab und zu eine Bemerkung an den Rand. Ich legte die Hand auf die Türklinke. Er drehte sich um:
»Nein, Steuermann, gehen Sie nicht! Sie haben keine Ahnung, wieviel Merkwürdiges in diesem Buch steht. Und können Sie mir im übrigen sagen, was wir mit der Stärke tun sollen?«
»Wir können sie über Bord werfen, Steward.«
»Dann wird ja die ganze See steif. Nein, nein!«

»Dann behalten wir sie an Bord.«
Wieder sah er in das Buch und schüttelte bedenklich den Kopf:
»Und dann, mitten zwischen all diesem: eindreiviertel Pfund getrocknete Pflaumen! Wir werden es nie mit eindreiviertel Pfund Pflaumen bis nach Marseille schaffen!«
»Wir können in Rio Proviant an Bord nehmen, Steward.«
»Ja, das ist wahr. Aber um dorthin zu gelangen, sind eindreiviertel Pfund furchtbar wenig. Furchtbar wenig Pflaumen!«
»Wir werden es ohne sie schaffen müssen.«
»Sie haben gut reden! Es ist leicht für Sie, der Sie nicht die Verantwortung für die Versorgung des Schiffes haben. Ich weiß von Stewards, die gelyncht worden sind.«
»Gelyncht?«
»Ja. Gelyncht. Für weniger als das.«
»Das wird hier nicht passieren.«
»Das sagen *Sie*!«
Er nahm wieder die Arbeit mit der Rechnungsführung auf. Und in der Hoffnung, unbemerkt verschwinden zu können, wandte ich mich aufs neue zur Tür; la Fontaines Gesellschaft hatte angefangen, mir auf die Nerven zu gehen. Ich wurde von einem lauten Schrei angehalten.
»Ha, ha!!« rief er mit einer Stimme, angefüllt von Triumph und Bitterkeit. »Hab ich es nicht gewußt?!«
Wie ein siegreicher, römischer Caesar hob er den Kopf und starrte mich an, rechthaberisch und souverän:
»Ich wußte es doch!«
»Was wußten Sie?«
»Tun Sie nicht so, als würden Sie nicht verstehen!«
»Ich habe keine Ahnung, was Sie wußten.«
»Das Insektenpulver natürlich.«

»Welches Insektenpulver?«
»Ich habe vierhundert Pfund Insektenpulver angefordert.«
»Vierhundert Pfund?«
»Ja, natürlich.«
»Und dann?«
»Es ist weg. Die ganze Bestellung ist weg.«
»Ja?«
»Sie ist wegradiert worden. Er hat das Insektenpulver gestohlen und es aus der Buchführung wegradiert.«
»Wer?«
»Tai-Fun.«
»Wer zum Teufel ist Tai-Fun?«
»Der Koch natürlich.«
»Er heißt nicht Tai-Fun.«
»Er verdient es, so zu heißen. Der zitronengelbe Satan.«
»Hören Sie mal her, Steward: warum sollte er das Insektenpulver entfernen?«
»Das müssen Sie doch wissen, Sie sind doch der Steuermann an Bord dieser Latrine von einem Schiff.«
»Ich weiß es nicht.«
»Ja, warum stehlen Leute überhaupt Insektenpulver? Denken Sie logisch und klar darüber nach, Steuermann. Es ist eine logische Frage, die eine logische Antwort verdient. Warum stehlen Leute Insektenpulver? Um es zu verwenden? Nein. Um uns zu hindern, es zu verwenden. Verstehen Sie?«
»Nein. Es gibt keine Insekten an Bord der ›Neptun‹.«
»Insekten! Gebrauchen Sie Ihren Verstand, Steuermann!«
»Auf was wollten Sie vierhundert Pfund Insektenpulver streuen?«

Er seufzte fassungslos über meine Begriffsstutzigkeit, dann sagte er ruhig und freundlich:
»Auf die Chinesen natürlich.«
»Auf die Chinesen? Wir haben doch nur ein paar von ihnen an Bord.«
»Es wimmelt von ihnen.«
»Es gibt ein oder zwei vorne und dann den Koch hier mittschiffs.«
»Tai-Fun, ja – der Teufel.«
»Der Koch verdient doch nicht solch einen stürmischen Namen, Mr. la Fontaine. Er ist ein ruhiger und ausgeglichener Mann.«
»Ruhig? Ja. – Ausgeglichen? – Sie kennen ihn nicht, Steuermann.«
»Ich habe in Manila angemustert.«
»Sehen Sie? Sie haben angemustert. Aber ich bin zwei Jahre lang mit ihm gesegelt. Warum haben Sie angemustert, Steuermann? Ich frage nur, warum?«
»Weil der vorige zweite Steuermann abgemustert hat.«
Er lachte ein schneidendes, höhnisches Lachen:
»Abgemustert?! Ja, so kann man es nennen! Von Bord gegangen! – ›Von Bord!‹, so kann man es auch sagen!«
Der Steward schlug das imaginäre Buch zu, so daß ich fast den Knall hörte. Darauf verstaute er es im Bett, zwischen sich und der Wand.
»Ich werde Ihnen erzählen, wie er ›von Bord‹ ging! Wir schmissen ihn in das Chinesische Meer, in das Gelbe Meer! Wir ließen ihn plumpsen, Steuermann. Wir ließen ihren Vorgänger einfach plumpsen!«
»Pflegt man das mit allen zweiten Steuermännern hier an Bord so zu machen?« fragte ich.
Er dachte ernsthaft nach:

»Nicht mit allen. Das hängt von Ihnen selbst ab.«
»Hm.«
»Haben Sie sein riesiges, malayisches Haimesser gesehen?«
»Ja.«
»Es ist das, was er verwendet.«
»Es ist sehr scharf.«
»Ja, sehr. Er schnitt ihn auf, durch die Kleidung hindurch. Die Gedärme spritzten aus ihm heraus, wie aus einem Schwein. Und Jacco – das kurzsichtige Schwein von einem Segelmacher – nähte ihn bis zu den Fußsohlen ein, und dann, ja, dann ging es nur noch darum, ihn plumpsen zu lassen.«
»Und was sagt der Kapitän dazu? Dem Koch müßte doch mindestens Heuer abgezogen werden bei derlei Sachen.«
Der Steward schüttelte fassungslos und fast verzweifelt den Kopf.
»Er wird nicht im Logbuch verzeichnet, nicht für einen Penny«, sagte er. »Der Kapitän und er halten zusammen.«
Er schwieg einen Augenblick, dann fuhr er in tiefer Sorge fort:
»Und jetzt haben sie das Insektenpulver gestohlen! Mit einem ganzen Schiff voller Chinesen!«
»Welche Chinesen, Steward?«
»Sie alle. Es wimmelt von ihnen, Tausende.«
»Ich habe nur zwei oder drei gesehen.«
»Es sind die kleinen. Die winzig kleinen. Sehen Sie nur den Fußboden an, Steuermann.«
Ich sah den Fußboden an.
»Sehen Sie, wieviele es gibt! Der ganze Boden ist voll davon. Ich habe sogar ein paar Dutzend von ihnen unter der Decke. Sie sind wie gesagt winzig klein.«

»Ich sehe keine kleinen Chinesen, Steward.«
»Sie sind überall, Mann. Sie sitzen überall, vom Kiel bis zur Royalrah, vom Bugspriet bis zum Spiegel. Dicht wie kleine, winzig kleine, gelbe Ratten. Sie sind nicht größer als Mäuse. Sie müssen sie doch gesehen haben, Steuermann.«
»Ich habe sie nicht gesehen, Mr. la Fontaine.«
»Ich hätte die Chinesen Ihnen gegenüber nicht erwähnt, wenn sie nicht da wären. Sie sitzen und reiten auf den Rahen über das ganze Rigg. So dicht wie Spatzen. – Und jetzt habe ich kein Insektenpulver.«
»Möchten Sie eine Tasse Suppe, Steward?«
»Ja!« antwortete er bitter: »Suppe! Soll ich also vergiftet werden. Jetzt steht der alte Tai-Fun draußen und kocht Suppe aus meinem Insektenpulver. O Herrgott!«
Voller Verzweiflung schlug er die Hände über die Augen und blieb so sitzen. Nach einer Weile sagte er leise:
»Schicken Sie Moses herein, Steuermann – er soll mir beim Aufstehen und Anziehen helfen.«
Ich ging und schickte Pat zu ihm hinein. Fast im gleichen Augenblick drang ein schneidender Schrei aus der Kammer:
»Herr Jesses! Er hat die Farbe gewechselt! Moses hat die Farbe gewechselt! Geh raus! Raus mit dir! Und tritt nicht auf die Chinesen – sie rächen sich, Junge!«
Als ich nach achtern ging, war ich nicht mehr im Zweifel über die Diagnose. Und ich schlug das Journal auf, sah nach der Uhrzeit und schrieb hinein: »10.25 Uhr, Steward la Fontaine hat nach sechs Tagen Magenschmerzen, Fasten und Enthaltung von Alkohol einen Anfall von mania potatorum.«
Lautlos, ohne daß ich es bemerkt hatte, war der Kapitän

in den Kartenraum hereingekommen. Er trat schweigend neben mich und sah aufs Logbuch hinunter, wo meine Eintragung noch nicht trocken war. Ohne ein Wort zu sagen, setzte er den dicken Zeigefinger unter ›potatorum‹ und wandte mir dann sein Gesicht zu. Die kleinen, gleichgültigen Augen sahen mich fragend an.

»Potatorum«, sagte ich, »kommt von dem lateinischen Verb ›potatore‹, das ›trinken‹ bedeuetet. ›Mania‹ bedeutet nur einfach Irrsinn oder wahnwitze Erregung – also Raserei oder Delirium. Er ist durchgedreht, Sir.«

»Gewöhnliches Delirium?«

»Ja, Sir. Delirium tremens.«

Er sah mich in einer Art unerschütterlicher, gleichgültiger Verachtung an:

»Darf ich fragen, Mr. Jensen, warum haben Sie dieses lateinische Affenwort benutzt, das nur an Kartoffeln denken läßt, statt das übliche Wort ›Delirium tremens‹ zu verwenden?«

»Jawohl, Sir. Erstens, weil das ›tremens‹ fehlt. Er zittert überhaupt nicht. Zweitens, Sir, aus Diskretion.«

»Was? Diskretion! Der dreckigen, belgischen Alkoholruine von einem ehemaligen Menschen gegenüber? Man muß wirklich viel hören, Mr. Jensen, bevor einem die Ohren abfallen. Diskretion! Er ist seit zwei Jahren an Bord, und er war keine fünf Minuten nüchtern. Wäre er nicht ein Weißer gewesen und so ein verdammt tüchtiger Steward, hätte ich ihn eigenhändig ins Meer geworfen. Diskretion!«

Er sah mich an, als überlege er, wer zuerst ertränkt werden müßte, ich oder la Fontaine.

»Verzeihung, Sir«, sagte ich, »aber das Schiffsjournal ist ein öffentliches, rechtsgültiges Dokument, und es kann in fremde, unbefugte Hände geraten. Wenn la Fontaine gesund werden sollte und sich vom Alkohol fernhält, wird er wieder ein ausgezeichneter Steward werden, und es geht dann niemanden etwas an, daß er an Bord der ›Neptun‹ ein Alkohol-Delirium gehabt hat.«

»Hm, was geht jetzt mit ihm vor?«

»Er zählt Chinesen, Sir.«

»Chinesen?«

»Jawohl, Sir, Chinesen. Sie sind sehr gelb und ungeheuer klein, Sir.«

»Ungeheuer klein?«

»Ja, Sir. Und furchtbar zahlreich. Tausende.«

»Hm. Warum gerade Chinesen?«

»Das müßten Sie eigentlich Mr. la Fontaine selbst fragen, Kapitän.«

»Es könnten doch ebenso gut Malayen sein?«

»Unbedingt, Sir.«

»Man kann also mit ihm als Steward nicht rechnen?«

»Absolut nicht, Sir.«

»Wie lange, Mr. Jensen?«

»Für einige Wochen.«

»Haben Sie so was schon mal erlebt, Steuermann?«

»Jawohl, Sir. Zweimal früher. Einmal auf dem Vollschiff ›Erna‹ von Arendal. Der Kapitän – der alte Marinius Hansen – bekam ein schweres, viele Wochen dauerndes Delirium tremens im Herbst 93 unten in der persischen Bucht, aber er erholte sich danach ausgezeichnet. Es brach genau im Sund aus, bei Abu Musa, und es führte dazu, daß wir weit über die Zeit in Abbadan liegen blieben. – Das andere Mal war es ein australischer Steward, der zu spinnen anfing. Er verschanzte sich in der Kettenkiste, Kapitän, und behauptete, daß zwei der Matrosen ihn verspeisen wollten – sie kamen von den Fidji-Inseln und hatten gefeilte Zähne. Zum Schluß starb er. Er hatte übrigens einen Affen, der über Bord geweht wurde, Sir. Der Steward behauptete, er wäre von der Mannschaft aufgefressen worden.«

»Er starb – am Delirium?«

»An Herzversagen. Deliranten sind oft Tag und Nacht und mehrere Wochen hindurch in solch einer Aktivität, daß das Herz die Belastung nicht verträgt.«

»Hm. Aber der alte Marinius Hansen, der nicht starb – wie wirkte sich das Delirium bei ihm aus?«

»Die Sache war die – Kapitän Hansen besaß eine Farm gerade außerhalb von Arendal; keine große Farm, aber einen ganz netten Bauernhof, an dessen Unterhalt er sehr interessiert war.«

»Ja – und?«

»Kapitän Hansen ging an Deck umher und häufelte drei Wochen lang Kartoffeln, Sir. Gerade nördlich vor Abu Musa beorderte er alle Mann in den Kartoffelacker hinaus, um zu häufeln. Aber das ging ja nun nicht.«

»Dann häufelte der Kapitän allein?«

»Allein, Sir.«

Hier wurde die Unterhaltung durch einen leichenblassen, zu Tode erschrockenen, barfüßigen Pat unterbrochen, der rennend angekommen war.

»Verzeihung, Sir!« sagte er atemlos: »Der Steward will den Koch umbringen! Er hat ihm das große Haimesser weggenommen und nennt Ti-Pong Mr. Tai-Fun, so daß Ti-Pong auf dem Boden sitzt und weint!«

Der Kapitän reagierte nicht sichtbar. Wenigstens kam es mir so vor. Aber etwas mußte in ihm vorgegangen sein, denn er ging langsam auf die Poop hinaus und blickte nach vorne zum Deckshaus.

»Das Haimesser?« sagte er zu Pat.

»Jawohl, Sir. Das große Haimesser.«

Dann trat die riesenhafte, flußpferdähnliche Gestalt zur Leiter, um zum Hauptdeck hinunterzugehen. Vor der Tür der Kombüse standen zwei Mann und sahen hinein. Sie schienen beunruhigt.

»Verzeihung, Kapitän«, sagte ich, »ist es nicht ein bißchen unbedacht, wenn Sie zur Kombüse gehen? Das Haimesser ...«

Er antwortete nicht, es war ihm so gleichgültig, daß er mich nicht einmal ansah. Dann stieg er langsam die Leiter hinunter und ging in Richtung Kombüse. Es war offenbar, daß der Mann nicht einmal Phantasie oder Vorstellungskraft genug hatte, um Angst zu bekommen. Er war ein Klotz aus massiver, phlegmatischer Stumpfheit. Die Männer vor der Kombüsentür sahen abwechselnd auf ihn und ins Haus hinein.

Dann geschah etwas. Beide Seeleute schrien laut auf und rannten weg. Aus der Kombüsentür trat jetzt la Fontaine. Er war so splitternackt, wie er aus dem Mutterleib gekommen war, und hatte das Haimesser in der Hand. Sehr vorsichtig, fast ängstlich, legte er es aufs Deck. Dann ging er mit äußerster Behutsamkeit zu den Wanten hinüber, wobei er sich mit der Gewissenhaftigkeit eines Seiltänzers vorsah, ehe er einen Fuß vor den anderen setzte. Der Kapitän wandte sich zu mir, wobei sich Erstaunen in seinem runden Gesicht malte.

»Mr. Jensen«, sagte er, »warum geht er auf eine solch merkwürdige Weise?«

»Um nicht auf die kleinen Chinesen zu treten, Sir«, antwortete ich.

Er nickte, als wäre dies eine ganz selbstverständliche Sa-

che. Es war deutlich, daß er nun jegliches Interesse an dem Auftritt verloren hatte, und er stieg aufs neue zur Poop empor.
Fast die ganze Mannschaft stand an Deck oder auf der Back verteilt und verfolgte den Weg des nackten Stewards in die Wanten hinauf. Als er zur Saling gelangt war, setzte er sich hin und blieb dort sitzen. Der arme Koch, der jetzt mehr weiß als gelb war, kam in der Tür zum Vorschein und starrte mit schmalen Augen zum Großmast hoch. Dann bückte er sich und nahm das Haimesser vom Deck, sah sich verschreckt um und ging wieder hinein. Es war, als leuchtete die ganze Gestalt von dem einen Entschluß, nie mehr über dem gleichen Kiel wie Weiße zu segeln.
Einer der Matrosen, ein schlanker, geschmeidiger Kubaner mit einem ungewöhnlich edlen und ansprechenden Gesicht, schwang sich in die Wanten und war ein paar Sekunden später bei la Fontaine. Sie sprachen eine Weile miteinander, dann kam der Matrose wieder herunter. Der Steward blieb unbeweglich auf der Saling sitzen.
»Hallo«, rief ich den Kubaner an, »was sagt er?«
»Er will nicht herunter, Sir. Und er redet von irgendwelchen Chinesen, die seinen Pfeffer aufgegessen haben und mit Insektenpulver irgendetwas angestellt haben. Er ist sehr ängstlich.«
Der Kapitän warf einen sauren Blick zur Saling hoch.
»Ich werde mit meiner Frau darüber reden müssen«, sagte er. »Sie ist schon früher als Steward gesegelt. Meinetwegen kann er bis zum jüngsten Tag dort oben sitzen bleiben.«
So kam es, daß sie la Fontaines Arbeit übernahm.

Die Männer

Zeig mir einen Mann, der nicht Sklave seiner Leidenschaft ist! *Hamlet*

Kurze Zeit danach gab es vorn wieder eine Schlägerei. Und diesmal war es ernster als die Abrechnung zwischen dem Zimmermann und dem Leichtmatrosen Carlos, denn es waren mehr Männer an dem Kampf beteiligt. Überhaupt sah es so aus, als drehte es sich um Gruppen oder um Gruppierungen von streitlustigen Männern, quer durch Rassen und Nationalitäten.

Im Grunde verwunderte es mich, daß es so wenig Zusammenhalt, so wenig Solidarität vor dem Mast gab. Statt dessen gab es unaufhörlich Feindseligkeit und Entzweiung, ständige Fraktionskämpfe zwischen Gruppe und Gruppe, zwischen Mann und Mann, Rassen und Farben.

Heute ist es ganz leicht einzusehen, daß es nur dieser Mangel an gemeinsamem Denken, dieser Mangel an Zusammenhalt und Solidarität war, daß all diese Leidenschaften, all diese Zerstrittenheiten und Machtkämpfe, all dieser gegenseitige Streit vorne es uns achtern ermöglichte, die Herrschaft und das Kommando über das Schiff so lange zu bewahren, wie wir dazu in der Lage waren.

Denn alles in allem waren wir achtern nur vier Offiziere – etwas später nicht mehr als drei –, gegen die fast zwanzig Männer der Mannschaft. Aber wir schafften es lange, die Situation zu beherrschen.

Es begann während der Wache des ersten Steuermannes. Aber ich hörte das Geschrei, das Trampeln und Randalieren und kam schnell nach oben auf das Deck der Poop. Die zwei, die sich schlugen, waren der Kubaner mit dem schmalen, klugen Gesicht und den schlanken Händen und der ziemlich helle Mann, der mit Hilfe des Haimessers vom Koch die Zerteilung der lebenden Haie übernommen hatte. Diesmal hatte er nicht die schreckliche Mordwaffe in der Hand, aber es zeigte sich ein wenig später, daß er im Besitz eines anderen Messers war. Beide Männer waren um die Vierzig und in guter Kampfform. Vom Kubaner wußte ich nur, daß er ein guter Seemann war und Juan als Vornamen und den historischen Namen Cortez als Familiennamen trug. Der Widersacher war der Segelmacher des Schiffes, und ich hatte früher den Eindruck gehabt, daß er ein Weißer sei. Das stimmte jedoch nicht; er hieß Davis und war Mischling, mit einem Australier als Vater. Er war ein kräftiger Mann, ein bißchen untersetzt und sicherlich bedeutend stärker als Cortez. Trotzdem war der schlanke, schnelle Kubaner ziemlich überlegen im Kampf; und als ich auf die Poop hinauf kam, blutete Davis bereits stark an der Augenbraue. Er versuchte die ganze Zeit, den anderen mit langen, sausenden Schwingern zu treffen, die entweder in der Luft über Cortez' Kopf endeten oder von einem seiner Arme aufgefangen wurden.

Cortez versuchte vor allem, den schweren Schlägen zu entgehen, und wenn er zurückschlug, waren es gerade, zielbewußte und schnelle Schläge. Er hielt sich leicht und tänzelnd außerhalb der Reichweite des anderen und schlug nur zu, wenn er sicher war, sein Ziel zu treffen. Er traf ihn über dem Mund, auf den Kiefer, über dem Nasenrücken und über den Augen. Davis wurde immer sinnloser rasend, und am Ende wirkte es, als sei er blind vor Raserei. Immer, wenn er versucht hatte, Cortez zu treffen, wurde er selbst von einem neuen Schlag in das verschmierte Gesicht getroffen. Man konnte deutlich die wei-

chen Schläge hören, jedesmal wenn die Knöchel des Kubaners in dem blutigen Fleischklumpen landeten.
Dann, mit einem Male, blieb der Segelmacher stehen. Er steckte die rechte Hand in die Tasche und holte etwas hervor. Dann hielt er das Ding in Gesichtshöhe vor sich, und ich vernahm ein schwaches, metallisches Klicken. Es blitzte etwas Schmales und Blankes im Sonnenschein auf und mit dem Schnappmesser in der Hand stürzte er auf den Widersacher los. Von den Seeleuten, die als Zuschauer dabei waren, kam ein lauter Aufschrei.
Schon während der ersten Phase der Schlägerei hatte es gewirkt, als stamme der schnelle Juan Cortez von geschmeidigen, spanischen Stierkämpfern ab, aber jetzt, nachdem das lange, dünne Messerblatt in Erscheinung getreten war, kam noch mehr Bewegung in ihn. Er verteidigte sein Leben mit bloßen Fäusten gegen das ekelhafte, Übelkeit erzeugende Meuchelmördermesser. Schnell und federnd wie ein Tier wich er Davis' Angriff aus und landete trotz der Waffe noch zwei oder drei Schläge in seinem Gesicht.
Dann geschah das Unglück; der Segelmacher schaffte es, ihn festzuhalten und zuzustoßen. Vom anderen kam ein kurzer, schriller Schrei, und fast augenblicklich färbte sich die linke Seite von Cortez' Hemd rot. Wieder schaffte er es, sich loszureißen, und mit der Hand gegen die Seite gepreßt rannte er einige Schritte vom anderen weg. Davis war immer noch wahnsinnig vor Raserei, aber jetzt handelte er schneller und bewußter. Wieder bekam er den Kubaner zu fassen und hob die Hand zu einem neuen Stich. Gleichzeitig ertönte ein lautes, wildes Geheul, und schnell wie ein Schatten sprang einer aus der Mannschaft in die Schlägerei hinein und packte ihn mit beiden Händen

am rechten Handgelenk. Es war der Malaye, der Matrose, der zusammen mit dem hünenhaften Mulatten James Arrowsmith den dritten Steuermann um Erlaubnis gebeten hatte, Pat von der Royalrah herunter zu holen. Beide fielen hin und rollten über das Deck. Dann verlor der Segelmacher das Schnappmesser, das außerhalb der Reichweite von beiden liegen blieb.
Doch im selben Augenblick sprangen zwei Mann aus der Besatzung auf den malayischen Matrosen los, und wie ein Tiger warf sich Juan Cortez über das Messer. Es flog in hohem Bogen über die Schanzkleidung und verschwand in der See. Dann stieß er mit voller Kraft den Fuß in das Gesicht des Messerstechers Davis. Fast gleichzeitig wurde er von einem der beiden Männer niedergeschlagen, die den Malayen angegriffen hatten. Zwei weitere Leute warfen sich in das Kampfgeschehen, und innerhalb einer Sekunde war fast die ganze Luvseite des Hauptdecks ein einziges Gewimmel von kämpfenden, schreienden und fluchenden Menschenkörpern.
In Wirklichkeit geschah alles so blitzschnell, daß die Geschehnisse selbst weniger Zeit in Anspruch nahmen als die Minuten, die es braucht, davon zu erzählen.
Ich erblickte den ersten Steuermann, der jetzt nicht mehr von Abraham Lincoln zu unterscheiden war. Er war vollkommen unberührt von der ganzen Schlägerei und beobachtete sie ganz ruhig.
»Mr. Cox«, sagte ich, »das ist Ihre Wache.«
Für eine Sekunde heftete er die dunklen Augen auf mich, voller Mitleid und Herablassung. Dann wandte er den Blick wieder dem Menschengewimmel an Deck zu.
»Die Tiere aus dem Abgrund!« antwortete er. »Mr. Jensen, all dies sind Dinge, die aus Notwendigkeit geschehen

und nach dem göttlichen Gesetz. Sie sollen einander töten und fressen wie die Haie. Blut und Mord ist ihr Los. Alles wird sich am Jüngsten Tag bestätigen.«

»Wenn die Aktienkurse an der Londoner Börse fallen?« antwortete ich, fast paralysiert vor Wut über seine so wenig seemännische Haltung.

Er wandte mir den hohen, schmalen, schwarzhaarigen und schwarzbärtigen Kopf zu – mit dem gleichen Ausdruck grenzenloser, moralischer Verachtung. Er war ein Mann, der seiner Sache sicher war.

»Zuerst soll das Meer seine Toten haben«, sagte er.

»Zur Hölle mit dem Meer und zur Hölle mit den Toten, Mr. Cox! Es sind die Lebenden, an die ich denke. Ich möchte nicht die Mannschaft massakriert sehen!«

Mit tiefer, unabänderlicher Geringschätzung antwortete er:

»Sie glauben nicht an Gott, Mr. Jensen. Das ist alles. Sie sind selber eines dieser Kinder des Abgrundes. Sie sollten mit ihnen sterben.«

»Ich glaube an Gott, Mr. Cox – aber es ist möglich, daß es nicht der gleiche Gott ist wie der, an den Sie glauben.«

Unten an Deck hatten sich ständig mehr Männer in die Schlägerei eingemischt. Es war jetzt ein einziges Chaos von einem Kampf aller gegen alle. Juan Cortez saß an die Luke gelehnt und hielt die Hände gegen die Wunde in seiner Seite gepreßt. Der Segelmacher hatte mit einer Planke einen Schlag auf den Hinterkopf erhalten und lag zusammengekrümmt an Deck.

Später erfuhr ich, die Ursache davon, daß sich die beiden in die Haare bekommen hatten, sei teilweise eine politische, teilweise eine praktische Uneinigkeit gewesen. Sie saßen nebeneinander in der Messe, und Cortez war An-

hänger des Russen Kropotkin, während Davis sich als Anhänger des Deutschen Karl Marx zu erkennen gab. Sie hatten zuerst eine erregte, politische Unterhaltung geführt, und danach hatten sie die Schüssel mit Fleisch erhalten. Der Kubaner bediente sich zuerst mit einem großen Stück von schierem, knochenfreiem Fleisch.
»Das Stück habe ich zuerst gesehen!« sagte Davis.
»Das ist mein Stück!« antwortete Cortez.
Dann stach Davis mit dem Messer in das Fleischstück des anderen und legte es hinüber auf seinen eigenen Teller. Juan holte es sich wieder zurück.
Die Schlägerei hatte drinnen im Zwischendeck begonnen und sich an Deck fortgesetzt. Es war ein Kampf ohne Sinn und Ziel geworden, eine Orgie von Gewalt, die das Leben krank und ekelerregend und den Tod sinnlos machte.
»Erster Steuermann«, sagte ich, »Sie sind mein Vorgesetzter. Aber dies ist Ihre Wache, und wenn Sie nicht Ihre Pflicht tun und das Blutbad beenden, wenn Sie nicht an Deck hinunter gehen, werde ich jedes einzelne von all den idiotischen Worten, die Sie gesagt haben, ins Logbuch eintragen.«
Er sah mich nicht einmal an.
»Sie können selbst hinunter gehen und das Blutvergießen zwischen diesen menschenähnlichen Kloakenratten stoppen«, antwortete er gleichgültig. Dann ging er schräg über die Poop, warf einen Blick auf den Kompaß und ging in den Kartenraum hinein.
Ich selbst hatte keine Wahl. Ich war gezwungen, die Poop-Leiter hinunterzusteigen und mich in die Hölle zu begeben, die sich dort breitgemacht hatte. Und ich fühlte mich nicht mutig. Das Herz klopfte hart in mir, und die Füße waren wie aus Blei vor Angst.

»Geht nach vorne«, schrie ich, als ich an Deck stand. Das hatte nicht die allergeringste Wirkung. Ich wiederholte den Befehl mehrmals, aber niemand beachtete ihn. Alles war ein einziges Gewimmel, ein Orkan aus dem widerwärtigsten, das ich kenne: unkontrollierte, menschliche Leidenschaft.

Da bemerkte ich, daß jemand unbeweglich neben mir stand. Ich drehte mich um und sah James Arrowsmith, der seinen Kopf herabbeugte und in mein Ohr hineinsprach:

»Mr. Jensen, gehen Sie wieder auf die Poop hoch.«

»Was sagen Sie«, antwortete ich überrascht.

»Gehen Sie nach oben auf die Poop, Sir.«

Er sah mich eindringlich und sehr ernst an.

»Geben Sie mir einen Befehl, Mr. Arrowsmith! Das geht wirklich zu weit!«

»Nein«, sagte er, »das geht nicht zu weit. Sie müssen wieder auf die Poop hochgehen, Steuermann. Sofort.«

»Sind Sie wahnsinnig geworden, Arrowsmith? Sie können mir keine Befehle geben!«

»Es ist kein Befehl, Mr. Jensen.«

Es lebte ein enormer Wille in ihm, und ich fühlte die Kraft darin. Es war, als ginge ein physischer Druck von ihm aus, der mich schwach und unsicher machte.

»Was ist es dann?«

»Es ist ein Rat«, sagte er bestimmt, »ein guter Rat. Sie sollen nicht hier an Deck bleiben. Es ist nicht, weil ich Sie mag, Steuermann. Es ist, weil Sie hier in Lebensgefahr sind. Gehen Sie wieder auf die Poop.«

»In Lebensgefahr?«

»Ja. In Lebensgefahr.«

Er sah mich wieder mit dem gleichen eindringlichen, ernsten Blick an.

»Das glaube ich nicht«, antwortete ich.
Er beugte den Kopf und sah mir in die Augen.
»Sie wissen nicht, was hier an Bord vorgeht!« sagte er.
Einen Augenblick lang fühlte ich, daß die Angst dabei war, mich ganz zu übermannen, so stark waren die Kraft und die Unbeugsamkeit des Willens, die diese riesenhafte Gestalt ausstrahlte.
»Was geht denn vor?« sagte ich.
»Das werden Sie früh genug erfahren,« antwortete er.
Einen Augenblick standen wir da und sahen einander an. Dann drehte ich mich um und ging nach achtern, hoch auf die Poop.

Die Geschichte

> Seele des Menschen, wie gleichst du dem Wasser!
> Schicksal des Menschen, wie gleichst du dem Wind!
> *Goethe*

Wenn ich einmal als alter Mann zu schwach bin, auszufahren, wenn ich einmal nur die Freuden des Geistes und der Gedanken zurückbehalte, dann will ich mir ein Haus kaufen und einen Baum pflanzen und ein Buch über die Geschichte der Freiheit schreiben. Das wird kein gelehrtes Buch sein, weil ich kein gelehrter Mann bin. Aber es wird ein ehrliches Buch werden, ein wahres Buch. Auf eine gewisse Weise habe ich schon diese ›Geschichte der Freiheit‹ angefangen, jetzt, wenn ich versuche, niederzuschreiben, was mit der ›Neptun‹ und ihrer Besatzung 1899 und 1900 geschah.

Um zu erklären, was ich meine, muß ich zuerst etwas von mir selbst erzählen, und ich werde gezwungen sein, mein innerstes, sicherlich tiefstes und vielleicht einziges Geheimnis preiszugeben.

Ich bin ein ziemlich gewöhnlicher Mann, ein wenig über der mittleren, europäischen Größe und gut gebaut – aber kein Athlet, kein Riese. Es ist inwendig, daß ich anders möbliert bin; es hat etwas damit zu tun, daß dem Hirn Wände, Fußboden und Decke fehlen. Die Sterne scheinen quer durch diese vernünftige, geordnete und normale Gedankenwohnung hindurch. Das Meer, der Passat und die Monsune – alles dies zieht durch mein Hirn, das mir gehört und niemand anderem.

Ich muß es näher erklären. Als Kind wuchs ich unter dem Nordlicht auf, wie ich als Erwachsener lange Jahre hindurch unter dem Kreuz des Südens gesegelt bin. Ich kann nicht behaupten, daß mir das ›zweite Gesicht‹ in die Wiege gelegt worden ist, und ich bin auch weder besonders gefühlvoll oder ekstatisch gewesen, noch habe ich transzendente Geisteszustände oder Ekstasen jenseits der Leiblichkeit erlebt.

Nein. Alles war bei mir abgewogen und wach – auf der Ebene der Gedanken. Alles war voll bewußt. Wenn es um die Sterne, das Nordlicht, das Meer, die Rentiere, die Wale, die Fische, den Sturm ging, um die ganze Welt meiner Kindheit – ich *fühlte* die Geister nie, ich *sah* sie, weil alles, was lebt, aus Geist besteht. Es vergingen viele Jahre, bis ich begriff, daß mein Gehirn in dieser Weise anders konstruiert ist als das anderer Menschen. Es ist nicht besser, aber anders. Dies ist mein ganzes Leben hindurch so geblieben – und es geht also nicht um Gefühle, Ahnungen oder ›Glauben‹ – es geht für mich um *Erfahrung*.

Ich segle auf allen Meeren der Welt umher. Ich besitze einige Bücher, einige zerfledderte Notenhefte und meine Papiere, die mich als Navigator ausweisen. Ich besitze nichts anderes. Aber ich bin *nie* einsam, nie verlassen. Ich brauche nur den Augenblick oder nur die Vorstellung vom Meer, von der Erde oder vom Himmel, um die ungeheure Nähe der Geister zu spüren – näher als irgendein Freund oder Verwandter, wärmer als irgendeine Geliebte. Wie gesagt, es ist nicht Gefühl, nicht Traum, nicht Ekstase. Es ist eine ungeheure *Wachheit*, eine enorme Klarheit und Ruhe. Eine grenzenlose Nüchternheit.

Es ist also eine Erfahrung der Gedanken – nicht von dünnen, abstrakten Gedanken, sondern von lebendigen Gedanken, von Geist.

Natürlich, als Seemann und Navigator habe ich sehr viel

mit dem Meer und mit dem Sternenhimmel zu tun. Aber für mich geht es nicht um einen Erdball, der sich im Weltenraum dreht, und nicht um tote, leere Planeten, die von mechanischen und mathematischen Gesetzen regiert werden. Für mich werden die Planeten, die Erde und die Sterne auf ihrem Platz im Weltall von einer ungeheuren, sammelnden, schaffenden, alles aufrechterhaltenden geistigen Kraft gehalten.

Die gleiche alles tragende, geistige Kraft spüre ich in meinem Inneren, in meinem tiefsten Bewußtsein, in meinen alles umfassenden, lebendigen Atemzügen – in meinem eigensten, nur halbbewußten *Ich*. Es ist die gleiche unendliche, kosmische, geistige Kraft, die in der Milchstraße lebt und sie stabil erhält und auch mein eigenes, zentrales *Selbst* – die innerste Wirklichkeit, die es ausmacht, daß ich *bin* – meiner und der Sterne Existenz.

In allen Menschen, in den niedrigsten, brutalsten, gemeinsten, stoße ich auf den gleichen unterdrückten, unbewußten, mißhandelten, aber dennoch lebenden Geist. In allen Tieren, in allen Pflanzen; im Wind, im Meer, im Gebirge – überall ist diese Kraft anwesend, vom kleinsten Strohhalm bis zu den unzähligen Sternen der Milchstraße, vom Inneren der Atome bis zur Tiefe des Meeres und der Unendlichkeit des Weltenraums.

Nein, ich bin nicht einsam.

Ich bin immer von diesem lebendigen Geist umgeben und eingehüllt. Es handelt sich um eine abnorme *Wachheit*, um ein Erwachen zu absoluter Klarheit. Ich sehe diese alles durchdringende, alles aufrechterhaltende Kraft mit meinen Augen in allen Dingen, die mich umgeben, in fliegenden Fischen und Möwen, in jedem Blatt am Baum, in den Gezeiten von Flut und Ebbe, in den komplizierten

Bahnen des Mondes, wenn er das Wasser umarmt und es an sich saugt – und das, was ich sehe, ist Geist, weil es die Kraft des Lebens selber ist –, es sind die Lebensgeister. Es sind die Geister des Lebens, das Leben selbst, von dem ich umgeben bin und mit dem ich umgehe.
Heute kann ein Mathematiker oder ein Astronom mit der allergrößten Genauigkeit die Stellung Merkurs im Zodiak am 4. April des Jahres 2013 berechnen. Wir kennen die Bahn der Erde und die Stellung Saturns vor zweihundert Jahren; wir kennen die mathematischen Gesetze und physischen Kräfte, die sich in Formeln, Zahlen und Figuren berechnen lassen, wir können die Stärke des Windes in Metersekunden und die Geschwindigkeit der Meereswellen in Knoten berechnen; aber alle unsere Symbole und Zahlenverhältnisse, unsere Logarithmentafeln und Dezimalzahlen sind nicht die Sache selbst, nicht der lebende, alles tragende Geist, nicht der Geist, der den Kosmos aufrechterhält. Unsere Zahlen und die Verhältnisse zwischen ihnen sind unsere Übersetzung der Wirklichkeit, unsere Übersetzung des Vogelflugs, des Sternenlichts, der Windstärke. Es ist die lebende, gewaltige und kosmische Sprache der Wirklichkeit, übersetzt in die Sprache der Zahlen, Symbole und Formeln, die unser Gehirn normalerweise deuten und ausdrücken kann.
Wir übersetzen und deuten sie in Hieroglyphen, Zeichen und Zahlenverhältnissen auf die gleiche Weise, wie wir den Sphärengesang und die Musik festhalten, sie bestimmen und definieren zu Noten und Symbolen in einer Partitur. Aber niemand wird behaupten, daß das Notenblatt mit Schlüsseln, Kreuzen und B's die Musik selbst ist: denn die Musik ist weder nur die physisch meßbare Schwingung in der Luft, noch ist sie Tinte auf einem linierten Papier,

sondern sie ist der Gesang und die Sprache der Geister und Sphären.
Auf etwa die gleiche Weise, wie ein musikalischer Mensch die Musik beim Lesen einer Partitur hören kann, auf fast die gleiche Weise sehe ich von Angesicht zu Angesicht die Lebensgeister im Schaum der Wellen, im Fisch, der springt, in der Wolke, die in der Atmosphäre treibt – aber auch in einer Logarithmentabelle oder in den Sternen oder in einem Löwenzahn. Dies ist es, was ich damit meine, daß mein Gehirn anders konstruiert ist, anders gebaut als bei den meisten Menschen – daß ihm Wände, Boden und Decke fehlen.
Es vergingen viele Jahre, bis ich verstand, daß ich mit dem, was ich auf diese Weise sah, allein war. Erst im Erwachsenenalter lernte ich, darüber zu schweigen, es für mich selbst zu behalten, um nicht ausgelacht zu werden.
Aber ich befinde mich nicht immer in diesem Zustand von abnormer Wachheit und Ruhe und Gedankenklarheit. Es gibt Zeiten, in denen sich das Hirn schließt, in denen die Hirnschale eine solide und totale Sperre bildet, so wasserdicht, daß nicht einmal Geister und Gedanken durch den Panzer hindurchgelassen werden. Es sind Zeiten von Verlorenheit, Sinnlosigkeit, Verwirrung und Dunkelheit. Für mich, der ich gewohnt bin, daß zwischen allen Dingen ein Zusammenhang besteht, daß alles eine klare und goldene Bedeutung hat, sind diese Zeiten der Verlorenheit und Sinnlosigkeit sehr schwer zu ertragen. Sie erfüllen mich mit der ganzen Hoffnungslosigkeit der Verzweiflung, der ganzen Verzweiflung der Hoffnungslosigkeit.
Ja, ich kenne diesen Zustand von Verdunkelung; aber es sind Ausnahmezustände, Zustände, die von Schwäche und Ermattung verursacht sind, wenn der Gedanke seine

Kraft und der Körper seine Gewandtheit verloren hat. In der immer noch mythischen Medizin des vorigen, achtzehnten Jahrhunderts würde man sagen, daß die Verdunkelung, Melancholie und Ohnmacht des Geistes davon herrührt, daß vergiftete Säfte und faule Dämpfe Nerven und Hirn durchdrangen. Aber nach einer solchen Periode von Verzweiflung folgt für mich immer ein neues Erwachen und eine tiefe Erneuerung.

Was diesen Zustand von Gedankenklarheit und Wachheit am allermeisten prägt, ist die Erfahrung von der *Bedeutung* aller Dinge, und zwar von den größten kosmischen Verhältnissen und Begebenheiten bis zu den allerkleinsten. Weil der Weltgeist, die Geister des Lebens alles durchdringen und aufrechterhalten, von den fernsten Sonnensystemen bis hin zu Schnecke und Grashalm, die ganze, alles umfassende Schöpfung, darum ist es im buchstäblichen Sinne wahr, daß kein Spatz zu Boden fällt ... Das Spüren der absoluten Bedeutung all dieser Dinge ist es, was mir nach Zeiten der Verwirrung und Dunkelheit das Gleichgewicht und die Klarheit zurückgibt. Denn die Sinnlosigkeit ist die Hölle.

Entscheidend ist der Sinn, der dem Menschenleben zukommt – sowohl dem Leben der Menschheit, der Geschichte, als auch dem Leben jedes einzelnen Individuums, dem Schicksal.

Die Geschichte, die Weltgeschichte, hat ihren Sinn, ihr *Ziel*, und die Menschheit wird dies Ziel erreichen, allerdings mit der fürchterlichen, grauenhaften Konsequenz, daß der Weg zu diesem Ziel der Geschichte unendlich viel länger und unendlich viel blutiger sein wird, als wir es in unserer Vorstellung ertragen könnten. Mit dem, was für mich das Ziel der Menschheit bedeutet, werden die mei-

sten und sogar die, denen meine eigene Erfahrung von der rein geistigen Natur des Weltalls sehr fern ist, ganz gewiß einig sein: das Ziel ist, daß die Menschheit diesen Planeten brüderlich unter sich teilen, die Reichtümer der Erde in Gerechtigkeit und Freiheit harmonisch nutzen soll.
Und das – den Erdball in Frieden und Freiheit und Gerechtigkeit zwischen sich zu teilen – ist die Begegnung der Menschheit mit sich selbst. Und der Weg dorthin ist ein Weg der Freiheit, der eigenen Wahl. Zu wählen bedeutet natürlich auch, etwas anderes aufzugeben; Wahl bedeutet Einsamkeit, und Freiheit bedeutet auch Freiheit zum Bösen.
Die Befreiung der Menschheit muß der Menschheit eigenes Werk sein.
Den Weg zu dem Ziel, die Erde in Brüderlichkeit und Gerechtigkeit zu bewohnen, müssen wir selbst gehen. Die Götter können ihn nicht für uns gehen, denn dann wäre es kein Weg in Freiheit. Und der Weg wird an Abgründen entlang führen, durch Tiefen, durch Wüsten und über Schlachtfelder, durch Ruinen und Gefangenenlager mit Millionen, die auf der Flucht sind, hungernd und heimatlos; der Weg wird führen zu den Verirrungen des Bösen und zur Bosheit der Verirrungen – kurz, der Weg führt uns zur Begegnung mit uns selbst.
Das ist die Geschichte: es ist der Weg der Freiheit, und diesen Weg gehen wir in Freiheit, ob wir Freiheit wünschen oder nicht. Der Weg wird voller falscher Führer und falscher Wegweiser der Menschheit sein, voll von Verführern und falschen Propheten, und wir haben die Freiheit, Verkörperungen des Bösen als Erlöser zu wählen, die Freiheit, ihnen zu huldigen und ihnen zu folgen, so wie sie die Freiheit dazu besitzen, uns zu verleiten.

Aber dieser dunkle, blutige Weg der Freiheit ist der Weg der Begegnungen der Menschheit mit sich selbst.
Die gleiche alles aufrechterhaltende, überall wesende geistige Kraft, die die Sonnen der Milchstraße und unser eigenes kleines Sonnensystem trägt, jede Muschel in der Tiefe des Meeres durchdringt, jeden Spatzen mit pulsierendem Leben erfüllt – die den Hai mit Rastlosigkeit, Hunger und Begierde erfüllt, die dem Lamm eine furchtsame und friedliche Seele gegeben hat – die gleiche geistige Kraft, die einen Vulkan zum Ausbruch bringt und einen Zyklon auslöst, diese geistige Kraft wohnt auch im Inneren des Menschen. Sie erfüllt den Menschensinn mit Träumen und Visionen, läßt die neunte Sinfonie in Beethovens bebendem Herzen, in seinem manischen Hirn entstehen. Sie nährt uns mit klaren, bedeutungsvollen Bildern und Gedanken, und sie wohnt in unserem allertiefsten, verborgenen, innersten Ich, in diesem geheimnisvollen, unbewußten, geistigen Mittelpunkt, im Unsterblichen des Menschen. Im windstillen Zentrum des Taifuns.
Auch für das einzelne, individuelle Menschenleben gibt es einen Weg; den gleichen Weg wie für die Menschheit. Es ist die Begegnung des Einzelnen mit sich selbst, mit seinem innersten, geistigen Ich, mit dem stillen Zentrum des Zyklons in ihm selbst.
Und genau wie der meteorologische Zyklon hat auch dieses lautlose, innere Sturmzentrum das, was man das ›Auge des Zyklons‹ nennt – die rätselhafte Öffnung senkrecht nach oben gegen den Himmel, so daß die Sterne sichtbar werden. Der Tiefdruck bläst mit fürchterlicher Kraft die dichten und schwarzen Wolken auseinander und öffnet ein enormes Loch in der Wolkendecke, ein Landinsicht nach oben zu festen Sonnen und bekannten Planeten.

Wenn es wahr ist, was Goethe sagt und was ich zu Beginn dieses Kapitels zitiert habe (und Goethe war ein sonderbar kluger Mann) – wenn es wahr ist, daß die Menschenseele dem Wasser ähnelt und das Schicksal des Menschen dem Wind, dann ergeben sich daraus große Aspekte für das Leben des Menschen.
Die ganze Strophe lautet:

»Seele des Menschen, wie gleichst du dem Wasser!
Vom Himmel kommst du,
Zum Himmel steigst du,
Und wieder nieder zur Erde mußt du!
Ewig wechselnd.
Seele des Menschen, wie gleichst du dem Wasser!
Schicksal des Menschen, wie gleichst du dem Wind!«

All das Unsterbliche im Menschen wechselt seine Wohnstatt zwischen Himmel und Erde; dies ist ein Gedanke, der älter ist als Goethe. Auch im Evangelium fragt der große Rabbiner seinen Jünger: »Wer, sagen die Menschen, bin ich?« – und der Jünger antwortet: »Du bist Elias.« Und auf diesem Stern, den wir bewohnen, gibt es hunderte Millionen von Menschen, die diesen Gedanken teilen. Es sind freilich Menschen von einer anderen Hautfarbe als der unseren, weißen; sie sind gelb, schwarz, braun und olivfarben, und sie leben in anderen Teilen der Welt.
Für mich, den Seemann, der ewig auf Reisen ist und den ganzen runden Erdball als Heimat hat, ist dies nicht verwunderlich, und ich lege kein großes Gewicht auf die Unterschiede zwischen den Menschen. Ich verachte nicht die Seelen in den Rassen, denen heute ihre Länder wegge-

nommen wurden und die nichts als die Krümel essen, die vom Tische des weißen Mannes fallen.
Für mich sind dies alles nicht Gedanken, die ich irgendwann hatte und über die ich auf dem Achterdeck nachgrübelte, unterm Sternenhimmel, während ruhiger Wachen, es sind keine Gedanken, die ich mir während der Freiwachen in der Kammer angelesen habe. Es sind Dinge, die ich gesehen habe. Eine unverrückbare Geisteserfahrung. So ist eben die Welt für mich.
Glauben Sie deswegen nur nicht, daß ich ein lebensferner Träumer und Fantast bin, der nicht für die Erde und die Wirklichkeit und den Alltag taugt. Das stimmt nicht. Ich lese eine Logarithmentabelle oder einen nautischen Almanach genauso aufmerksam, und ich übe mein irdisches Handwerk genauso treuherzig und pflichtbewußt aus wie jeder andere Mann, der je seine Füße auf ein Schiffsdeck gesetzt hat.
Allerdings gibt es viele Männer auf dem Meer, die sich das ihrige denken.

Das Tau

Es kommt ein Schiff vom äußersten Meer . . .

Unser armer, friedfertiger und stiller Koch hieß von nun an tatsächlich ›Tai-Fun‹.

Der Steward la Fontaine hatte ihn getauft, und der delirische, zyklonische Name blieb an ihm haften, genauso, wie sich der Zustand des Belgiers etablierte. Das Delirium wurde permanent und machte Woche für Woche alle Phasen und Variationen durch. Er hatte angefangen, sich mit seinen kleinen Chinesen auf Französisch zu unterhalten, und schien sie als einen notwendigen und natürlichen Bestandteil seiner Existenz akzeptiert zu haben. Schlimmer war es mit den traditionellen Ratten, Schlangen und Spinnen, die sich nun auch einfanden und ihn belästigten, bis er sich in einer Ecke verkroch und vor Angst schrie. Zu anderen Zeiten vertiefte er sich mit seinen unsichtbaren Protokollen und imaginären Rechnungen in eine intensive Arbeit, oder er stritt sich laut mit Schiffshändlern und Angestellten, die er allesamt als Verbrecher, Betrüger und Kassenfälscher ansah und die er in genau jenem Ton anredete, den die Schurken zu Recht verdienten. Dagegen wechselte er seine Haltung gegenüber ›Tai-Fun‹ vollkommen. Er hörte nicht nur auf, ihn zu verdächtigen und zu bedrohen, sondern er faßte in einem Maße Vertrauen zu ihm, daß der Koch nach und nach sein wirklicher Trost und seine Stütze wurde. Auf den Pfeffer und das Insektenpulver kam er nie mehr zurück.

Zumeist sprach er Französisch mit dem armen Tai-Fun – der kein Wort verstand – und Flämisch mit den Schiffshändlern. Mit mir sprach er Englisch und mit der Mannschaft Malaiisch. Er aß nichts und schlief nachts nie. Immer war la Fontaine betriebsam. Und meistens bewegte er sich splitternackt umher. Es gab außer der Gattin des Kapitäns niemanden an Bord, der daran hätte Anstoß nehmen können, und sie war schon so lange zur See gefahren, daß mehr nötig war als ein nudistischer Steward, um auf sie Eindruck zu machen.

Diese wunderliche Frau, deren Hauptinteresse den Bank- und Börsenspalten der Zeitungen galt – neben den Valutanotierungen natürlich –, bewies, daß sie ein ausgezeichneter Steward war. Sie behielt die Übersicht über alles, machte eine genaue Aufstellung über Proviant und Ausrüstung, flickte, reparierte, bügelte und wusch das Leinenzeug, etwas, das la Fontaine aus begreiflichen Gründen während der letzten Zeit in einem traurigen Ausmaß versäumt hatte. Außerdem arbeitete sie ausgezeichnet mit unserem armen, alten Philosophen Tai-Fun zusammen. Ich sehe, daß ich ›alt‹ schreibe, aber er war wirklich nicht hoch in den Jahren; er muß damals 51 gewesen sein, und in seinen Pyjamas und Papierpantoffeln sprang er leicht und elastisch umher. Trotzdem lag etwas Uraltes über dem pergamentartigen, gelben Gesicht und über den schmalen, schwarzen Augen. Was man da fühlte, muß die verfeinerte Rasse und das hohe und veredelte Alter der Kultur sein. Auf alle Fälle strahlte er überlegene Ruhe und Stoizismus aus, und das bedrohliche Ballett des Stewards mit dem Haimesser schien er vollständig vergessen oder möglicherweise als eine im Grunde friedliche Spielart europäischer Umgangsformen akzeptiert zu haben. Und für jeden, der das britische Betragen in China ein wenig kennt, ist dies eigentlich nicht verwunderlich. Seine Freizeit verbrachte Tai-Fun meistens mit Lesen – sehr oft an einem schattigen Platz an Deck –, und er besaß eine hübsche Bibliothek mit chinesischer und englischer Literatur. Ganz belustigend war es, ihn in die Lektüre des politischen und sozialistischen deutschen Philosophen, des Hegelschülers Karl Marx vertieft zu finden.

Habe ich erzählt, daß er ein hervorragender Koch war? Tai-Fun war Künstler, sowohl in der Herstellung von raffinierten Delikatessen – wovon es übrigens nicht gerade viel an Bord der ›Neptun‹ gab – als auch darin, minderwertige, billige und äußerst knapp bemessene Rohstoffe für die Mannschaft vorne eßbar zu machen. Daß die elenden, für die Mannschaftsmesse bestimmten Rationen zuerst durch seine Hände gingen, muß eine der Ursachen dafür gewesen sein, daß der Haß, der das ganze Schiff durchsäuerte, nicht schon früher zur hellen Flamme emporloderte. Es ist nämlich so, daß die Proviantierung an Bord meiner geliebten Sancta Vénere ganz einfach skandalös war. Die Rationen lagen deutlich unter dem zulässigen Maß, und die Qualität war unbeschreiblich. Schuld daran war, wie ich bereits erwähnt habe, daß sowohl der Kapitän wie auch der erste Steuermann Mr. Cox Aktionäre der Reederei und deswegen an möglichst geringen Betriebskosten interessiert waren. Und wenn Kapitän Anderson sich so lange damit abgefunden hatte, den chronisch berauschten la Fontaine an Bord zu haben, dann war es wahrhaftig nicht, weil er ein tüchtiger Steward war, und noch weniger wegen seiner weißen Hautfarbe. In ökonomischen Zusammenhängen war Anderson genau so farbenblind wie sein Mitaktionär und erster Steuermann. La Fontaine fuhr auf der ›Neptun‹, weil er in einem außergewöhnlichen Maß ›Mann der Reederei‹ war. Damit soll gesagt sein, daß er sich von oben dazu bestechen ließ, die Kostgelder an Bord auf ein Niveau zu drücken, das den Kapitän eines Sklavenschiffes vor Scham hätte sterben lassen. Das, was eingekauft wurde, um vorne serviert zu werden, war, um die Wahrheit zu sagen, kaum als Hundefutter zu gebrauchen. Nur der Virtuose und Tausendsassa, der revolutionäre und stille Tai-Fun hielt die Kombüse – moralisch gesehen – über Wasser.

Es schien, daß er sich darüber amüsierte, die Gattin des Kapitäns als Steward zu haben. Und wenn sie zusammen über Suppen, Soßen und Gemüsebeilagen diskutierten, ging irgendetwas mit den beiden vor. Tai-Funs ausdrucksloser Mund lächelte, und ihr wunderliches, lustiges Gesicht war nicht mehr von der Leidenschaft für Zahlenkolonnen und Berechnungen geprägt. Der pathologische Geiz und die Geldgier ihrer Familie verließen sie, und wenn sie sich mit Tai-Fun zusammen über einen Topf beugte oder an einer Soßenpfanne roch, wurde sie regelrecht schön. Natürlich hatte der intelligente, gelbe Magier etwas im Sinn bei allem, was er machte; Madams neugeborenes Interesse für die Freuden der Küche führte zu einer Liberalisierung des Budgets. Freilich galt diese Generösität nur uns an Achtern. Wir aßen Kaviar, Gänseleber und Bambusschoten.

Die Mannschaft bekam weiterhin den halbverfaulten Schweinefraß von vordem, und nur Tai-Funs Künste mit scharfen Soßen und seelenaufreibenden Kräutern brachten die Leute dazu, ihn zu schlucken.

Die neue Situation in der Kombüse hatte sogar Auswirkungen auf la Fontaines berufliche Interessen. Eines Tages kam er nach achtern, um ›Proviant zu inspizieren‹, wie er sagte. Er hatte wie gewöhnlich keinen Faden am Körper, und Frau Anderson stand mit ihren zwei Kindern auf der Poop, ohne bei seinem Anblick eine Miene zu verziehen. Der Malaie Huang, jener Matrose, der einst Pat von der Royalrah hatte herunterholen wollen und der später das Schnappmesser der Hand des Segelmachers entwunden hatte, als der Juan Cortez töten wollte, stand am Ruder und reagierte, wenn möglich, noch weniger auf den nackten Belgier.

La Fontaine kam zu mir in den Kartenraum hinein und sah sich zufrieden um.

»Jaha, Steuermann!« sagte er vergnügt, »hier haben wir alles beisammen.« »Was denn?« fragte ich.

»Den Proviant. Ich wollte ihn nur inspizieren.«

Er untersuchte den Kartenraum vom Fußboden bis zur Decke mit der gleichen Zufriedenheit wie zuvor. Dann nahm er Bleistift und Papier vom Tisch, setzte sich in den Salon und notierte alles, was er um sich herum gewahrte. Langsam und in sich hineinmurmelnd schrieb er den ganzen Proviant genau auf, und erst nach einer ganzen Weile dämmerte mir, daß er glaubte, im Proviantraum zu sein, und daß er wirklich jedes einzelne Ding, an das er dachte, *sah*. Verfärbte Kartoffeln, Schmierseife, verfaulten Kohl, den ganzen Tierfraß von verdorbenem Fleisch und ranzigem Speck, der der Messe vorne zugedacht war, den Branntwein, den er für seine von den Offizieren erhaltenen Bestechungsgelder für sich selbst eingekauft hatte, Paraffin für die Lampen, Dochte, Holzspiritus, eingemachtes Obst für die Messe achtern, Milchdosen für die Kapitänskinder, Tabak, Butter in Dosen, Streichhölzer, Schiffszwieback, Mehlsäcke mit Maden und Milben, Nähzeug und angefaultes Gemüse – alles, alles zusammen sah er gelagert und gestapelt um sich herum in dem kleinen Raum auf der Poop. Nicht ein Ding fehlte.

So vergingen einige Tage bei schönem Wetter und stabilem Wind. Sancta Vénere segelte wie ein Traum, und das Ganze sah aus, als würden sich alle bösen Vorahnungen und Omen als Hirngespinste erweisen.
Sogar mit unserem halbtoten, javanesischen Zimmermann, van Harden, stand die Sache besser. Er nahm Essen zu sich, begann in einem Mischmasch von Malaiisch, Holländisch und Englisch ein bißchen zu sprechen, und eines Tages kam er an Deck hinausgetorkelt. Mit dem Verband um den Kopf wie ein Turban sah er aus wie der Wiedergänger eines ermordeten Hindu.
Es lief mir kalt den Rücken hinunter, als ich sah, wie er seinem Feind und Widersacher, dem Leichtmatrosen Carlos, begegnete, der immer noch den Arm in der Schlinge und eine Klappe über dem linken Auge trug. Aber nichts geschah. Wahrscheinlich waren beide zu mitgenommen, um die Kampfhandlungen aufs neue anzufangen. Aber sie belauerten einander. Wie Panther schielten sie mit schrägen Blicken nacheinander. Das Raubtierblut gärte in ihnen.
Carlos' Auge war entschieden besser geworden, aber es schielte immer noch nach innen gegen die Nasenwurzel. Wahrscheinlich hatte van Hardens rechter Daumen einige von den Muskeln gelähmt oder kaputt gemacht, die die Blickrichtung mit dem Fokus korrelieren. Auf alle Fälle sah er doppelt, wenn er beide Augen verwendete, so daß ich gezwungen war, ihm die dunkle Seeräuberaugenklappe zu lassen. Sie stand ihm ganz gut. Den Biß in der Wange hatte ich jeden Tag gereinigt und sterilisiert, und die Entzündung hatte sich gegeben: die blutrote Wunde sah unheimlich genug aus.
Nach der neuen, kollektiven Schlägerei an Deck hatte ich

einige Extraarbeit, aber es waren im ganzen gesehen kleinere Sachen. Selbst der Messerstich in der Seite von Juan Cortez war nicht besonders ernsthaft. Das lange, dünne Blatt war nicht durch die Muskeln und die Magenwand gedrungen. Es war ein Stich, der unter der Haut gerade über die Hüfte verlaufen war, entlang den Muskeln an der Seite und wieder heraus aus der Haut am Rücken. Ich nähte jede Öffnung mit ein paar Stichen, desinfizierte und verpflasterte die Wunden und überließ den Rest Gott und der Natur, die beide ihre Pflicht zu tun schienen.

Pat war natürlich ein Problem für sich.

Ich weiß nicht, ob es so etwas wie ›Schiffspsychiatrie‹ gibt, aber falls es existiert, war Pat mein erster Patient. Und ich weiß, daß es Wunden und Schäden im Menschenherzen gibt, die nicht zusammengenäht, nicht mit Nadeln und Sehnen und sterilisierten Klammern und antiseptischen Kompressen und Pflastern repariert werden können. Die Stunden im Top des Großmastes hatten Pat nicht nur in eine unheilbare Todesangst versetzt, sie hatten auch die ganze furchtbare Lebensangst aktiviert, die er im Verlauf seiner elenden vierzehn Jahre in sich angesammelt hatte. Abgesehen davon, daß er eine Art Inkarnation der Angst, Einsamkeit und Verzweiflung von uns allen – und auf diese Weise eine Art stellvertretender Gekreuzigter für uns alle – und somit ein objektives metaphysisches und psychiatrisch-philosphisches Problem war, wurde er auch zu einem persönlichen und privaten Problem für mich selbst – er war mein unfreiwillig adoptiertes Problemkind. Er trug auf eine gewisse Weise die Schuld aller, aber gleichzeitig war er auch ein einzelnes, lebendiges, persönliches Menschenkind, das die fürchterliche Bürde des eigenen Lebens trug.

Die Sache war die, daß er gnadenlos darauf bestand, mein ›Sohn‹ zu sein.

Das paßte mir nicht. Mein Leben gehörte mir. Es gehörte nicht anderen; es hatte seinen eigenen Kurs, seine eigene Bahn, sein eigenes Besteck. Ich war an niemanden gebunden, und ich wollte es auch nicht sein. Ich mußte unabhängig bleiben, und niemand sollte von mir abhängig sein. Mein Leben war eine aufeinanderfolgende Reihe von neuen Schiffsdecks, neuen Kammern, neuen, kurzen Aufenthalten an Land zwischen neuen Reisen, zwischen neuen Schiffen, mit neuen Mannschaften. Habe ich nicht gesagt, daß ich nie heiraten, nie eine trauernde Witwe und brotlose Kinder zurücklassen werde?

Physisch gesehen ging es Pat sehr viel besser, seit er mittschiffs beim alten Tai-Fun eingezogen war. Es war ganz deutlich zu sehen, daß er von Offiziersverpflegung lebte und nicht von Mannschaftskost; er aß so viel, wie ein unterernährter Vierzehnjähriger nur in sich hineinkriegen kann; außerdem bekam er sowohl von der Milch, die den Kapitänskindern Mary und Bobby zugedacht war, als auch noch dazu Obst, Schokolade und eingedoste, echte Butter.

Ohne Zweifel gab es schwache und ziemlich harte Saiten in Tai-Funs altem, sonnengedörrtem Herzen. Seine philosophische, abgehärtete, heidnische Seele trug Merkmale einer tieferen Ähnlichkeit mit dem großen, galiläischen Rabbiner auf ihrem Grund, als alle die blühenden Missionare vorweisen konnten, die im Namen der Londoner Börse sein chinesisches Heimatland – das Reich der Mitte – mit ihren geistigen, europäischen Verunreinigungen überschwemmten. In Tai-Funs frommem Heidenherz wohnten viele Götter und viele Gedanken – und es hatte auch Platz für Pat aus Soho. Hinzu kam, daß der Koch Spezialist für soziologisches Verhalten im Londoner East End war, und er hatte sehr klare Vorstellungen vom Hintergrund des Kombüsenjungen.

Kurz gesagt: Pat nahm zu. Er sah gut aus.

Dennoch: es half nichts, ihn zu päppeln. Er wurde runder um die Wangen und deutlich stärker. Aber es war weder Arrowsmith, der sein Leben gerettet hatte, noch Tai-Fun, der ihn fütterte, den Pat zu seinem Vater ernannte. Ich war es, weil ich ihn getröstet und gepflegt hatte.

Angst und Heimatlosigkeit überlebten den aufgeblähten und unterernährten London-Magen; sie saßen tiefer als der Mangel an vollwertigen Eiweißstoffen, Obst und Fett. Die irdische Nahrung, die ihm Tai-Fun gab, beseitigte wohl den Mangel, unter dem der kleine, halbwegs verkommene Körper gelitten hatte, aber der geistige Abstand zwischen dem intellektualisierten Mann mittleren Alters und dem primitiven, europäischen Straßenjungen, der tatsächlich nicht seine eigene Sprache lesen konnte, war zu groß. Und Pat war nicht einmal in allem vierzehn Jahre; in mancher Hinsicht war er nicht weiter entwickelt als ein Siebenjähriger.

Vor Arrowsmith hatte er Angst auf Grund des großen, selbstbewußten Willens des Mulatten und seiner gewaltigen physischen Kraft.

Für den elternlosen, zu Tode erschreckten und gottverlassenen Pat blieb nur ich übrig, und trotz aller Güte und Freundlichkeit seitens des alten Tai-Funs adoptierte er also mich als seinen ›Vater‹. Er zeigte mir seine Anhänglichkeit auf jede erdenkliche Weise; wenn ich Wache hatte, tauchte Pat plötzlich auf mit süßem, starkem und heißem Tee; lag ich unten in der Kammer und las, konnte er kommen und mich fragen, ob ich zu irgend etwas aus der Kombüse Lust hätte. Am allerliebsten hätte er in meiner Kammer geschlafen, auch wenn er auf dem Fußboden hätte liegen müssen. Er bediente bei Tisch ganz gut, aber bei weitem nicht so, wie es der intelligente und frühreife Moses getan hatte. Es tat weh, mit anzusehen, wie er den rotgesichtigen Idioten von einem dritten Steuermann bediente, aber Pat machte es tapfer und höflich.

So vergingen die ersten Tage nach der großen Schlägerei. Sancta Vénere segelte wie ein Engel, und Tag für Tag machten wir eine Durchschnittsfahrt von dreizehn bis fünfzehn Knoten.

Es geschah nur eine einzige Ungewöhnlichkeit, an die ich mich noch erinnern kann. Es war an dem gleichen Tag, an dem la Fontaine im Häuschen auf der Poop saß und sein Verzeichnis über den Proviant notierte, der dort gelagert war.

Der malaiische Matrose Huang stand am Ruder, und plötzlich rief er mich an:

»Steuermann! Mr. Jensen, Sir!«

Ich ging auf das Poop-Deck hinaus.

»Ja?«

»Da schwimmt etwas an Steuerbord-Bug, Sir.«

Ich konnte gerade ein Pünktchen ausmachen, und ich ging zurück ins Haus und holte das Glas.

»Herrgott!« sagte ich, »das kann nicht wahr sein!«

»Doch, Steuermann«, antwortete Huang, »es ist ein Mensch.«

Ich ging zur Treppe und rief hinunter:

»Kapitän! Ich muß Sie bitten, hochzukommen, Sir.«

Gleich danach war er an Deck. Ich reichte ihm das Glas und zeigte in die Richtung von dem, was ich gesehen

hatte. Er verharrte eine Weile mit dem Glas vor den Augen. Dann wandte er sich mir zu.
»Es sind zwei von ihnen«, sagte er, »merkwürdig.«
Dann richtete er einige Worte an den Rudergänger, der das Ruder umlegte, und gleich darauf:
»Wir lassen das zweite Boot an Steuerbordseite hinunter, Steuermann.«
Das Schiff drehte bei.
Als wir das Boot unten hatten, nahm ich vier Männer mit mir; den Malaien Huang, den Chinesen Li, den Araber Achmed und den kohlenschwarzen Kongolesen André Legrand – alles Vollmatrosen. Es entspricht nicht meinem Temperament, und auch aus prinzipiellen Gründen lehne ich das übliche Geheul und Brüllen ab, das die meisten Rudermänner benutzen, um die Leute zum Rudern zu bringen. Sie rudern in Wirklichkeit kein bißchen schneller unter der obligatorischen Kaskade von Flüchen und Schimpfwörtern seitens des Steuermannes. Ich erwähnte nur, daß die beiden Menschen, die in der Dünung trieben, möglicherweise noch am Leben waren und daß jede Sekunde lebenswichtig sein konnte. Die Matrosen ruderten wie die Teufel, und mir brach fast das Rückgrat von den Rucken, mit denen das Boot vorangetrieben wurde, jedesmal, wenn die Männer die Ruderblätter ins Wasser tauchten und pullten.
In vier-fünf Minuten waren wir bei den Schiffbrüchigen angekommen. Es waren ein junger Mann und eine junge Frau. Beide hatten Schwimmwesten an, beide waren tot. Die Haie hatten sie nicht angerührt. Mit einer angelegten Schwimmweste zu ertrinken, dauert lange, und es muß ein fürchterlicher Tod sein. Der Mann hatte einen blonden Bart und ebensolche Haare, die junge Frau war dunkel-

haarig. Wahrscheinlich waren sie drei oder vier Tage tot; die Blässe in den Gesichtern war erschreckend.
Wenn die zwei Toten einander so nahe geblieben waren, so lag das daran, daß sie mit einem Stropp von einigen wenigen Faden Länge zusammengebunden waren. Es war vielleicht ihre letzte Handlung, das Tau fest an beide Schwimmwesten zu knoten. So blieben sie also zusammen und gerieten nicht auseinander.
André Legrand und Li zogen die Leichen ins Rettungsboot, und ganz ruhig ruderten wir zurück zur ›Neptun‹. Niemand sprach. Es war, als hätte die Begegnung mit den zwei jungen Toten und der Anblick der Schnur, die sie zusammenband, einen ziemlich starken Eindruck auf die ganze, recht hartgesottene Bande von jungen Seeleuten gemacht. Nicht zuletzt das Tau, das sie im Tod miteinander verbunden hielt, mochte diese Rührung bewirkt haben.
Wir hievten das Boot an der Schiffsseite hoch und legten die Ertrunkenen auf die Luke. Alle an Bord kamen zusammen, um sie anzusehen. Ich spürte, daß jemand neben mir stand, und sah auf. Es war der große, athletische Mulatte James Arrowsmith; er stand vollkommen unbeweglich da, wie in Bronze gegossen, und starrte auf die zwei. Nie in meinem ganzen Leben werde ich seinen Gesichtsausdruck vergessen. Es war ein Ausdruck des absoluten Schweigens und Insichgekehrtseins. Eine Bewegungslosigkeit und Bitterkeit, die ich ähnlich nie wieder wahrgenommen habe. Man konnte glauben, daß die junge, tote Frau mit den nassen, dunklen Haaren seine eigene Geliebte gewesen sei.
Auch die beiden Steuermänner kamen aufs Hauptdeck hinunter, und dieses eine Mal benahm Dickson sich wie

ein Mensch. Er hielt den Mund. Der erste Steuermann, Jeremy Cox, stand sogleich neben den Toten. Er blickte aus seinem bärtigen, langhaarigen Kopf auf sie hinab mit einer Mischung aus Verachtung und Triumph. Es wurde unverkennbar, daß dieses Liebespaar für ihn nur ein Bild der Vergänglichkeit und Eitelkeit aller Dinge war. Es ging von ihm eine vollkommene Geringschätzung aller menschlichen Schicksale und aller irdischen Liebe aus.

»Nun, Steuermann«, sagte ich zu diesem tugendgeschmückten, Lincoln ähnlichen Menschen: »Das Meer gibt seine Toten zurück?«

Langsam wandte er sein knochiges Gesicht mir zu: Mr. Jensen«, antwortete er, »warten Sie bis zum nächsten Orkan!«

Nach dieser drohenden und vorausdeutenden Antwort drehte er sich um und kletterte wieder auf die Poop hinauf. Entgegen seiner Gewohnheit warf er einen Blick auf den Kompaß.

Sogar der Kapitän kam an Deck herunter und betrachtete die beiden. Er vergeudete keine Zeit und die blauen Schweinsäugelchen waren ohne eine Spur von Interesse.

»Ist der Segelmacher hier?« fragte er laut.

»Jawohl«, antwortete Davis.

»Näh sie sobald als möglich ein, so daß wir sie anständig beisetzen können.«

»Jawohl, Sir.«

Der Kapitän sah sich die Leichen näher an und wandte sich zu mir:

»Komisch, Mr. Jensen!« sagte er: »Die Haie haben sich nicht um sie gekümmert. Komisch! Aber es soll vorkommen. Ich fand einmal einen Holländer, der zwei Tage im Indischen Ozean getrieben war, ohne daß die Haie ihn an-

gerührt hatten, obwohl die See so voller Untiere war, daß man auf Hairücken bis Singapur hätte laufen können. Er bekam übrigens danach schwache Nerven.«
Kapitän Anderson drehte sich um und ging nach achtern. Ich bemerkte, daß er Pantoffeln anhatte.
Gleich danach fühlte ich, daß mich jemand an der Hand hielt. Ich sah hinunter; es war Pat, der neben mir stand. Er blickte auf die Toten und biß sich auf die Unterlippe. Er war bleich um Mund und Nasenlöcher.
»Du, Steuermann«, sagte er, »warum haben sie sich zusammengebunden?«
»Wohl darum, daß sie nicht voneinander kamen, auch wenn sie sterben würden.«
Er antwortete nicht, aber er hielt mich immer noch an der Hand.
»Pat«, sagte ich, »dies ist meine Wache. Willst du nachher nach achtern kommen mit Tee?«
»Jawohl, Steuermann.«
Am Nachmittag waren die beiden in das gleiche Segeltuch eingenäht, mit ein paar großen Klumpen Kohle an den Füßen. Und nachdem der Kapitän das ihnen gebührende Ritual verlesen hatte, wurden sie über Bord geschickt. Keiner von beiden hatte Papiere bei sich getragen.

Zweites Buch

Jeremiae Himmelfahrt

Je suis sain d'esprit, je suis St. Esprit.
Van Gogh

Sancta Vénere segelte wie ein Engel.

Eines Morgens sahen wir voraus eine Rauchsäule, die von einem brennenden Schiff kam. Ein paar Stunden später konnten wir feststellen, daß es sich nicht um ein Schiff handelte, sondern um ein Dampf›schiff‹, eines von diesen langsamen, lächerlichen Fahrzeugen, deren einzige Aufgabe es sein sollte, wirkliche Schiffe aus dem Hafen hinaus und in ihn hinein zu bugsieren, die sich heute jedoch erlauben, die Meere zu verpesten – große, klobige und genauso kohlengasstinkend wie häßlich. Um die Mittagsstunde hatten wir das Bügeleisen eingeholt; es war holländisch, und während wir passierten, trat traditionsgemäß der griechische Schiffsjunge Stavros an das Schanzkleid und winkte mit einem Besen; dies geschieht nur, um die Leute an Bord daran zu erinnern, daß die holländische Regierung angekündigt haben soll, Holland werde alle anderen Nationen von See wegfegen. Wir segelten jedoch auf der Leeseite der Schweinerei vorbei und erhielten als Antwort eine beißende Kohlenwolke zurück, die wie eine Lokomotive stank. Das Monstrum bewegte sich ächzend durch die lange, klare Dünung, als litte es an einer mit Asthma einhergehenden Herzkrankheit.

Ein paar Stunden später war der Eisenkasten fast verschwunden.

Es ist möglich, daß ich konservativ bin – wie die meisten Seeleute –, aber es ist auf alle Fälle ein Trost, daß sich diese Dinger nie mit den Segelschiffen werden messen können, wenn.es um Schnelligkeit und Schönheit geht. Ich blieb am Heck stehen und sah, wie der Dampfer verschwand, wobei ich mit Sorgen an meinen ›Pflegesohn‹ dachte.

Pat war wirklich der unwissendste Mensch, den ich je getroffen hatte. Ein Feuerländer, ein Australneger, ein Buschmann kennt wenigstens die Mythen und Sagen des Stammes, er weiß von Mond und Sternen, er weiß, daß es etwas über all diesem gibt, er weiß um die Geister der Erde, des Meeres und der Väter. Er kann sie verehren, anbeten, er kann auch fischen und auf die Jagd gehen. Unser Leichtmatrose Lilly von den Fidjiinseln – mit spitzgefeilten Zähnen – war mit seinen einundzwanzig Jahren schon zum reinsten Weisen geworden. Er konnte am Ruder stehen, alle möglichen Knoten knüpfen, und er kannte den Namen von jedem Detail auf dem Schiff, der Rigg und der Takelage. Er besaß die Religion seiner Väter, hatte Menschenfleisch gegessen und war ganz und gar tätowiert, konnte unseren sechzehnjährigen Decksjungen Stavros auf Englisch beschimpfen und kletterte am Rigg wie ein Gott. Außerdem hatte er das Temperament eines Tigers, und er konnte auch stundenlang auf einem Bein stehen. Daß er den Namen Lilly trug, hatte auf keine Weise mit schönen oder weiblichen Zügen zu tun – er war häßlich, wie es nur ein Australneger auf die allerfürchterlichste Weise sein kann –, er hatte wahrscheinlich den Namen selbst gewählt, weil ihm sein Klang gefiel. Lilly war ein in jeder Weise vielversprechender Seemann; außerdem war er lebensgefährlich und sprachmächtig, und er wußte vieles von den Geistern.

Nur der arme Pat aus London – einem der Mittelpunkte der weißen Kultur – wußte absolut nichts. Konnte nichts.

War nichts. Seine Unwissenheit war abenteuerlich; er besaß keine Stammesgeschichte, keine Mythen, keine Religion. Wahrscheinlich war er nicht getauft. Pat sprach sein eigenes Cockney wie ein Schwein und kannte selbstverständlich keinen einzigen Buchstaben. Er wußte nichts von den Geistern des Meeres oder der Möwen oder der Winde. Er vermochte nicht einmal zu beten.

Ich hätte fast gesagt, daß er ein unbeschriebenes Blatt war. Aber *das* war er nicht. Pat verfügte über eine grauenvolle Weisheit von Hunger, Schmutz, Heimatlosigkeit, Unterernährung, Verbrechen, Angst, Gewalt, Laster, Krankheit, Gefangenschaft und Wahnsinn. Und diese Kenntnisse von der Schlangengrube des Lebens waren mit Unschuld, Verstand und Naivität gepaart. Er war in die schwärzesten Mysterien eingeweiht und unwissend allem anderen gegenüber, aber mit einer Fähigkeit zur Hingabe ohnegleichen versehen.

Derjenige, mit dem ich mich am besten hierüber unterhalten konnte, war der alte Chinamann Tai-Fun.

Während ich so an Deck stand, bemerkte ich plötzlich, daß sich jemand neben mir befand. Es war der Kapitän, und es traf mich wieder, wie merkwürdig es war, daß dieser Fleischberg sich so völlig lautlos bewegte. Er wandte mir das Gesicht zu, und die kleinen Schweinsaugen waren, wenn dies möglich war, noch phlegmatischer als sonst. Sie drückten nicht einmal Desinteresse aus, nur Leere.

»Mr. Jensen«, sagte er, »ich kenne den ersten Steuermann seit vielen Jahren und begreife nicht, was mit dem düsteren, schweigsamen Mann los ist. Jetzt redet er wie ein Wasserfall den ganzen Tag hindurch.«

»Ich habe die gleiche Beobachtung gemacht, Sir. Die erste Zeit sagte er kein Wort; er wirkte ungewöhnlich melancholisch und war wohl der schweigsamste Mensch, den ich angetroffen habe. Erst nach einigen Tagen auf See begann Mr. Cox zu reden. Es ist ebenso bemerkenswert, *was* er sagt, Sir.«

»Richtig, Steuermann. Sehr bemerkenswert.«

»Er sähe uns gerne alle zusammen ertrunken, Sir.«

Kapitän Anderson schwieg eine Weile, dann sagte er:

»Auch mir gegenüber hat er Andeutungen dieser Art gemacht. Er wünschte mir ein nasses Grab, bei dem Tier unten im Abgrund.«

»Wirklich, Sir?«

»Es geschieht nicht oft, daß ein Kapitän so etwas von seinem ersten Steuermann zu hören kriegt.«

»Nein, Sir. Äußerst selten.«

Er zögerte einen Augenblick. Dann fuhr er fort:

»Heute hat er die Arbeit niedergelegt.«

»Verzeihung, Sir?«

»Steuermann Cox verweigert die Schiffsarbeit, Mr. Jensen.«

Der Kapitän hatte unsere gedankenschwere Unterhaltung abgeschlossen und stand einige Sekunden mit offenem Mund da. Er sah aus wie die Leiche eines Idioten. Dann verschwand er lautlos. Was der Kapitän mir soeben anvertraut hatte, waren keine Neuigkeiten für mich.

Seit mehreren Tagen hatte sich Jeremy Cox nicht dazu herabgelassen, mit irdischen Angelegenheiten zu tun zu haben. Er sah nicht auf den Kompaß, warf keinen Blick auf Karte und Positionen, rührte kein Instrument an und öffnete nicht das Journal. Ob wir mit zwei oder zwölf Knoten segelten, ging ihn nichts an. Segelführung, Takelage, Ruder und Rigg, alles das war nur irdisches Blendwerk. Er schlief auch nicht. Er war ein Prophet, ein Erzengel ohne

Bedürfnisse nach Ruhe. Das einzige, was er tat, war reden. Er sprach Tag und Nacht; er spie seine alttestamentarischen Drohungen, Flüche und Bannsprüche aus und wünschte uns mit Donnerstimme alle miteinander zu den Haien hinunter.
Er wusch uns in Vitriol, grillte uns in der Hölle und kochte Suppe aus uns in Gehenna. Und er tat es mit Freude; der Zorn – der Große Zorn – war gekommen. Der Jüngste Tag würde vom Meer ausgespien werden und Behemoth und Leviathan würden von unseren verlorenen Seelen und unreinen Leibern Besitz ergreifen.
Ich nehme an, es handelte sich einfach darum, daß der biblische Trost, mit dem er viele schweigsame Jahre voll schwarzer Melancholie und Verzweiflung hindurch seine desperate und verdunkelte Seele angefüllt hatte, nun mit vulkanischer Kraft aus der Stummheit ausbrach. Die Hoffnungslosigkeit und die Schweigsamkeit verwandelten sich zur Flamme. Licht war es nicht.
Er unterhielt sich oft mit dem Steward la Fontaine; der letztere, der ohne die geringsten geistigen Interessen war, dessen unglückliches, einsames Leben viele Jahre hindurch ausschließlich Schnapstrinken gewesen war, hörte ihm nicht nur zu, sondern bekräftigte, daß man, egal wo man sich auf der ›Neptun‹ befand, von Teufeln des Meeres und der Erde umgeben war. Sicherlich sah er alles, was Jeremias Cox sagte, mit der gewaltigen bildschöpferischen Kraft des Deliriums vor sich und um sich herum, genauso deutlich, wie wir anderen die Masten und das Rigg sahen oder wie er selbst den Proviant im Kartenraum gesehen hatte. Es war ein verblüffender Anblick, den Deliristen und den Manischen zusammen auf dem Hauptdeck umherspazieren zu sehen – beide als Bilder der grenzenlosen

Verwirrung des Menschen bezüglich seiner eigenen Situation.
Der erste Steuermann fuhr jedoch fort, im Offizierssalon achtern zu speisen; es war dort ruhiger, wiewohl drohend und voller Andeutungen.
Dann eines Tages geschah es.
Ich war in meiner eigenen Kammer und hörte einen enormen Krawall an Deck. Ich sprang hinaus auf die Poop empor und sah hinunter. Die ganze Mannschaft hatte sich in einem großen Kreis auf dem Hauptdeck versammelt; sie heulte und schrie vor Lachen oder Entsetzen. In der Mitte des Kreises befanden sich der Steward und der erste Steuermann, jetzt beide nackt.
Mr. Cox tanzte.
Es war ein Anblick, den sich nicht einmal die Hölle selbst hätte ausdenken können. Stellen Sie sich Abraham Lincolns Kopf auf einem weißhäutigen Körper vor, jedoch pelzig wie ein riesengroßer Wolf. Der schwarze Bart ging direkt über in die Haare auf Brust und Bauch. Er war unbeschreiblich mager und sehnig, und die bleiche Haut im Kontrast zur Körperbehaarung ließ ihn einem grotesken schwarz-weißen Holzschnitt ähnlich sehen. Er tanzte mit krummen Knien und gebeugtem Rücken, wobei er bei jedem Schritt mit den großen, nackten Füßen gewaltig auf Deck stampfte.
Während des Tanzes rief er in einem wunderlichen, singenden Ton:
»So wie König David sich wie eine Frau entblößte und vor dem Tempel für den Herrn tanzte, so tanze ich für euch, Baalsanbeter und Heiden!
Als Danksagung an den Gott der himmlischen Heerscharen tanze ich wie David durch Jerusalems heilige Straßen,

für euch, für mein Volk, für Juda Volk, das zu Götzenanbetern geworden ist, tanze ich.«

Ab und zu straffte er den Rücken und streckte die weißen Arme gegen den Himmel, während er die Tanzschritte fortsetzte:

»Wie König David tanze ich für den Herrn Zebaoth!«

Ein paar von den Zuschauern begannen, mit dem Tanz des Steuermannes den Takt zu klatschen; ihnen folgten bald andere. Das erregte ihn gewaltig, und er beschleunigte das Tempo.

»Schlangenbrut!« brüllte er: »Kinder des Abgrundes und der Tiefe! Bald werden Fische und Krebse eure Augen aus den Höhlen eures Kopfes fressen! Des Meeres großer Satanas und die Haie, die eure Brüder sind, werden euch verdauen – Mollusken und Muscheln an euch saugen – ah, Belzebubs Gezücht!«

Dann, mit einemmal hielt er im Tanz inne, hob die rechte Hand zum Himmel und ballte die linke drohend gegen die Seeleute:

»Ihr habt einen Mann Gottes verhöhnt, einen heiligen Mann, den er euch schickte, wie Jonas nach Ninive! – Aber ich – ich! werde nicht vom Walfisch verschluckt!«

Die drohende Haltung verwandelte sich in Triumph und aufs neue begann er zu tanzen, diesmal einen ruhigen, gemessenen, würdigen Tanz – fast eine Art triumphaler Polonaise.

»Und der Herr wird seinen Diener lebendig in den Himmel holen, in einem Wagen aus Flammen, in einem Flammenwagen wird Er ihn holen!«

Dann mischte sich der Steward in das Geschrei. La Fontaine hatte eine weitaus kräftigere Stimme, als man glauben sollte, und er rief in der Sprache seiner Kindheit, auf

Französisch. Die Wirkung war so überraschend, daß sogar Mr. Cox einen Augenblick lang erstarrte.
»Ich sehe ihn! Ich sehe ihn!« schrie der Belgier: »Der Flammenwagen kommt in einer Wolke!«
Kaum jemand verstand die Worte, aber alle verstanden, was er meinte, da er, während er brüllte, zum Himmel zeigte. Die zwei faßten einander an den Händen, und jetzt wurde der Tanz wild, ekstatisch. Es schien, als würde die Mannschaft den Auftritt nicht länger komisch finden, sondern furchteinflößend. Es war auf jeden Fall ein ziemlich düsterer Kreis aus Zuschauern, die den Ausbruch dieser neptunischen Kräfte von Visionen und Irrsinn betrachteten.
Für viele der Mannschaft gab es auch keinen Unterschied zwischen Wahnwitz und Kontakt mit dem Göttlichen. Medizinmänner, Magier, nächtliche Orgien und wilde, rituelle Tänze, Dämonen und Teufelsbesessenheit waren natürliche Bestandteile ihrer Kindheit gewesen. Fast nur die Weißen hatten keine Verbindung mit dem Übernatürlichen.
Merkwürdigerweise hatten nun gerade zwei weiße Männer Berührung mit – wenn nicht dem Übernatürlichen, so doch auf jeden Fall mit dem Unternatürlichen, mit den niedrigsten Geistern in Neptuns Reich.
Der erste Steuermann löste den Griff von la Fontaine.
»Seht, ich werde lebendig in die Schar der Erlösten aufgenommen, zu den himmlischen Heerscharen, zu den Engeln, Erzengeln, Kräften, Thronen, Seraphim und Cherubim; ihr aber werdet im Salzwasser verrotten!«
Mit den Armen flatternd wie ein Riesenvogel, begann er nun, auf Deck im Kreis zu gehen, wobei er mehrfach wiederholte:

»Ich werde lebendig ins Himmelreich auffahren!«

»Er wird lebendig auffahren!« rief der Steward, diesmal auf Englisch. Ich sehe immer noch die beiden vor mir, Bilder des totalen Bruchs verzweifelter Menschenkinder mit der Wirklichkeit; das war unsere Antwort auf unsere rätselhaften, unbegreiflichen Daseinsbedingungen. Beide hatten in ihrer ursprünglichen, verschrobenen Einsamkeit nichts anderes zu verlieren gehabt als den Verstand, und nun war es vollbracht.

»Zum Reich des Himmels am Jüngsten Tag!« rief der Steuermann und hielt an. Dann tat er etwas, was nur ein Seemann tun kann: er griff mit der einen Hand in die Wanten und schwang sich leicht wie ein Affe auf das Schanzkleid hinauf. Dort blieb er stehen, zwei Meter groß, nackt, weiß und haarig.

»Wegen eurer Sünden!« rief er.

Er ließ die Want los, streckte Arme zum Himmel und schrie mit der vollen Kraft seiner Lungen – ein langes Geheul voller Schmerz. Dann flog er empor.

Der Schaum wurde von zwei Schwanzflossen aufgepeitscht, eine Rückenflosse durchschnitt die Oberfläche. Ein weißer, langgestreckter Bauch leuchtete auf.

Zu Mittag deckte der zitternde Pat für vier Personen.

Die ›Neptun‹ ist also nicht länger Heim und Welt für dreißig Seelen; nur noch für neunundzwanzig.
Der Kapitän erwähnte das Geschehen nie mit auch nur einem Wort, und ich war es, der das Ereignis ins Journal eintrug. Er berührte das Thema Jeremy Cox überhaupt nicht mehr. Sie hatten einander ja viele Jahre gekannt, waren Miteigner des gleichen Fahrzeugs, hatten die gleichen Interessen für Bank- und Börsengeschäfte; vielleicht gab es etwas in Kapitän Andersons unbekanntem Inneren, das ihm verbot, über den anderen zu reden, und das etwas mit Gefühlen zu tun hatte.
Es war eigentlich merkwürdig, daß dies ausgerechnet dem ersten Steuermann passieren mußte. Aber natürlich kann man auch fragen: wem in aller Welt hätte es sonst passieren sollen? Ich dachte manchmal an ihn, nachdem das Unglück geschehen war. In all seiner Geldgier, in all seiner einsamen Verwirrung war der ursprünglich schweigsame und düstere Cox ein Mann von Geist.
Ich nahm mich Pats etwas an, und zuerst lehrte ich ihn, ordentlich zu lesen und zu schreiben. Dies ging so leicht vonstatten, daß ich schnell feststellen konnte: der Junge besaß einen hellen Verstand, wenn er nur Nahrung bekam, sich zu entwickeln. Als alter Lehrer hatte ich Freude an diesem einfachen Unterricht während der Freiwachen. Pat war ein grenzenlos dankbarer Schüler, und ich ergänzte seinen ›Schulbesuch‹ durch elementares Rechnen und durch Dinge, die ich aus Weltgeschichte und Geografie auswendig wußte. Aber vor allem erzählte ich ihm – was er am liebsten von allem hatte – Mythen und Legenden: von

Odysseus, Samothrake, von Jonas im Bauch des Wals und dem fliegenden Holländer und von vielem anderen. Das Ereignis mit dem ersten Steuermann hatte natürlich einen gewaltigen Eindruck auf ihn gemacht, und seine schwachen Nerven brauchten den Einfluß von anderen Dingen. Wenn es um Mathematik und Geografie ging, hatten wir übrigens sehr gutes Material an Bord, und Pats unbenütztes Gehirn zeigte sich immer aufnahmefähiger. Es tat ihm gut.

Es tat auch mir gut.

Es lenkte meine Gedanken in gesündere Bahnen und zu einer besseren Beschäftigung, als es die waren, zu der sie in jener Zeit neigten.

Mr. Cox' Tod hatte etwas Erschreckendes für mich an sich gehabt, und selbst die barocken Umstände, unter denen er stattfand, hatten nicht komisch oder befreiend auf mich gewirkt.

Die übliche Angst, die ich immer vor der See hatte, war bedeutend stärker geworden als sonst, und sie drängte sich nun ganz nach oben an die Oberfläche des Bewußtseins. Ich spürte die Ängste den ganzen wachen Teil von Tag und Nacht hindurch. Wir waren mitten in der Taifunzeit.

Hinzu kam, daß vorne etwas los war, etwas, von dem achtern niemand wußte, was es war. Aber es kamen so häufig gewisse Situationen und Episoden vor, daß jeder fühlen mußte, daß etwas los war.

Der Kapitän hatte seine alte Schweigsamkeit wieder angenommen; er war noch verschlossener als sonst. Aber der Blick hatte sich geändert; er war wachsamer als früher und weit öfter an Deck, als er es früher zu sein pflegte. Er ging ab und zu auf dem ganzen Schiff umher, sogar nach vorne auf die Back, und zwar nicht, um die Aussicht über das blaue Tropenmeer zu genießen. Er beobachtete die Leute. Etwas war in ihm vorgegangen. Aber er sagte nie ein Wort.

Die Atmosphäre vorne war so gespannt und so geladen, daß kein Zweifel daran bestehen konnte, das Drohende, das Haßerfüllte, das die Leute prägte, sei wirklich der Ausdruck von etwas Konkretem. Mehrfach gab es Schlägereien, aber sie hatten keine ernsthaften Schäden zur Folge. Meine Nadeln und Zangen konnten in Ruhe liegen bleiben. Die Schweigsamkeit war das am meisten Erschreckende. Um die Wahrheit zu sagen – ich mußte immer meine ganze Willenskraft aufbringen, um mich mittschiffs oder nach vorne zu wagen. Schon zu Tai-Fun in die Kombüse zu gehen, genügte mir. Trotzdem tat ich es ab und zu, um mir etwas von seiner englischen, soziologischen Fachliteratur zu leihen.

Das, was in Wirklichkeit vorne geschah, war ein Machtkampf zwischen zwei oder möglicherweise drei Gruppen. Aber ich wußte es damals nicht.

Eines Tages gab es dann einen Vorfall mit dem dritten Steuermann Mr. Dickson und seinem alten Feind, dem Malaien Huang. Der Steuermann benutzte die Gelegenheit, sich zu rächen und schlug ihn nieder. Ich war nicht Zeuge von diesem Auftritt; als ich hinzukam, war der Streit zwischen Dickson und dem großen Mulatten James Arrowsmith in vollem Gange.

»Dies war eines von vielen Dingen, die Sie demnächst bereuen werden, Steuermann«, sagte Arrowsmith.

Der dritte Steuermann antwortete mit einer Sturzflut von Schimpfwörtern.

»Du Satanshurensohn, bekackter Höllennigger, ich werde dich Disziplin lehren, ich werde dir beibringen, wer hier

die Herren sind, du brauner, stinkender Bastard. Ich werde dein Niggerblut noch zum Fließen bringen . . .«
Das waren die Worte, die ich als erstes hörte.
»Ich stamme von königlichem Blut«, antwortete Arrowsmith, »und das ist mehr, als du vorweisen kannst, du Laus von einem dritten Steuermann.«
»Du nennst mich Laus!« schrie Dickson.
»Ich *nenne* dich nicht Laus, du *bist* eine Laus.«
Der Offizier ergriff ein Tauende vom Lukenrand und schlug Arrowsmith mit voller Kraft ins Gesicht. Mit einem einzigen Hieb schlug ihn der Mulatte aufs Deck, wo er leblos liegen blieb.
Der Rest der Episode fand statt, fast ehe ich es merkte. Im gleichen Augenblick stand der Kapitän vor Arrowsmith, und es sah aus, als hätte er nur die Hand gehoben: der andere fiel mit einem Schlag nach hinten und rollte ein paarmal über die Planken. Er erhob sich ungläubig auf die Knie und starrte den Kapitän an mit einem Ausdruck von namenloser Überraschung und Haß.
»Ich kenne dich, Kapitän Anderson«, sagte er leise, »du bist das rohste, übelste Schwein, das jemals ein Schiff gesegelt hat! Und ich bin nicht der einzige an Bord, der dich und deine Morde kennt. Aber du wirst bekommen, was du verdienst, du Satan!«
Im gleichen Augenblick war er vorne bei Anderson, und aufs neue wurde er aufs Deck niedergeschlagen. Er brauchte diesmal mehr Zeit um aufzustehen, aber er griff wieder an, mit Blut über der ganzen unteren Gesichtshälfte.
Dann geschah etwas, das ich nie für möglich gehalten hätte: Der Kapitän griff ihn bei den Hüften am Gürtel, auf beiden Seiten vom Hosenbund, hob den riesengroßen

Mann hoch über den Kopf – und schleuderte ihn mit voller Kraft aufs Deck.

Arrowsmith blieb liegen.

Der dritte Steuermann war auf die Beine gekommen und schwankte nach achtern. Ich half ihm die Leiter hoch auf die Poop. Der Kapitän kam langsam hinterher.

Oben auf der Poop wandte er sich an Dickson.

»Sie sind der größte Idiot, mit dem ich je gesegelt bin«, sagte er, »ich wünschte, Sie wären es, der über Bord gegangen ist, und nicht der erste Steuermann.«

»Wohl, Sir!« antwortete er.

Dann wandte der Kapitän sich an uns beide:

»Ab jetzt geht keiner der Offiziere unbewaffnet an Deck. Verstanden?«

»Jawohl, Sir!«

Von diesem Tag an trugen wir immer Schußwaffen bei uns.

Der Holländer

Wer kann segeln ohne Wind …

»Mögen Sie Mozart?«
Es war Frau Anderson, unser neuer ausübender Steward, der sich an mich wandte, während ich auf der Poop stand und über unsere schwebende Welt aus Segel, Tauwerk und Decksplanken blickte.
»Natürlich, gnädige Frau. Wer mag Mozart nicht?«
»Ich hörte, wie Sie ihn gestern abend spielten.«
»Herrgott, das Gewimmer, das ich auf der Violine hinbekomme, kann man nicht ›spielen‹ nennen. Habe ich Sie gestört?«
»Ganz im Gegenteil, Mr. Jensen. Es war schön, wieder Musik zu hören. So wie wir leben, ist nie Gelegenheit dazu.«
»Sie mögen Musik sehr?«
»Besonders Mozart. Ich tröste mich mit ihm.«
»Brauchen *Sie* Trost, gnädige Frau?«
»Alle brauchen Trost, Steuermann.«
Sie stand einen Augenblick schweigsam da und dachte nach. Dann wandte sie mir das Gesicht zu – offen und fragend: »Aber vielleicht Sie nicht, Steuermann?«
»Es gibt so vieles als Trost«, antwortete ich. »Ich mag es, am Ruder zu stehen, ich mag das Meer, obwohl ich Angst vor ihm habe, ich habe die Musik, ich habe die Bücher – einige wenige jedenfalls –, ich mag es, als zweiter Steuermann zu segeln, und ich habe die Sterne sehr gern. Außerdem weiß ich, daß nichts sinnlos ist, sondern daß alles eine große Reise auf ein Ziel zu ist.«
»Ich beneide Sie, Mr. Jensen,« antwortete sie langsam.

»Aber sagen Sie mir eines: Warum segeln Sie als zweiter Steuermann? Sie haben doch selbst Schiffe geführt?«

»Ich hatte mein erstes Kommando, als ich siebenundzwanzig war, also vor sechs Jahren. Aber später habe ich entdeckt, daß ich mich in meiner jetzigen Stellung am wohlsten fühle.«

Sie dachte nach.

»Ich hoffe, daß Sie damit fortfahren, in den Freiwachen ein bißchen zu spielen«, sagte sie.

»Wenn ich damit niemanden störe, werde ich wohl ab und zu ein wenig spielen.«

»Ich vermisse die Musik sehr, wenn ich auf See bin. Aber dies ist eine unserer letzten Reisen. Bald müssen die Kinder zur Schule und eine richtige Erziehung erhalten, und dann werden wir uns in New York niederlassen. Die Stadt hat ein gutes Musikleben. Mein Mann brauchte ja überhaupt nicht mehr zu segeln. Wir haben mehr als genug, um zu leben.«

»Dort werden Sie sich in den Konzertsälen trösten können, gnädige Frau. Das ist etwas anderes, als mein ärmliches Geigenspiel.«

Sie schwieg eine Weile, dann lächelte sie:

»Jeder hat seine Weise, Trost zu suchen. La Fontaine hatte seinen Schnaps, der erste Steuermann seine Bibelworte und seine Unglückspropheten ... Einige trösten sich mit einem großen Traum.«

»Und einige trösten sich mit der Wirklichkeit«, fügte ich hinzu.

Sie verharrte eine Weile und blickte über das Meer.

»Bald gibt es Mittagessen, Mr. Jensen«, sagte sie plötzlich. »Tai-Fun hat etwas gemacht, womit wir uns trösten können.«

»Wer war der Fliegende Holländer?«
Pat war mit Tee in meine Kammer herunter gekommen. Er setzte die Kanne und die Tasse ab und sah mich mit wachen, neugierigen Augen an.
»Er ist einer der bösen Geister des Meeres, Pat. Der Fliegende Holländer ist die Heimatlosigkeit und die Unruhe. Er kündigt Unglück an für alle, die ihn sehen. In gewisser Weise ist er das Schicksal aller Seeleute. Warum fragst du danach, Pat?«
»Der Steward sagte, er hätte ihn gesehen.«
»Soso.«
»Steuermann, kannst du mir nicht von dem Holländer erzählen?«
»Schon das Reden von ihm kann Unglück bringen, verstehst du. Spricht man von ihm, riskiert man, ihn zu Gesicht zu bekommen, und der Anblick seines Totenschiffes bringt Sturm, Untergang und Unglück. Alte Seeleute erwähnen ihn nie. Einige haben ihn zwei-, dreimal gesehen und die Schiffbrüche überlebt. Es ist nicht gut, von ihm zu erzählen, Pat.«
»Ja, aber Steuermann! Wo segelt er umher?«
»Auf allen Meeren. Er ist in der Nordsee gesehen worden und im Nordatlantik auch, aber meistens hält er sich in den Gewässern um das Kap der guten Hoffnung herum auf. In dieser Ecke ist oft hartes Wetter.«
»So wie bei Kap Horn?«
Es fiel mir auf, wie schnell Pat sich in der letzten Zeit geändert hatte. Er war viel wacher geworden und mehr mit den ihn umgebenden Dingen beschäftigt, obwohl er natürlich immer noch labil und schreckhaft war.
»Nein«, sagte ich. »Es ist nicht so hartes Wetter wie um Kap Horn, aber es kann auch dort schlimm sein. Es gibt

viele Südweststürme, und wenn man von Osten kommt, ist es oft schwierig oder fast unmöglich, die Spitze zu umrunden. Mit den Schiffen, die man seinerzeit hatte, war das manchmal sicher ausgeschlossen. Sie kreuzten wochenlang im Gegenwind, ohne vom Fleck zu kommen.«

»Seinerzeit?« sagte Pat. »Ich dachte, er segelt heutzutage.«

»Das tut er auch.«

»Aber warum sagtest du ›seinerzeit‹, Mr. Jensen?«

»Weil der Holländer vor sehr langer Zeit zum Fliegenden Holländer wurde. Er segelt jetzt seit vierhundert Jahren.«

»Seit vierhundert Jahren!«

»Und er wird weitersegeln, solange es das Meer gibt, solange es Salzwasser gibt, um darauf zu segeln.«

»Das bedeutet ewig.«

»Nicht ewig, aber sehr lange«, antwortete ich.

»Und er ist schon vierhundert Jahre gesegelt. Warum das, Steuermann?«

»Weil es vierhundert Jahre her ist, seitdem es geschah.«

»Seitdem was geschah«, fuhr er fort.

»Er fluchte Gott«, sagte ich.

Pat starrte mich an, zutiefst entsetzt.

»Fluchte er Gott?«

»Ja.«

»Warum tat er das?«

»Ja, du mußt wissen, der Holländer war ein steinreicher Mann, dem das Schiff selbst gehörte, das er führte. Er hatte viele Reisen in den Osten gemacht, dort Waren verkauft und Kostbarkeiten in Indien eingekauft, sowohl Gold als auch Edelsteine, edle Stoffe und Matten – Gewürze waren damals auch ungeheuer selten und wertvoll –, und zu Hause in Holland verkaufte er das alles mit enormem Verdienst. Sein ganzes Leben lang hatte er gesegelt und Handel getrieben, und er hatte ein riesiges Vermögen zusammengebracht.«

»Aber dann hatte er doch keinen Anlaß, Gott zu fluchen?«

»Nein.«

»Wie hieß er?«

»Vanderdecken.«

»Aber warum tat er es?«

Pat war jetzt ein einziges Fragezeichen:

»Warum tat er es, Steuermann?«

»Ja, du mußt wissen, Vanderdecken war noch einmal in Indien oder China gewesen und hatte das Schiff voller Kostbarkeiten. Das Schiff war beladen mit Kräutern und mit Schätzen – mehrere hundert Tonnen. Es war genug, um alle an Bord reich zu machen. Das Schiff hatte Kanonen, um sich gegen Seeräuber und Portugiesen zur Wehr zu setzen, weil man mit Portugal im Krieg lag.«

»Wurden sie überfallen?«

»Nein.«

»Was war es dann?«

»Vanderdecke hatte so viel Schätze an Bord, daß er wußte, es würde seine letzte Reise sein. Er brauchte nicht mehr zu segeln. Er hatte Reichtümer genug, um sich an Land zur Ruhe zu setzen und zu essen, zu trinken und fröhlich zu sein. Zu Hause hatte er eine Frau und einen Sohn, und er brauchte nicht mehr zu arbeiten.«

»Und trotzdem fluchte er Gott?«

»Ja.«

»Ich verstehe nicht, warum, Steuermann.«

»Das Schiff kam von Osten, und als sie das Kap der guten Hoffnung umrunden wollten, da ging es wie bei Kap

Horn. Du weißt, daß ein Schiff dort wochenlang liegen bleiben und wochenlang gegen den Südweststurm ankreuzen kann. Es gibt Schiffe, die sechs bis sieben Wochen im Sturm gelegen haben, bis die Mannschaft nicht mehr an Deck gehen konnte. Bis alle Mann erschöpft waren.

Südlich von Afrika bekam Vanderdecken Sturm aus Südwest, und er kam nicht am Kap vorbei. Das ist vierhundert Jahre her, Pat.«

»Ja?«

»Vanderdecken war ein harter und unbeugsamer Mann, und er fürchtete weder Gott noch die Heiligen. Neun Wochen lang lag das Schiff gegen den Wind draußen vor dem Kap der guten Hoffnung, und der Käpitän fluchte und leistete Schwüre. Die Segel wurden aus den Lieken geblasen, aber er setzte neue Segel, und er schwor, daß er nicht aufgeben würde, auch wenn er dort bis zum Jüngsten Tag, bis zur Stunde des Gerichtes kreuzen müßte. Und wenn Vanderdecken sich etwas vorgenommen hatte, konnte ihn niemand umstimmen. Er war nicht alt, und er war ein starker Mann, gewohnt, seinen Willen zu bekommen. Er trank sein Bier, sang schweinische Lieder und kümmerte sich den Teufel um alles. Einer der Masten ging über Bord, aber Vanderdecken gab nicht auf.

Der Sturm wuchs zum Orkan an.

Die Mannschaft war erschöpft und flehte ihn an, abzufallen und einen Hafen aufzusuchen, bis sich der Sturm gelegt haben würde. Aber der Kapitän weigerte sich; er fluchte und schwor, daß weder Gott noch der Teufel noch irgendein Sturm auf dem Meer ihn bezwingen solle. Als die Mannschaft versuchte, ihn zu überreden, tötete er den Steuermann. Er schlug ihn nieder und warf ihn über Bord. Dann ging er aufs Achterdeck hinauf und schwor bei dem heiligen Kreuz, das seine Gemahlin um den Hals trug, daß er den Orkan besiegen werde und den Himmel und die Hölle, auch wenn er bis in alle Ewigkeit südlich vom Kap kreuzen müsse. Zugleich nahm der Orkan an Stärke zu, und das Meer war eine Hölle von Schaum, Sturzseen, Dunkelheit und fahlen Blitzen. Alles Holzwerk an Deck ging über Bord, und die Boote wurden zu Kleinholz geschlagen. Und mitten in dem Ganzen trank Vanderdecken seinen Branntwein und sang seine unchristlichen Lieder.«

»War er verrückt, Steuermann?« unterbrach mich Pat.

»Auf eine gewisse Art war er es wohl. Ab und zu haben wir alle unsere Anfälle von Wahnsinn – und bei Vanderdecken äußerten sie sich eben so.«

»Erzähle weiter!«

»Vanderdecken hatte sich auf dem Achterdeck aufgestellt, mit der Pistole in der Hand, um die Mannschaft in Schach zu halten, und dort begann er, Gott und den Erlöser zu verhöhnen und zu verfluchen. Er rief: ›Jesus – Satan! Zur Hölle mit Gott! Der Teufel hole euch! Zur Hölle mit Gott! Gott, ich verfluche dich! Ich verfluche dich! Ich verfluche deinen Sohn, und ich verfluche die Jungfrau Maria! Ich wünsche euch alle zum Satan und zur Hölle!‹«

»Aber Steuermann, warum verfluchte er sie?«

Pat hatte die Beine an sich gezogen und saß tief drinnen in der Koje mit dem Rücken an der Wand.

»Er glaubte, Gott habe den Orkan nur geschickt, um ihn, Vanderdecken daran zu hindern, nach Hause nach Holland zu kommen, mit seinen Schätzen und Reichtümern.«

»Und was geschah dann?«

»Die Mannschaft kam noch einmal und flehte ihn an, abzufallen. ›Kapitän‹, sagten sie, ›wir müssen wenden, wir müssen umkehren. Wenn Sie den Versuch, das Kap zu

umrunden, fortsetzen, werden wir verloren sein. Wir gehen ganz gewiß zugrunde, und wir haben keinen Priester an Bord, der uns unsere Sünden erlassen kann.‹
Aber der Kapitän lachte nur und sang seine schrecklichen Lieder. Und zugleich trank er Bier und Branntwein und rauchte seine Pfeife so ruhig, als säße er zu Hause in Holland in der Kneipe. ›Zur Hölle mit Gott!‹ rief er. ›Ich verfluche sowohl ihn als seinen Sohn und seine Mutter! Zur Hölle mit allem!‹
Da riß der Himmel mit einem gewaltigen Krachen auf und Blitze erleuchteten die Nacht so hell, daß sie die Wellen und Schaumkämme hoch über dem Schiff sehen konnten – und herunter vom Himmel kam eine gewaltige Gestalt und trat auf das Achterdeck. Alle an Bord waren vor Schreck gelähmt, aber Vanderdecken zog ruhig weiter an seiner Pfeife.
– ›Nun, Kapitän, du bist ein unbeugsamer Mann!‹ sagte die Gestalt.
– ›Und du bist ein Hanswurst!‹ schrie der Kapitän. ›Wer im Namen der Hölle wünscht eine ruhige Reise? Ich nicht! Ich will nichts von dir, darum verschwinde von hier, ehe ich deinen Kopf fortblase!‹
Die Gestalt – die der allmächtige Gott selbst war – antwortete nicht.
Vanderdecken spannte den Hahn der Pistole und feuerte ab, aber die Kugel traf nicht ihr Ziel – statt dessen durchbohrte sie seine eigene Hand. Dann versuchte er mit der anderen Hand, Gott ins Gesicht zu schlagen, aber der Arm war kraftlos und lahm. In seiner Ohnmacht konnte er nichts anderes tun, als alle die schlimmsten Flüche, die er kannte, auszustoßen, und das waren nicht wenige, und außerdem Gott immer und immer wieder zu verfluchen.

Dann sprach die Gestalt wieder zu ihm:
– ›Von jetzt an bist du selbst verflucht, verurteilt dazu, bis zum Jüngsten Tag ohne Ankerplatz oder Hafen zu segeln. Glühendes Eisen soll deine Speise sein und Galle dein Getränk. Von deiner Mannschaft soll nur der Kajütenjunge bei dir bleiben, und es sollen Hörner aus seiner Stirn wachsen, und er soll Rachen und Klauen wie ein Tiger haben und eine gröbere Haut als ein Hai.‹
Der Kapitän lachte laut.
– ›Du sollst immer Wache haben und nie Schlaf bekommen. Und du sollst für alle Seeleute ein Fluch sein, weil es dir Freude macht, sie zu peinigen. Denn du sollst der böse Geist des Meeres werden. Du sollst ohne Ruhe und Rast alle Breitengrade kreuzen, und dein Schiff soll allen Unglück bringen, die es sehen! Und du sollst nicht leben und nicht sterben.‹
– ›Amen!‹ rief der Kapitän und brüllte vor Lachen.
– ›Und am Tage des Gerichtes sollst du Satan gehören!‹
– ›Ein Hurra für Satan!‹ schrie Vanderdecken.
In der gleichen Sekunde waren die Gestalt und die ganze Mannschaft verschwunden, und der Kapitän war alleine mit dem Kajütenjungen, der schon Hörner und Rachen und Klauen wie ein Teufel bekommen hatte.
Seitdem hat der Fliegende Holländer alle Meere durchpflügt, am meisten aber die Gewässer um das Kap der guten Hoffnung. Er bringt allen Schiffen, denen er begegnet, Unglück, Untergang und Tod, setzt sie auf unterseeische Riffe und jagt sie vor Felsenküsten in die Brandung. Er bewirkt, daß der Proviant schimmelt und der Wein sauer wird.
Nach und nach hat er eine neue Mannschaft an Bord gesammelt: die Wiedergänger von allen Verbrechern, See-

räubern und Mördern, die unerlöst im Meer ertrunken sind – von den verlorenen Seelen des Meeres.
Vierhundert Jahre lang ist er so gesegelt, und er wird weitersegeln bis zum Tage des Jüngsten Gerichtes.«
Pat saß still, die Knie unters Kinn hochgezogen.
»Der Steward hat ihn gesehen«, sagte er.
»Das glaube ich nicht«, antwortete ich. »Er hat ja auch den Feuerwagen in der Wolke gesehen, der den ersten Steuermann abholen sollte.«
»Mr. la Fontaine *hat* den Holländer gesehen«, wiederholte er und dachte lange nach. Dann hob er den Kopf:
»Gibt es noch mehr über ihn, Steuermann?«
»Ja, es gibt eine Sage, derzufolge Vanderdecken erlöst werden kann. Er hatte einen Sohn; wenn der seinen Vater finden und zu ihm an Bord des Geisterschiffes gelangen kann mit dem Kruzifix, das seine Mutter um den Hals trug und auf das der Kapitän sich berief bei seinen Schwüren, und wenn Vanderdecken das Kreuz küssen und um Frieden und Vergebung bitten kann, dann wird er erlöst und kann endlich sterben.«
»Glaubst du, daß der Sohn ihn gefunden hat?«
»Ich fürchte, er segelt noch immer.«
»Ja, aber er *kann* ihn gefunden haben, Steuermann.«
»Dann könnte ihn auf alle Fälle der Steward nicht gesehen haben!«
»Ja, das ist wahr!«
Pat lehnte den Kopf nach hinten gegen die Wand und schloß die Augen. Er dachte nach. Eine Weile saß er so, dann lächelte er – ein langes, vergnügtes Lächeln mit zusammengepreßten Lippen. Er öffnete wieder die Augen:
»Steuermann?«
»Ja?«

»Im Grunde bist du ein Fliegender Holländer«, sagte er leise: »Weil du ewig und immerzu alle Meere und Breitengrade befährst und in der Welt umherstreifst ohne Heimat und ohne Ruhe.«
Ich war ein wenig erstaunt über Pats Gedankengang.
»Daran ist wohl etwas«, antwortete ich.
»Du wohnst auf allen Meeren«, fuhr er fort, »ohne Ankerplatz und Hafen, wie du es in der Geschichte erzählt hast. Bist du dazu verurteilt, bis zum Jüngsten Tag zu segeln?«
»Es könnte so aussehen.«
»Hast du Gott geflucht, Steuermann?«
»Das habe ich schon getan.«
»Warum das, Steuermann?«
»Weil es so viel Schlimmes auf der Welt gibt.«
Pat wartete eine Weile und dachte mit ernstem Gesicht nach, dann sagte er langsam und tastend:
»Aber jetzt bist du nicht mehr böse auf ihn?«
»Nein«, antwortete ich, »jetzt habe ich Gott vergeben.«
»Das ist gut«, fuhr er zufrieden und lächelnd fort, »dann muß ich nicht Kajütenjunge sein und Hörner und Klauen und Rachen wie ein Tiger und eine Haut wie ein Hai bekommen.«
»Es ist für uns alle beide gut, daß wir nicht mit dem Unglücksschiff segeln.«
»Glücklicherweise segeln wir mit der ›Neptun‹.«
»Ja, dies ist auf jeden Fall kein Geisterschiff. Die ›Neptun‹ kann man fühlen und berühren; sie ist ein handfestes Schiff.«
»Steuermann? – Ist der Holländer ein wirklicher Wiedergänger?«
»Das kann er nicht sein, denn er kann ja nicht sterben.«
»Aber wenn er keine Spukgestalt ist, was ist er dann?«

»So etwas wie eine halbe Spukgestalt, die weder tot ist noch lebendig. Eine Art Geist, ein böser Geist.«
»Aber seine Mannschaft, das sind Gespenster, Steuermann?«
»Ja, es sind Wiedergänger von toten Mördern und Schurken.«
Pat war eine Weile in Nachdenken versunken.
»Glaubst du, daß es Geister oder Spukgestalten an Bord der ›Neptun‹ gibt, Steuermann?«
»Nein, das glaube ich nicht.«
»Ja, aber der erste Steuermann, Mr. Cox, glaubst du nicht, daß sein Wiedergänger sich zeigen könnte?«
»Nein, ganz sicher nicht. Er hat ja niemandem etwas zuleide getan, also geht er auch nicht wieder.«
Pat sah sehr gedankenvoll aus.
Nach einer Weile fragte er: »Du?« Er überlegte: »Der Kajütenjunge tut mir leid, der mit dem Holländer bis zum Jüngsten Tag segeln und so schrecklich aussehen muß. Er hatte doch nichts Schlimmes getan.«
»Nein.«
»Warum wird er ebenfalls bestraft?«
»Ich weiß es nicht, Pat. Aber es geschieht oft, daß Unschuldige Schlimmes erleiden müssen.«
»Das ist ungerecht!«
»Ja, es gibt viel Ungerechtigkeit auf der Welt, das war auch der Grund, warum ich einst Gott verflucht habe.«
»Soll es immer so bleiben?«
»Nein, einmal wird alles anders.«
Pat erhob sich, nahm die Teekanne und die Tassen und begab sich nach oben zu seinem menschenfreundlichen Vorgesetzten Tai-Fun, um seine Arbeit zu tun und sein Brot zu verdienen.

Mit meinen Patienten ging es voran.
Sowohl Carlos als auch der Zimmermann erholten sich überraschend schnell, nachdem der Heilungsprozeß erst einmal angefangen hatte. Van Hardens große Wunde ganz oben auf der Stirn ließ zwar eine fürchterliche Narbe zurück, aber sie war ordentlich und ohne Komplikationen geheilt, so daß ich die Nähte und Verbände entfernte und den Rest der Sonne, der Luft und allen seltsamen Heilkräften der Natur überließ. Er litt beständig an Schwindelgefühlen und Kopfschmerzen, aber die Auswirkungen der gewaltigen Gehirnerschütterung wurden ständig geringer. Der einzige bleibende Schaden war, daß er zwei seiner schönen Raubtierzähne verloren hatte.
Auch dem Leichtmatrosen Carlos waren die Nähte und der Verband von der Bißwunde in der Wange abgenommen worden. Die Narbe war rot und schrecklich, aber sie war gut geheilt. Sogar das mißhandelte, schielende, linke Auge schien wieder auf seinen Platz zurückkehren zu wollen; ich ließ ihn aber den schwarzen Lederlappen behalten, weil er immer noch doppelt sah, wenn auch in geringerem Maße als früher. Die Schwellung der linken Hand ging zurück, aber er mußte sie weiter in einer Binde tragen.
Es war etwas unheimlich, die zwei Tiger an Deck in der Nähe voneinander zu sehen, aber sie waren immer noch zu mitgenommen, als daß etwas hätte passieren können.
Sogar mit la Fontaine wurde es nach und nach etwas besser. Er fuhr zwar damit fort, Dinge sowohl zu sehen als auch zu hören, die nicht ganz von dieser Welt waren, aber er wurde entschieden ruhiger. Und er begann, ein wenig zu sich zu nehmen.
Der Segelmacher, der australische Mischling Peter Davis,

war mitgenommen nach dem Schlag auf den Kopf, aber er war nicht eigentlich krank, und der Messerstich, den er Cortez beigebracht hatte, heilte ausgezeichnet; es war nur eine Fleischwunde.

An einem dieser Tage stand der kongolesische Matrose Legrand während meiner Wache am Ruder. Ich schickte ihn nach vorne und nahm selbst das Ruder, um aufs neue eine der glücklichen Stunden zu erleben, Sancta Vénere zu segeln. Ich hatte immer die gleiche Freude daran, sie in meinen Händen zu spüren; die Liebe zu ihr war die gleiche geblieben wie am ersten Tag.

Ich stand hingerissen und glücklich da und fühlte das schwache Beben im Rumpf, als ich bemerkte, daß jemand neben mir stand. Es war wieder der Kapitän, und wie gewöhnlich war er vollkommen lautlos auf seinen weißen, gekreideten Stoffschuhen gekommen. Eine Weile verharrte er schweigsam und unbeweglich.

»Herr Jensen«, sagte er leise, »es ist recht seltsam, ich sehe Sie für einen vernünftigen Mann an, und trotzdem nehmen Sie diese Haltung ein.«

Es war etwas in der Stimme, das mich eigentümlich berührte, und erst nach wenigen Sekunden begriff ich, daß er norwegisch mit mir gesprochen hatte. Es waren die ersten Worte in unserer Muttersprache zwischen uns. Es überraschte mich auch, den weichen Dialekt des allersüdlichsten Küstenstreifens zu hören.

»Welche Haltung meinen Sie, Kapitän?« antwortete ich auf norwegisch.

»Daß Sie nicht in die Kabine des ersten Steuermanns einziehen wollen, die sowohl größer als auch heller ist als die, die Sie jetzt haben.«

Ich heftete meinen Blick auf das Rigg und wartete ein wenig, ehe ich antwortete: »Ich habe mich in meiner eigenen Kammer eingerichtet und fühle mich wohl dort.«

»Und Sie wollen immer noch nicht als erster Steuermann fahren?«

»Ich habe als zweiter Steuermann angemustert und will damit fortfahren.«

Er schwieg eine Weile, aber blieb neben mir stehen.

»Ich verstehe Sie nicht«, sagte er leise, »ich verstehe Sie überhaupt nicht.«

»Ich weiß aus Erfahrung, daß ich mich als zweiter Steuermann am wohlsten fühle, Kapitän.«

»Aber es ist doch eine Beförderung, Jensen.«

»Das ist mir klar.«

Er schüttelte den Kopf und dachte nach.

»Hör mal zu, Steuermann; es bedeutet eine wesentlich höhere Heuer.«

»Das ist mir bewußt, Kapitän.«

»Sie haben ja sowohl als erster Steuermann gesegelt als auch Schiffe geführt. Warum wollen Sie nicht befördert werden?«

»Weil ich weiß, daß es Pflichten und Verantwortungen mit sich bringt, bei denen ich eine ganze Menge geschäftliche Arbeit machen müßte; ich müßte mich in Rechnungsbücher vertiefen und die Verantwortung für die Ladung übernehmen. Das sind Sachen, wozu ich mich nicht eigne, Kapitän.«

»Warum in aller Welt eignen Sie sich nicht dazu? Sie haben mehr als genug Verstand im Kopf, um diese ›Geschäfte‹, wie Sie meinen, zu bewältigen.«

»Ich bewältigte sie natürlich, als ich dazu gezwungen war, aber es zerstört etwas in mir, und das macht mich unruhig und bringt mich aus dem Gleichgewicht.«

Er sah mich an mit halb geschlossenen Augen, als beobachte er eine fremde, unbekannte Tierart.
»Spielt es keine Rolle für Sie, daß Sie weit besser als erster Steuermann oder Schiffsführer verdienen würden?«
»Nein«, sagte ich, »das tut es nicht. Ich verdiene bereits jetzt mehr als genug. Ich brauche nicht mehr Geld.«
»Das ist das erstemal in meinem Leben, daß mir ein Mensch begegnet ist, der nicht mehr Geld braucht. Ich vermag es fast nicht zu glauben.«
Er sah ins Rigg hoch und schüttelte wieder ungläubig den Kopf.
»Können Sie mir das erklären, Steuermann?«
»Ich weiß nicht«, antwortete ich, »aber ich bin einfach Seemann; ich liebe es, auf großer Fahrt zu sein. Ich habe Kost und Logis an Bord. Ich habe keinen Bedarf an mehr Geld als dem, was ich habe. Ich habe sogar Geld übrig.«
»Sie sind sonderbar«, sagte er nachdenklich, »Geld übrig haben!«
Er ging einen Schlag hin und zurück auf der Poop, dann trat er wieder zu mir, blieb stehen und sah mir ins Gesicht.
»Nun hören Sie mal zu, Jensen; Sie wollen sich einmal zur Ruhe setzen, sich einen Platz an Land schaffen. Sie brauchen Geld, Sie, wie alle anderen. Niemand kann genug haben.«
»Kapitän Anderson«, antwortete ich, »ich setze mich nicht zur Ruhe, ich habe keine Lust, an Land zu gehen. Ich bin vollkommen frei; ich bin von niemandem abhängig und niemand ist abhängig von mir.«
»Sind Sie wirklich so naiv?« sagte er und lächelte.
»Naiv?«
»Ja, sind Sie wirklich ein so schlechter Menschenkenner?«
»Was meinen Sie, Kapitän?«

»Sie sagen, daß niemand von Ihnen abhängig ist?«
»Ja?«
»Und was haben Sie gedacht, mit Pat anzufangen? Ihn über Bord zu werfen?«
»Pat ist nicht mein Sohn. Ich habe ihn nicht adoptiert.«
Er blickte mich wieder an, eindringlich, forschend.
»Doch«, sagte er, »Sie haben ihn adoptiert. Ob Sie es wollen oder nicht, der Junge ist von Ihnen vollkommen abhängig. Sie haben ein Kind gekriegt, Steuermann. Es wäre barmherziger, ihn in die See zu werfen, als ihn sich selbst zu überlassen.«
Ich gab keine Antwort. Er fuhr fort:
»Glauben Sie wirklich, daß Sie einem Menschen helfen können, ohne die Konsequenzen zu ziehen? Hilfsbereitschaft verpflichtet, Steuermann. Philantropie ist ein teures Vergnügen.«
»Ich wünsche auf jeden Fall nicht, als erster Steuermann zu segeln«, sagte ich, »selbst nicht der Heuer wegen. Ich brauche kein Geld.«
Er sah vom Kompaß auf zum Rigg. Dann fuhr er fort:
»Es ist seltsam, Sie zu hören. Ich habe mein ganzes Leben damit zugebracht, Geld zu sammeln. Es war meine Weise, Unabhängigkeit anzustreben. Von dem Moment an, als ich meine ersten Kronen verdiente, habe ich gespart, gesammelt.«
»Wann begannen Sie, zur See zu fahren?«
»Als ich dreizehn Jahre war. 1864.«
»Und Sie sind die ganze Zeit gefahren?«
»In späteren Jahren bin ich ab und zu an Land gewesen, um Bankgeschäfte zu erledigen, mich um Aktien zu kümmern und Geld anzulegen. Aber sonst bin ich gesegelt. Ich machte meine Patente früh. Als Sechzehnjähriger war ich

Glücklich…

... wer das sagen kann: «Ich brauche nicht mehr Geld. Ich verdiene bereits jetzt mehr als genug.»

Noch glücklicher derjenige, der dieses Geld immer so sicher und zinsgünstig angelegt hat, daß er auch in Zukunft sagen kann: «Ich brauche nicht mehr Geld» und: «Ich bin von niemandem abhängig ...»

auf Seehundjagd, und das war eine harte Sache damals, aber es brachte mehr Geld ein als das Segeln als Jungmann. Ich tat nichts anderes als arbeiten und Geld sparen; das habe ich übrigens nie anders getan. Das ist meine Weise gewesen, Unabhängigkeit anzustreben. Wir haben unsere Illusionen, Steuermann.«

»Über Unabhängigkeit?«

»Darüber auch. Verstehen Sie nicht, Steuermann, wenn Sie jemandem helfen, dann binden Sie sich, dann sitzen Sie im Netz.«

»Die Moral wäre also: helfe keinem?«

»Ja.«

»Sie wurden sehr früh Offizier?«

»Vierundsiebzig hatte ich mein erstes Kommando. Ich war dreiundzwanzig Jahre alt. Seitdem bin ich nur als Schiffsführer gesegelt. Und ich werde damit fortfahren. Die meisten der Einnahmen investierte ich in Schiffsaktien. Ich verteile sie auf verschiedene Reedereien; das ist das sicherste. Natürlich könnte ich meine eigene Reederei aufmachen, aber es ist zu riskant, alles auf einen Kiel zu setzen. Alles in allem habe ich Aktien bei ungefähr zwanzig Reedereien. Übrigens ist es meine Frau, die sich um das meiste kümmert, was mit Finanzen zu tun hat. Wir haben uns auch am Ölgeschäft beteiligt.«

»Lohnt sich das?«

»Ja.«

»Finden Sie Spekulationen spannend?«

»Nein. Es ist das Geld, das mich interessiert, nicht das Spiel. Ich bin kein Abenteurer, ich bin kein Spieler. Ich bin ausschließlich am Profit interessiert. Wenn Sie erster Steuermann gewesen wären, hätten Sie gewußt, daß ich auch Ladung auf eigene Rechnung mitführe. Ich verkaufe

nach Absprache in Rio und kaufe neue Waren ein, die ich in Europa veräußere. Das bedeutet einige tausend Dollar Extraeinnahmen nur auf dieser einen Tour.«
Er schwieg einen Moment, ehe er fortfuhr:
»Ich begreife nicht, daß Sie sich nicht für Geld interessieren, Steuermann.«
»Das ist eine Leidenschaft, die mir abgeht.«
»Hm. Seltsam.«
»Sie haben jetzt ein bedeutendes Vermögen, Kapitän?«
»Ja. Ursprünglich hatte ich vorgehabt, aufzuhören, wenn ich über eine Million Dollar würde disponieren können. Das ist jetzt bald erreicht, aber es wird kaum dazu kommen, daß ich an Land gehe. Ich bin noch keine fünfzig, und wenn meine Frau sich um die Geschäfte an Land kümmert, kann ich immer noch eine ganze Menge einfahren – auf meine Weise.«
Er reckte plötzlich den Kopf und sah mich an:
»Als Miteigner am Schiff steht mir per Absprache zu, ein bestimmtes Quantum an Waren auf eigene Rechnung mitzunehmen. Es gibt keine Geheimniskrämerei um diese Sache. Ich bin, einfach gesagt, eine Art Großhändler.«
Er schwieg, und das runde, ausdruckslose Gesicht schloß sich nach dieser Orgie von Reden und Anvertrauen.
»Verzeihung, Kapitän«, sagte ich, »nur eine Frage.«
»Ja?«
»Es geht um den Zusammenstoß mit Arrowsmith.«
»Ach so. – Ja und?«
Er betrachtete mich mit wachen, wachsamen Augen voller Mißtrauen.
»Der Mann ist doch ungeheuer stark, und Sie erledigten ihn im Handumdrehen. Ich wußte nicht, daß Sie solche enormen physischen Kräfte besitzen.«

»Ach, war es das, was Sie verwunderte!« lachte er. »Die habe ich immer gehabt. Sie sind angeboren, aber ich habe sie wohl auch noch trainiert. Arrowsmith hätte ich an Ort und Stelle erschlagen können. Unser Herr weiß, ob ich es nicht hätte tun sollen. In früheren Zeiten pflegte ich mich damit zu amüsieren, hinaufzugehen und eine Weile an einem Finger in der Rahnock am Royal zu hängen. Als ich es als Junge tat, stand mein Vater – er war Kapitän – auf der Poop und erbrach sich bei dem Anblick.
Ich war überhaupt ziemlich wild und ungebärdig, und es war mein Vater, der mich auf Seehundjagd schickte, um mich zurechtzustutzen. Damals war es gebräuchlich, praktisch Tradition, daß der jüngste Mann, wenn er an Bord kam, zuerst einmal Prügel bekam – und *wirkliche* Prügel. Es war ein ziemlich rauhes Völkchen an Bord. Ich war sechzehn Jahre alt, und als ich meine Prügel beziehen sollte, ging es ganz anders als erwartet aus. Ich verdrosch die ganze Mannschaft. Danach hatte ich Ruhe.«
Er stand still und lächelte bei der Erinnerung. Dann nickte er mir zu und ging in den Kartenraum hinein und anschließend hinunter in seine Kammer.
Ich selbst blieb bis zum Wachwechsel am Ruder stehen.
Was der Kapitän über Pat und über Hilfsbereitschaft gesagt hatte, hatte mich unruhig gemacht. War es wirklich wahr, daß einem Menschen zu helfen zu weiterer Hilfe verpflichtete? War es wahr, daß Unabhängigkeit eine Illusion ist und daß es uns in Abhängigkeit zueinander kettet, wenn wir an das Schicksal eines anderen Menschen rühren? War es so, daß wir uns bei einer jeden Handlung einem Menschen gegenüber mehr und mehr in ein unsichtbares Netz von Schicksal verstricken?
Wenn dies wirklich so war und man weigerte sich, die

Konsequenzen von dem, was man anderen gegenüber tat, zu tragen, dann würden alle unsere Taten – selbst die besten – ein unverbindliches Spiel mit Menschenschicksalen sein. Mit anderen Worten: man kann nicht einen Teil von sich geben, man muß alles geben. Und nichts zurückerwarten.

Der Gedanke daran, was mit Pat geschehen würde, wenn ich ihn in Marseille sich selbst überlassen würde, war schmerzhaft. Und die Konsequenz von alledem war, daß man sich keinen einzelnen Menschen ohne seine Bezüge zu anderen Menschen vorstellen konnte. Seltsam war auch, daß derjenige, der mich auf diese Gedanken gebracht hatte, der Kapitän war – der selbst durch seine unersättliche Geldgier dazu verurteilt war, ewig alle Meere zu durchpflügen und nie seinen Frieden zu finden.

Nach dem Wachwechsel ging ich aufs Hauptdeck hinunter und hinein zu Tai-Fun, der wie üblich über den Herd gebeugt war. Es überraschte mich, daß er das Haimesser im Gürtel trug. Er wandte mir das Gesicht zu, ruhig und ernst, mit seinen schwarzen, unergründlichen Augen.

Nachdem wir einige gleichgültige Worte gewechselt hatten, nahm ich mich zusammen und fragte geradeheraus:

»Ich habe gehört, daß der Kapitän Fracht auf eigene Rechnung mit sich führt. Wissen Sie, was das für Waren sind?«

»Fracht?« sagte er und lächelte. »Fracht?«

»Ja?«

»Es ist möglich, daß er auch Fracht mit sich führt«, antwortete Tai-Fun nachdenklich, »aber die Hauptsache ist, daß er eine sehr große Kollektion Perlen aufgekauft hat. Er kauft Perlen im Osten und verkauft sie in Europa. Er hat seit vielen Jahren als Aufkäufer gearbeitet.«

Das überraschte mich, und es überraschte mich auch wieder nicht. Auf eine gewisse Weise war es ganz natürlich. Man konnte sich schwerlich vorstellen, daß er mit Kobra oder Zucker Handel trieb.
»Hätte er früher gelebt, Mr. Jensen, wäre er als Sklavenhändler gesegelt. Das kann übrigens auf dasselbe hinauskommen. Die malaiischen Perlenfischer leben im Elend, und die Aufkäufer sammeln Vermögen an. In Wirklichkeit ist das eine Abart der Sklaverei.«
»Wissen Sie, wieviel er mit sich führt?« fragte ich.
»Nein«, sagte er, »ich weiß nur, daß es sich um sehr bedeutende Werte handelt.«
Pat stand neben uns und hörte zu.
»Hat er gewaltige Reichtümer gesammelt?« fragte er mit großen Augen.
»Ziemlich viel«, antwortete ich.
»Wird er bis zum Jüngsten Tag segeln?« fuhr Pat fort.
Das war eines der seltenen Male, daß ich Tai-Fun laut lachen hörte.
»Das hängt davon ab, was man mit dem Jüngsten Tag meint«, sagte er.
»Was ist das eigentlich, was vorne vor sich geht?« fragte ich.
Tai-Fun hob den Kopf und wandte sich ganz mir zu. Dann sah er mir in die Augen.
»Dazu habe ich absolut keine Meinung«, sagte er mit Nachdruck. Dann beugte er sich wieder über die Töpfe. Die Audienz war vorbei.
Ich bat Pat, Tee zu bringen und ging nach achtern und in die Kammer hinunter. Auf dem Weg sah ich flüchtig James Arrowsmith, wie er an der Schanzkleidung lehnte und auf die See hinausblickte. Die hohe, schöne Gestalt wirkte

vollständig ruhig und entspannt. Er wirkte wie ein Mann, der vollkommen mit sich selber in Einklang war.
Das war ich nicht.
Unten in der Kammer setzte ich mich auf die Kojenkante und rauchte. Was mich beschäftigte, war der Gedanke, auf den mich der Kapitän gebracht hatte: ein Mensch existiert nur in seinem Verhältnis zu anderen Menschen, und es gibt keine wirkliche Unabhängigkeit. Alles, was man anderen gegenüber tut – auch wenn man ihnen hilft – ist verpflichtend und erzeugt Schicksal. Man sitzt im Netz.

Der Anfang

Seid umschlungen, Millionen!

Es hatte wieder Unruhe vorne gegeben. Diesmal ernst. Es ist unmöglich, das genau zu datieren: sowohl Zeitpunkt als auch Positionen sind unklar. Da sowohl die Perlen als auch alles andere zu Poseidon zurückkehrte, ging auch das Schiffsjournal den gleichen Weg, zurück in die Tiefe, aus der alles gekommen ist. Mit Hilfe des Logbuchs hätte das Ganze genau rekonstruiert werden können, aber es existiert nicht mehr.

Die Angelegenheit begann mit einer Schlägerei zwischen dem sechzehnjährigen griechischen Decksjungen Stavros und einem der Jungmänner – einem neunzehnjährigen, kriminellen Jungen aus den Südstaaten, der ein Jahr zuvor zur See gegangen war, gleich nachdem er aus der Strafanstalt entlassen worden war. Die Anstalt hatte ihn kaum gebessert, nur härter und gröber gemacht. Zu diesem Zeitpunkt wußte ich wenig von den Leuten vorne. Es ist eines der unumstößlichen Gesetze der See, daß die Barriere zwischen Offizieren und Mannschaft nie überschritten wird. Der Abgrund zwischen Herrscher und Sklaven ist unüberschreitbar.

Stavros, der Grieche, war die Schönheit des Schiffes. Er war seltsamerweise ganz hellhaarig, jedoch mit dunkelbraunen Augen und Augenbrauen. Es handelte sich um eine brutale, fast böse Schönheit. Mit dem Glorienschein von langen, gelben Locken sah er aus wie ein kranker Engel – ein gefallener Cherubim aus den Hafenvierteln von Shanghai.

Der Südstaatenjunge, Julian, war größer, aber dünn und

schlaksig, und das Gesicht trug deutliche Züge des Gefängnisaufenthaltes und der Verrohung, die das Leben dort mit sich gebracht hatte. Die beiden Jungen boten eine Vorstellung von Roheit und gemeinen Kniffen, wie ich sie noch nie – selbst nach zwanzig Jahren Segelei – in ähnlicher Form gesehen habe. Wahrscheinlich war Stavros trotz seiner jungen Jahre der Stärkere, aber Julian hatte seine Erfahrungen aus der ›Besserungsanstalt‹, und er war es, der die raffinierteren Tricks kannte. Das, was den Kampf anscheinend entschied, war, daß es ihm gelang, den linken Unterarm von hinten quer über die Gurgel des anderen zu legen, mit der rechten Hand um sein eigenes linkes Handgelenk zu greifen und mit aller Kraft zuzudrücken. Stavros hob beide Beine hoch und wurde fast dunkelblau im Gesicht. Er bekam keinen Laut hervor. Dann fuhr mit einemmal ein gewaltiger Ruck durch seinen Körper hindurch, und im nächsten Augenblick hingen Arme und Beine vollkommen leblos und schlapp.
Praktisch zur gleichen Zeit griff der andere Jungmann, Taddeo, ein achtzehnjähriger Junge aus Brasilien, Julian an. Er traf ihn mit einem kräftigen Faustschlag an der Wange. Julian ließ den Griff um Stavros los und schwankte zurück. Taddeo setzte den Angriff fort und packte die Gurgel des anderen mit beiden Händen. Stavros lag zuerst eine Weile bewußtlos und unbeweglich an Deck, dann fing er an, sich in Krämpfen zu winden. Das Blut hatte wieder Zugang zum Gehirn gefunden, er war bei Bewußtsein, aber er hatte keine Kontrolle über den Körper. Der Südstaatenjunge und Gefängnisvogel Julian quittierte den Griff an die Gurgel damit, daß er das Knie hoch in den Schritt von Taddeo stieß, der losließ und sich vor Schmerzen vornüber beugte. Darauf trat er ihm ins

Gesicht mit großer Kraft und Treffsicherheit. Im selben Augenblick wurde Julian niedergeschlagen vom chinesischen Matrosen Li – einem großen, muskulösen Kerl, der in jeder Weise den absoluten Kontrast zu Tai-Fun darstellte; er war primitiv, roh und stupide.
Sein buchgelehrter Landsmann stand in der Kombüsentür und sah zu, ohne eine Mine zu verziehen. Der Leichtmatrose, der Kannibale Lilly aus Neuguinea, stand auf einem Bein, gegen das Schanzkleid gelehnt. Den anderen Fuß hatte er aufs Knie gesetzt, so daß das Bein fast im rechten Winkel vom Körper abstand. Mit der rabenschwarzen Haut, den Tätowierungen, der flachen Nase und der gewaltig hervorspringenden Stirn unter dem krausen Haar sah er aus wie ein Geist aus der Unterwelt, ein Götzenbild aus der Kindheit der Erde. Er war vollkommen unbewegt.
Sozusagen gleichzeitig mit dem Niederschlag Julians durch Li wurde Li selbst von einem Kopfhieb des arabischen Matrosen Achmed getroffen, einem hochintelligenten und tüchtigen Seemann – wie es fast alle seefahrenden Araber sind. Li fiel nicht, aber er schwankte zurück mit blutüberströmtem Gesicht. Achmed setzte den Angriff mit einem neuen Stoß fort und Li blieb an Deck liegen.
Das, was weiter passierte, läßt sich unmöglich wiedergeben; innerhalb von ein paar Sekunden war die Steuerbordseite vom Hauptdeck ein einziger Wirrwarr von Körpern, Armen und Beinen. Fast die ganze Mannschaft nahm an der Schlägerei teil, und es war deutlich, daß es sich um zwei Parteien handelte. Es ließ sich nur nicht sagen, wer zu wem hielt. Alles war nur Blut, Geschrei und Bewegung. Ganz für sich selbst lag Stavros, immer noch in Krämpfen zuckend, und machte vergebliche Versuche, auf die Knie hochzukommen.

Leichenblaß kam Pat die Leiter auf die Poop hochgerannt, wo ich neben dem dritten Steuermann stand, der einen großkalibrigen Colt in der Hand hielt. Die zwei anderen Kinder vorne, unser lieber Matrose und der Messejunge Elias, ein anderer schwarzer Amerikaner, waren gleichfalls zu Tode erschrocken.

Am Ruder stand Juan Cortez, zierlich, elegant und vornehm mit seinen zwei goldenen Ringen am Ringfinger der linken Hand. Er war völlig ungerührt, hatte den Blick aufs Rigg geheftet und hielt das Schiff so hoch am Wind wie möglich.

Mit Sicherheit kann ich nur sagen, daß von den Erwachsenen nur Arrowsmith, Tai-Fun und Lilly nicht an der Schlägerei teilnahmen. Sie war jetzt von einer desperaten Wildheit, die alle früheren Handgemenge weit in den Schatten stellte, sogar den Kampf zwischen dem Peruaner Carlos und dem Zimmermann. Übrigens waren aus naheliegenden Gründen auch diese beiden passive Zuschauer.

Hätte ich zu diesem Zeitpunkt gewußt, daß dieser Haß und diese Mordlust einmal vereinigt und geordnet gegen uns achtern gerichtet werden würde, so weiß ich nicht, was ich getan hätte.

Der Segelmacher, der australische Mischling, war der erste, der das Messer zog. Ihm folgte schnell der Kongolese André Legrand – ein großer, schlanker Mann, Mitte Dreißig und Vollmatrose. Einen Augenblick später hatten mehrere von ihnen Messer in den Händen, und das machte den Kampf ruhiger, abwartender, unheimlicher und tückischer. Die Schlägerei bekam einen anderen Rhythmus; sie wurde zu einer Art wahnsinniger Pantomime und war kein richtiger Nahkampf mehr. Es waren Abstand, Angst und Umsicht hinzugekommen. Ich kann mich erinnern, daß Li, der Chinese, gewaltig blutete von einer Schramme, die vom Gürtel bis zur Mitte der Brust reichte. Auch Julian, der Zuchthausjunge, blutete aus einem Stich in der Schulter.

Zusätzlich zu den schon genannten waren vier weitere Männer am Kampf beteiligt: der Matrose Edgar Danson, ein weißer, britischer Staatsbürger, der aber in irgendeiner Kolonie geboren war. Er mochte etwa dreißig Jahre alt sein. Danson blutete kräftig aus einem Schnitt im rechten Unterarm, und die Hand, mit der er das Messer hielt, war vollständig von Blut überströmt. Noch ein Matrose war dabei, ein Frankokanadier, Mitte der Zwanziger, der Pierre Tronchet hieß – ein schlanker, schwarzhaariger Mann, der übrigens ähnlich wie Julian aus den Südstaaten erst vor kurzem aus dem Zuchthaus entlassen worden war. Es lag etwas merkwürdig Düsteres und Verlorenes über dem schönen Gesicht – eine Art Zur-Hölle-mit-allem-Ausdruck, der die Ursache dafür ist, daß ich noch immer ein lebendiges Bild von ihm in mir habe. Er war nicht unsympathisch, und die ständig gerunzelte Stirn und der zusammengekniffene Mund deuteten darauf hin, daß der Junge immerfort Qualen ertrug. Er war sehr früh zur See gegangen, denn er kam aus einem ziemlich elenden Familienmilieu – die Französischsprechenden sind die Armen in Kanada –, und er war während eines Aufenthaltes in Mont Real wegen irgendeiner Gewalttat festgesetzt worden.

Des weiteren waren zwei Leichtmatrosen an der Schlägerei beteiligt; beide etwa zwanzig Jahre alt und beide Malayen. Wie alle Malayen waren sie aus dem Meer geboren und ausgezeichnete Seeleute. Sie besaßen gute Kenntnisse von den Geistern, sowohl von denen der Luft als auch denen der See, und sie hatten Verbindung mit den toten Seelen. Es waren die einzigen zwei, von denen ich nicht mehr weiß, wie sie hießen. Beiden waren klein von Wuchs und nicht stark, aber mit Tigerblut in den Adern, gelblicher Haut und langen, blauschwarzen Haaren. Sie leisteten in Wirklichkeit die Arbeit von Vollmatrosen, und es war eine Freude, sie in die Rahen hochsteigen zu sehen, leicht und sicher wie Katzen bewegten sie sich oben im Royal oder Mars. Sie waren beide gute Ruderer, wach und gegenwärtig. Auch sie hatten Messer in der Hand bei diesem Kampf, der sich zu einem vollen Krieg entwickelte, einem so chaotischen Krieg, daß man nicht sehen konnte, wer auf wessen Seite war. Sowohl der dritte Steuermann als auch ich hatten Furcht; ich sah ihm an, daß er Angst hatte, und ich verstand seine Angst. Er war nicht mehr rot; er war weiß im Gesicht. Zum ersten Mal fühlte ich Sympathie für ihn. Er war nicht nur stupide; er war voller Angst – voller Angst, Einsamkeit und Hilflosigkeit. Mit weißen Knöcheln hielt er den Colt in der Hand. Mir wurde bewußt, daß ich das gleiche tat. Keine Macht der Welt hätte mich dazu bekommen, an Deck hinunter zu gehen, so wie es dort aussah, chaotisch und blutig. Aber es war meine Pflicht, es war meine Wache. Trotzdem wagte ich mich nicht zu ihnen hinunter aus Angst vor den Fäusten und Messern. Während ich zusah, wurde Tronchet in den Magen gestochen, gerade unterhalb der Rippen. Er sackte zusammen und kroch auf allen Vieren wie ein Tier davon. Lautlos glitt eine weiße Gestalt an mir vorbei, und die Leiter zum Hauptdeck hinunter. Die weißen Schuhe waren perfekt gekreidet, und der Mann war vollkommen ruhig, als er zu den Kämpfenden trat.

»Legt die Messer weg!« sagte er laut.

Es hatte keine Wirkung. Es war, als würden sie ihn weder sehen noch hören. Vielleicht taten sie es auch nicht. Es war möglich, wegen seiner langsamen und lautlosen, katzenartigen Art, seinen Körper zu bewegen.

Der erste, der ihn bemerkte, war der Segelmacher Davis; er drehte sich zu ihm um mit dem Messer in der Hand. Der Kapitän schlug ihn mit der Handkante an den Hals, fast ohne sich zu bewegen. Davis blieb mit Zuckungen auf Deck liegen, und es zeigte sich später, daß der Kehlkopf beschädigt war. Er konnte nie mehr richtig sprechen.

Fast gleichzeitig griffen drei Mann Kapitän Anderson an; zwei von ihnen – ich kann nicht mehr sagen, wer es war – gingen frontal auf ihn los, und der Matrose Li packte ihn von hinten mit beiden Armen um den Hals. Der Kampf dauerte nicht einmal eine halbe Minute. Den einen der Angreifer faßte er am Haar und beugte seinen Kopf herab, während er zugleich das Knie in sein Gesicht stieß. Nachdem der Mann an Deck liegengeblieben war, schlug er den anderen nieder – wieder mit der Handkante, diesmal übers Ohr. Dann packte er den großen, kräftigen Li, mit der einen Hand um sein Knie, mit der anderen um den Oberarm, direkt unter der Achselhöhle. Er hob ihn von Deck hoch und trug ihn hinüber zum Schanzkleid.

»Kapitän!« schrie ich aus allen Kräften: »Um Gottes Willen!«

Es war, als käme Anderson zu Bewußtsein. Er ließ den Mann auf Deck fallen, wo er liegenblieb, betäubt vor Angst. Er war sehr nahe an der Bordwand gewesen. Es war offenbar, daß der Kapitän seine Selbstkontrolle wiedergefunden hatte. Er wich auf seine leichte, lautlose Art einige Schritte zurück und zog den Revolver aus der Tasche. Mit sehr leiser, beherrschter Stimme sagte er:

»Der erste, der sich rührt, bekommt eine Kugel.«
Die Schlägerei war zu Ende. Alle standen unbeweglich und der Kapitän ging rückwärts in Richtung Poop und die Leiter hinauf. Die wasserblauen, rotgeränderten Schweinsaugen waren vollkommen ausdruckslos. Sowohl der dritte Steuermann als auch ich standen da mit dem Revolver in der Hand. Auf dem Hauptdeck herrschte jetzt eine totale Stille. Frau Anderson stand gegen die Tür zum Kartenraum gelehnt.
Ihr Mann trat an das Geländer der Poop.
»Kommt näher!« rief er. »Kommt her!«
Langsam und widerstrebend kam die Mannschaft nach achtern. Sie blieben stehen.
»In meinem ganzen Leben«, fuhr er fort, »bin ich nicht mit einer solchen Satans-Schweinebande wie euch auf Fahrt gegangen. Ihr seid Ratten aus den Kloaken der dreckigsten Hafenstädte der Welt. Aber ich werde beim Teufel euch beibringen, wer das Kommando hier an Bord hat. Ehe ich mit euch fertig bin, werdet ihr alle aus der Hand fressen. Ihr seid ein Haufen von feigen, verfaulten Kadavern – idiotische Schweine, ein Abfallhaufen von etwas, das mit Menschen nicht einmal Ähnlichkeit hat. Ehe diese Reise zu Ende ist, werde ich euch Gehorchen und Ordnung beigebracht haben. Ich habe das Seegesetz auf meiner Seite, ich habe das Recht zum Schießen. Wenn die drei Idioten, die mich anfielen, immer noch am Leben sind, beruht das auf reinem Mitleid meinerseits. Es wäre mein volles Recht gewesen, alle drei zu töten. Es handelt sich um offene Meuterei, und ich hätte den ganzen Dreckhaufen über Bord werfen sollen. Ich sage es hier zum ersten und letzten Mal: ein jeder, der Schiffsarbeit verweigert oder einem Befehl nicht Folge leistet, wird erschos-

sen. Dies ist das letzte Mal, daß ich mich an diese Mistbande von geistigen Krüppeln und Kriminellen wende. Ein jeder, der Widerstand leistet, wird erschossen oder totgeschlagen. Hier an Bord bin ich es, der die britische Regierung vertritt!«
Ein paar Augenblicke lang war es vollkommen still.
»Habt ihr verstanden?« brüllte er.
Niemand antwortete.
»Habt ihr verstanden?«
Da immer noch niemand antwortete, fuhr er fort.
»Wenn ihr es nicht versteht, werdet ihr es erleben.«
Dann ertönte eine laute, klare Stimme.
»Du Satansmörder! Wenn du glaubst, daß du auf dieser Reise lebendig davonkommen wirst, irrst du dich!«
Alle drehten sich nach Arrowsmith um. Anderson steckte den Revolver in die Tasche, so daß er beide Hände frei hatte. Langsam ging er die Leiter zum Hauptdeck hinunter und auf den Mulatten zu. Arrowsmith verharrte einen Moment auf der Stelle, aber als der Kapitän sich ihm auf einige Meter genähert hatte, wich er blitzartig zurück, griff in die Wanten und schwang sich hoch. In ein paar Sekunden war er oben auf der Saling. Der andere blieb an Deck stehen, legte den runden, kurzgeschorenen Kopf zurück und sah ins Rigg hoch. Dann rief er:
»Wenn ich dich zu fassen kriege, du höllischer Drecksnigger, werde ich dir mit meinen eigenen Händen das Genick brechen. Das verspreche ich dir.«
Er wandte sich ruhig zurück zum Achterdeck, mit den Händen in den Jackentaschen und dem Rücken zur Mannschaft. Niemand rührte sich.
Erst als der Kapitän wieder auf der Poop war, bemerkte ich, daß die weiße Uniformjacke auf der rechten Seite der

Brust rot von Blut war. Etwas später nähte ich die Messerwunde mit drei Stichen und bekam zum ersten Mal einen Eindruck von der physischen Beschaffenheit des Mannes. Unter einer dünnen Fettschicht, die den enormen Oberkörper bedeckte, war eine Muskulatur, wie ich sie ähnlich nie in meinem Leben gesehen habe. Seine Oberarme hatten den gleichen Umfang wie meine Oberschenkel, und ich bin, wie ich erwähnt habe, ein kräftiger Mann.

In der darauffolgenden Zeit speisten wir nicht oft im Salon zusammen; es waren Tag und Nacht immer zwei Offiziere auf dem Achterdeck. Der einzige – außer den Rudergängern –, der sich sowohl mittschiffs wie achtern bewegte, war Pat, wenn er servierte oder mich besuchte.

So vergingen einige Tage.

Die Welt

Ich saß im Gefängnis und Ihr saht nach mir.

Während der letzten Tage, die ich in Manila verbrachte, lag dort ein französisches Vollschiff. Ich ging an Bord, um nach Zeitungen oder Zeitschriften aus Europa zu fragen. Es lagen dort ebenfalls eine norwegische Bark und zwei englische Schiffe – ein Vollschiff und eine Brigantine.
Auf allen Schiffen trank ich ein Glas mit den Offizieren, aber nur an Bord des Franzosen fand ich Lesestoff von Interesse. Es waren zwei Nummern der ›La République Revolutionaire‹. Zusammen mit den englischen soziologischen Schriften, die ich mir von Tai-Fun lieh, veranlaßten sie mich zu einigem Nachdenken.
Ich habe Manila nie gemocht, und tue es immer noch nicht. Aber die Stadt hat trotzdem versöhnliche Züge, vor allem, weil sie teilweise architektonisch sehr schön ist. Die ganze Altstadt, das heißt, der Teil, der südlich vom Fluß und innerhalb der ursprünglichen Stadtmauer liegt, ist im siebzehnten Jahrhundert von den Spaniern gebaut worden, also in strengem, edlem Renaissancestil. Es hat mir öfters große Freude bereitet, in diesen Straßen ziellos umherzugehen und ohne einen anderen Zweck, als alte Häuser anzusehen. Es liegt viel Musik in diesen Gebäuden.
Aber die Gegend um den Hafen, wo sich die Seeleute aufhalten, war wie in den meisten Hafenstädten reichlich ausgestattet mit Bordellen und Kneipen. Hier erblickte ich Sancta Vénere und verliebte mich in sie – schon eine ziemliche Weile, bevor ich anmusterte. Übrigens benutzte ich die Zeit, während der ich in einer preiswerten Pension wohnte, mich in Buchhandlungen herumzutreiben, mir

viele Bücher anzusehen und einige wenige davon zu kaufen.

Als ich auf den Freiwachen in meiner Kammer unter dem Äquator lag und las, waren es dennoch vor allem Tai-Funs Zeitschriften, die mich beschäftigten. Es war, als würde man London wieder begegnen. Zuerst die dichten Reihen trostloser Häuser, die auftauchen, wenn man mit dem Zug von der Hafenstadt Tilbury kommt, diese hoffnungslosen, graugelben Häuser mit zwei Stockwerken. Soweit das Auge reicht, gleichen diese Wohnungen einander vollkommen, mit fast flachen Dächern und etwas davor, das den Versuch macht, einem Garten zu ähneln. Ohne Spur von Gras oder Bäumen, nur gefüllt mit armen Kindern, Kehricht, Abfall und Wäsche, die zum Trocknen hängt.

Dann kam White Chapel Road mit dem scharfen und feuchten, stinkenden und bitteren Steinkohlenebel und einem schwachen Niederschlag, einer Mischung aus Regen und Staub. Genauso deprimierend war die Erinnerung an die hoffnungslosen, grauen und schmutzigen Industrie- und Dockarbeiter, die das Gebiet bevölkerten, eine Masse zahlloser Menschen, genauso traurig wie der Nebel und der Kohlendunst, geprägt von ihrer lebenslangen Umgebung und dazu verurteilt, niemals aus diesem Gefangenenlager aus Armut und Sinnlosigkeit herauszukommen.

Dies war Pats Hintergrund und Welt, wo er sich die ersten vierzehn Jahre seines gottverlassenen Lebens durchgehungert hatte: die Gegend von East End.

Ich sah das Armenhaus neben dem Volkspalast vor mir, grau, verschlossen und abgesperrt wie ein Gefängnis, die Gasfunzeln in den Kneipen und Schaufensterläden und all die Karren am Rinnstein entlang mit Muscheln, Krebsen

und gebratenem Fisch oder heißen Kartoffeln. Ich erinnerte mich an die zahllosen Gäßchen und kleinen Straßen mitten im schwärzesten White Chapel, mit Häusern, die alle gleich waren, in einer Dunkelheit wie schwarzer Brei, nur hier und da an einzelnen Stellen von einer Gaslampe spärlich erleuchtet. Ich erinnere mich an den Gestank von billigem, ranzigem Fett aus den Bratpfannen schmutziger Wirtshäuser am Rand der größeren Straßen, an die ausgehungerten, verlumpten Kinder, an die haßerfüllten, bitteren Flüche betrunkener Männer. Stundenlang kann man durch dieses Labyrinth von Schmutz, Dunkelheit und Elend streifen – zwischen Cable Street, über Stepney bis zur Mile End Bridge –, ohne einen Hoffnungsschimmer wahrzunehmen. Die einzige Ausnahme bildet vielleicht der Anblick der armen jüdischen Kleiderhändler mit ihrer nicht umzubringenden Lebenskraft. Und am traurigsten von allem waren wahrscheinlich die Wohnhäuser, meistens ohne Licht und Vorhänge, erbaut aus Gründen der Spekulation mit der Armut. Und die Kinder, mit aschgrauer Haut, ausgemergelten Gesichtern und aufgeblähten Bäuchen; statistisch gesehen ist die Kindersterblichkeit hier in diesen riesigen Slums mehr als doppelt so hoch wie in den anderen Stadtteilen von London.
Und diese Riesenstadt ist der Mittelpunkt der Ökonomie des ganzen Welthandels. Hier ist mehr Reichtum angehäuft als an irgendeiner anderen Stelle des Erdballs.
Dieses Armenviertel East End, das mehr Einwohner hat als die drei skandinavischen Hauptstädte – Kopenhagen, Christiana und Stockholm – zusammen, hat seine Töchter offenbar besonders stark geprägt. Sie sehen anders aus als andere Frauen.
Ich erinnere mich auch an eine kolossale Menge von grau-

bleichen, sowohl seelisch als auch körperlich verkrüppelten Prostituierten. In diesem Dschungel einer modernen Metropole rangieren die Blumenverkäuferinnen gerade über den Huren; sie sind so primitiv, so wild, daß sie eine Rasse für sich selbst mitten in dieser menschlichen Kloake bilden. Obwohl schäbig und elend, tragen sie trotzdem fast immer große Schmuckstücke aus Messing, und sie haben nicht die übliche, schmutzigweiße White-Chapel-Farbe im Gesicht. Sie haben bräunliche Haut, und sie wirken, als hätten sie einen Einschlag von Zigeunertum im Blut. Ständig, von frühmorgens bis spät in die Nacht, sind sie auf der Straße, in der Hoffnung, ihre sechs, sieben Schilling pro Woche zu verdienen. Keine von ihnen kann lesen oder schreiben. Sie haben – Untersuchungen zufolge – keine Religion, keine Form von Ehe, verlassen ihre Eltern im Alter von zwölf oder dreizehn Jahren und bekommen oft selber Kinder, wenn sie fünfzehn bis sechzehn Jahre alt sind. Der größte Anteil der armseligen Einnahmen geht dabei drauf, ein elendes Logis zu bezahlen. Sie leben alle unter der Grenze ausreichender Ernährung. Genauso geht es den vielen tausend Fabrikmädchen, einer Bevölkerungsgruppe, die etwa auf der gleichen oder auf einer fast unsichtbar höheren Stufe über den Blumenverkäuferinnen lebt – eigentlich ebenfalls ein Stamm wilder Kinder und hungernder Jugend in dieser Weltstadt – eine genau solche Welt aus Not, Verbrechen und Hunger. Außerhalb der Fabrik führen sie eine Art Leben von unzivilisierter ›Freiheit‹ – ähnlich wie ihre Schwestern, die Blumenmädchen – und Institutionen der Barmherzigkeit, ›Heime‹ oder philantropische Vereinigungen, die versucht haben, sie zu zähmen oder zu zivilisieren, sind bitter enttäuscht worden. Bei dem geringsten Anspruch von

Disziplin gehen sie ihrer Wege, ohne Begriffe von Moral, Religion oder Gesetzen.
Das ganze East End bietet ein einziges Bild von hungernden Kindern, mißhandelten Frauen, von Männern, die den größten Teil der Tag- und Nachtzeit Sklavenarbeit leisten für einen Lohn von sechzehn, siebzehn Schillingen in der Woche – ein einziges Bild von Alkoholismus, Grausamkeit, Wohnungslosigkeit, Verzweiflung.
Die späteren Jahre, in denen man angefangen hat, diese Verhältnisse auf rein wissenschaftlicher Basis zu untersuchen, haben das Bild nur bekräftigt. Aus Tai-Funs Zeitschriften weiß ich noch immer ein paar Zahlen: über hunderttausend Menschen in Ost-London leben in konstanter Hungersnot; sie verhungern langsam. Doppelt so viele leiden an chronischer Unterernährung und periodischem Hunger, haben aber ein Dach über dem Kopf. Etwas weniger als vierhunderttausend sind den Untersuchungen zufolge ›gewöhnliche Arbeiter‹, die direkt an der Grenze des Hungerns leben, die ganze Familie lebt zumeist von einem Wochenlohn von weniger als einem Pfund am Rande des Elends.
Der Schritt vom Bettler oder Arbeitslosen zum gewöhnlichen, unterbezahlten Arbeiter ist nicht groß, aber es liegt ein Abgrund zwischen beiden. Die Arbeitslosen und die Ärmsten der Armen sind immer auf der Suche nach einem Job, und in einem schwachsinnigen Wettbewerb drücken sie dadurch die Löhne für alle hinunter. Daraus entsteht ein Krieg aller gegen alle.
Ich kann mich deutlich an den Anblick des Lumpenproletariats erinnern, das sich Tag für Tag vor den Toren zu den Docks sammelte, um sich um Gelegenheitsjobs zu schlagen, die nur einen Tageslohn von ein paar Schillingen ein-

bringen konnten. Immer gab es mehr Männer als Jobs. Wer keine Arbeit bekam, mußte mit leeren Händen nach Hause zurückkehren zu einer weinenden Frau und zu hungernden Kindern.
Von Tai-Fun lieh ich auch eine sechshundert Seiten starke Abhandlung über ›Lebens- und Arbeitsverhältnisse im östlichen London‹ aus, ein hervorragendes und bahnbrechendes Werk innerhalb der beschreibenden Soziologie. Es analysiert Lebensweise und Ökonomie bei neunhunderttausend East-End-Bewohnern. Mehr als ein Drittel dieser Dschungelbevölkerung leidet an täglichem Hunger und täglicher Not. Unter dem Arbeitsvolk sind die Hafen- und Dockarbeiter die Elendesten der Elenden; sie sind der Bodensatz der weißen Bevölkerung des Weltreiches. Hat man erst einmal mit Gelegenheitsarbeit in den Docks angefangen, ist alle Hoffnung verloren. Die Familien leben von bestenfalls zwölf Schillingen in der Woche – was den langsamen Hungertod bedeutet, Schmutz und endlose Verzweiflung.
Ich erinnere mich an einen mit Massendemonstrationen verbundenen Streik in den neunziger Jahren. Über fünfzigtausend Mann aus dem Slumproletariat waren an den Umzügen beteiligt. Zu den riesigen gefängnis- oder festungsähnlichen Toren der West Indien Docks und der Ost Indien Docks am Ende der Commercial Road wälzte sich der Strom der Ausgehungerten. Sie marschierten in gut geordneten Zehnerreihen; es war eine ernste und entschlossene Demonstration, die den Zeitungen reichlich Material zum Schreiben gab. Unter allen Fahnen und Symbolen, die von den zerlumpten, zumeist ausgezehrten, erschöpften Gestalten getragen wurden, erinnere ich mich am deutlichsten an ein längliches Lumpenbündel auf einer

Stange mit der Aufschrift »Dockarbeiters kleines Kind«. Wie eine Art Standarte wurde es der Prozession vorausgetragen von einem alten, weißhaarigen Mann mit krummem Rücken. Es wurde auch ein schwarzer Brotring auf einer Stange getragen unter der Überschrift »Dockarbeiters Frühstück«. Auf einer anderen Stange hing das gleiche schwarze Brot mit einem Hering: »Dockarbeiters Mittagessen«. In dieser Hölle der Hoffnungslosigkeit versuchten sie noch, Beiträge zu einem Streikfonds zu sammeln. Viele von den Streikenden hatten seit mehreren Tagen keine Mahlzeit zu sich genommen. Unter den schwarzen Kohlenschauerleuten und krummrückigen Arbeitstieren marschierte auch die eine oder andere unterernährte Fabrikarbeiterin. Eine ganze Woche hielten die Demonstranten mit leerem Magen durch. Streikbrecher aus dem ganzen Land, die keine Ahnung hatten, was für ein Verbrechen sie begehen wollten, wurden wieder nach Hause geschickt mit Fahrkarten, die aus der Kasse des Streikfonds bezahlt wurden. Frauen von etwas besser bezahlten Arbeitern standen an den Bürgersteigen und teilten Essen an die Streikenden aus.

Aber die Dockgesellschaften gaben nicht nach. Zuletzt brach der Streik zusammen, und die Sklaven gingen wieder an ihre Arbeit, zu den gleichen Bedingungen wie früher, von Hungersnot gezwungen. Das einzige, was zum Ziel hätte führen können, wäre der totale Generalstreik gewesen, der die ganze Gesellschaft lähmt und sie zu Fall bringt. Aber der Zusammenhalt war nicht stark genug.

Die französischen Blätter frischten das Bild vom Paris der Armen auf, ein Bild, das ich auch aus eigener Anschauung kenne – ein Elend, genauso fürchterlich wie das von London, jedoch unter dem Motto »Freiheit, Gleichheit, Brüderlichkeit«, unter diesen Worten, die über der Eingangstür jedes öffentlichen Gebäudes stehen und die eine Blasphemie auf die Wirklichkeit darstellen. Die Stadt der Lichter, das strahlende Paris, wirft einen nachtschwarzen Schlagschatten über den Abgrund und dessen brotloses Volk. Es ist zahlreich; über eine halbe Million erhalten eine kümmerliche Unterstützung vom Armenwesen – vier bis zwanzig Franc im Monat –, und diese halbe Million setzt sich zusammen aus unversorgten Kindern, unbemittelten Geisteskranken und Leuten, die dauernd arbeitsuntüchtig sind wegen anderer ernsthafter Krankheiten. Man rechnet damit, daß zwanzigtausend verlassene, elternlose Kinder ständig in den Straßen herumstreunen; allein 1890 wurden fünfunddreißigtausend Minderjährige wegen Bettelei, Diebstahl oder Prostitution festgenommen.

Paris ist immer noch eine Welt von Armenhäusern, Armenhospitalen, Gefängnissen und Wohlfahrtsanstalten – aber es reicht trotz alledem nicht für die ungeheure Zahl von Hungerleidern in der Stadt. Typisch für diese Art von Institutionen sind die »Stiftungen« – Altenheime für die Ärmsten, aber gleichzeitig Kinderheime und Asyle für Geisteskranke.

Tai-Funs Artikel behandelten all dies ausführlich. Die Erniedrigung der Armut, die Zuchthäuser, die öffentlichen Hinrichtungen und das blutgeile Publikum. Die meisten der Zuschauer bei den Guillotinierungen sind selbst Arme, Brotlose, Prostituierte, Zuhälter, Verbrecher und Bettler – die Bärme und der Bodensatz der Stadt. Eheliche Kinder ihrer Gesellschaft. Sie werden selber die nächsten unter dem Fallbeil sein.

Wieviel Hungernde und Notleidende in Paris leben, weiß kaum jemand, obwohl Tausende und Abertausende in

den Hunderten von Büros des Armenwesens in den verschiedenen Stadtteilen angestellt sind. Ein alter Witz besagte dementsprechend, das Armenwesen funktioniere zufriedenstellend, außer für die Armen.
Noch heutzutage bezahlen die französischen Arbeiter Steuern für ihre Fenster; Steuern für Luft, Licht und Sonne. Und man sieht es ihren Kindern an, den kleinen Mitbürgern mit bleichen, alten und müden Gesichtern – den Kindern der Armut, die nicht rufen, die keinen Lärm machen. Sie haben ihre Fröhlichkeit und ihre Kindheit in dem einen dunklen Zimmer verloren, wo man im Schatten kocht, ißt und lebt – und wo die ganze Familie in einem einzigen Bett schläft.
Wenn man durch die Straßen der Arbeiterviertel geht, sieht man die müden, zusammengesunkenen Arbeitsleute auf den Treppen vor den Häusern sitzen; und schaut man in die Kneipen hinein, so findet man betrunkene Frauen und Männer, die in einem Dunst von Schmutz und Alkohol herumwanken. Aus den Fenstern über den Schankstuben hängen nasse Arbeitshemden in der stickigen Straßenluft. In dieser Armut wohnen Jahrhunderte von Elend, Unglück und Ungerechtigkeit; es ist eine ausgebrannte und bittere Armut, typisch für Paris, durchsäuert von Verbrechen und Geisteskrankheit, Alkoholismus und Prostitution, Gewalt und Hunger.
Die Arbeiterviertel hinter dem Place des Vosges werden quer durchschnitten von der Rue de Rivoli, wie von einem Fluß aus Gold und Reichtum. Die Straße wurde von Napoleon dem Dritten gebaut, um Aufstände unter dem Volk unterdrücken zu können; sie wurde so angelegt, daß sie mit Kanonen von den Tuillerien aus beschossen werden konnte. Auf diese Weise hatte der Kaiser die Armen

unter Kontrolle, und die Armut konnte weiterhin von Nutzen sein – als Voraussetzung für den Reichtum. Ironischerweise ist die Hungersnot in dieser Stadt, die den Ruhm hat, die beste Küche der Welt zu besitzen, so besonders verbreitet.

Für eine der Zeitschriften hatte ein Journalist an einem Diner teilnehmen können, das jeden Monat von den größten Restaurationsbesitzern von Paris eingenommen wurde. Es hatte den Ruf des besten Essens seiner Zeit. Sechzehn Herren im Frack trafen sich im Restaurant de Paris. Ich werde das Menü nie vergessen.

Ein nicht zu brechendes Gesetz während dieser Diners war es, daß während der Mahlzeit absolutes Schweigen herrschte. Die meisten Teilnehmer hatten eine Magenmassage erhalten, ehe sie ankamen. Alle waren mißmutig und melancholisch. Man ging ohne ein Wort zu Tisch, fast leidend – als hätte man sich eine große und heroische, schmerzhafte Aufgabe gestellt. Der Journalist schilderte das Äußere der Teilnehmer: Alle waren Restaurationsbesitzer und geprägt von einer blaßgelben, welken Fettsucht. Sie redeten die Kellner mit Vornamen an, beschränkten sich aber im übrigen darauf, ihre Wünsche mit einer milden Pantomime von matten Weinblicken, fast unmerklichem Kopfnicken und nahezu unsichtbaren Handbewegungen kundzutun.

Da es sich in diesem Fall um ein Winterdiner handelte, wurde es mit Austern in der Schale und einem oder zwei Gläsern heißem Wein eingeleitet. Unter tödlicher Stummheit schlürfte man die Tiere in sich hinein. Darauf wurde zuerst Schildkrötensuppe und dann Krebssuppe serviert. Zu den Suppen wurde ein spanischer Weißwein getrunken. Darauf folgten zwei Fischgerichte; zuerst Forelle, dann Karpfen – mit Sauce aus Muscheln und Krabben. Zum Fisch trank man nicht Weißwein, sondern einen leichten, jungen Rotwein. Danach einen halbtrockenen, weißen Bordeaux.

Jetzt waren die Verdauungsorgane soweit gelockert, daß die Mahlzeit anfangen konnte.

Es folgten zwei einleitende Gerichte, zuerst ein Lendenfilet mit Trüffelsauce, danach Hähnchen, beides natürlich auf Holzkohle gebraten, weil Männer vom Fach sofort herausschmecken, wenn Gas verwendet wurde. Dazu gehörte ein Medoc-Wein.

Jetzt kam der Kalbsbraten auf den Tisch, und damit war die Mahlzeit in vollem Gange. Erst nach dem Braten kamen die großen Weine, schwerer Burgunder von berühmten Jahrgängen und Schloßnamen, zu denen es Spargel und frische, kleine Erbsen aus Algerien gab. Darauf trank man ein Glas Wein mit Eis und Obst.

Dann folgte eine Ruhepause mit einer Zigarette und leiser Unterhaltung im Nebenzimmer. Es bildete sich die allgemeine Meinung heraus, daß das Diner nicht besonders hervorragend zu werden schien, und ohne große Erwartungen, mit einem Ausdruck schmerzlicher Melancholie, ging die Gesellschaft wieder zu Tisch.

Es folgten nun gebratene Vögel, begleitet von einem edlen Weißwein. Nach dem Geflügel folgte Gänseleber und darauf der Höhepunkt des Diners: ein Salat, von dem der bewußte Journalist behauptete, es könne ein Buch darüber geschrieben werden, insbesondere weil er aus Gemüse komponiert war, das sich in dieser Jahreszeit nicht auftreiben ließ.

Nachdem der Salat gegessen war, wurde Hummer serviert – nach dem Hummer ein heißer Pudding als Zwischengericht. Nun folgte eine Auswahl aus dreißig verschiedenen Käsesorten, dann Obst – unter anderem Erdbeeren zu einem Franc das Stück –, des weiteren Plätzchen, Kaffee und Likör.

Bei Havannazigarren fing man an, sich zu unterhalten, und das gedankenvolle Gespräch drehte sich natürlich um große und hervorragende Diners, dazu um das Leibgericht eines jeden einzelnen.

Der arme Journalist, der sich halbwegs zu Tode gegessen hatte, glaubte, das Mittagessen sei jetzt überstanden. Aber nein! Als die Uhr zwölf schlug, erhob sich die Gesellschaft und marschierte hinüber zum Grand Hotel, hinunter in die riesige Küche, wo man Platz an einem gewaltigen, weißgeschrubbten Holztisch nahm. Hier servierten die Köche selbst, und zwar Zunge, kräftige Suppen, geräucherten Schinken, kalte Ochsenbrust etc., daneben mächtige Bauernkost. Alles wurde verzehrt und mit großen Gläsern Genever hinuntergespült. Es roch gesund nach einfachem Essen, und das ganze war – nach dem Diner –, schrieb er, wie eine Rückkehr zur Natur. Jetzt erwachte die Gesellschaft, man redete eifrig, und die Männer mit den gelblich welken Gesichtern, den krummen Rücken und schlaffen Bäuchen lachten laut und erzählten sich unanständige Geschichten.

Zum Schluß schrieb der Journalist folgendes: Als er nach Hause kam und das Fenster öffnete, sah er auf der anderen Seite vom Hinterhof ein erleuchtetes Viereck. Hinter ihm saß ein junges Mädchen über seinem Nähzeug. Sie hatte schon dort gesessen, als er zum Diner ging und würde wohl die ganze Nacht an der Arbeit sitzen bleiben. Er bekannte, ein schwaches Gefühl von Scham verspürt zu haben, als er dieses fleißige, arme Wesen im Lampenlicht

sah. Aber gerade hierüber war beim Nachtessen gesprochen worden – und es hatte Einigkeit darüber geherrscht, daß dies ein raffiniertes Gefühl sei, mit dem man zufrieden zu Bett gehen konnte, nachdem jeder einzelne für eine Summe gegessen und getrunken hatte, von der die Näherin drei oder vier Monate lang hätte leben können.
Ein anderes der Blätter schildert eine Begegnung mit Frankreichs großer Anarchistin, der »Roten Jungfrau«, Louise Michel. Sie wird geschildert als ein wenig autoritär, äußerlich ein bißchen einem Priester ähnelnd; aber die Gewalt ihres Wesens wurde gemildert von zwei blauen Augen, die vor Nächstenliebe leuchteten, vor jener Liebe zu den Menschen, welche die Grundlage und der Ausgangspunkt des Anarchismus ist: die Hoffnung, Sozialismus und Freiheit zu vereinen. Sie strahlte Liebe, Frieden und Zärtlichkeit aus, und keiner, der sie nicht kannte, hätte geahnt, daß sie die berüchtigste Barrikadenkämpferin, Aufrührerin und Mordbrennerin Europas war, zu lebenslänglicher Strafarbeit auf den Galeeren verurteilt wegen der Beteiligung an dem Mord an den Generalen Thomas und Lecomte in den Märztagen während der Kommune von 1871, nach einigen Jahren wieder freigelassen und aufs neue zu acht Jahren Gefängnis verurteilt, weil sie eine Schar hungernder Frauen angeführt hatte, die 1883 die Bäckerläden auf dem Boulevard St. Germain plünderten – und dann noch einmal freigelassen wegen ihrer hervorragenden humanitären Arbeit im Gefängnis – der grenzenlosen Liebe zu den Menschen, die ihr Leben bestimmt hatte.
Der Journalist folgte der Roten Jungfrau in eine der kleinen Straßen der Armenviertel und weiter durch ein dunkles Gäßchen zum Treffpunkt der Anarchisten, einem Lo-

kal, dessen Saal von einigen hundert armen Männern und Frauen gefüllt war. Louise Michel redete zu ihnen so, wie eine Gläubige das Evangelium verkündet hätte: milde, eindringlich – mehr als eine Stunde lang. Dann ging sie zur wichtigsten Aufgabe des Abends über: ein Kind im Namen der Revolution zu »taufen«. Ein Arbeiter in der gewöhnlichen, französischen Bluse stand auf und trat mit seiner kleinen, achtjährigen Tochter zu ihr; das Kind war weiß gekleidet, mit Rosen auf den Schultern und im Haar. Die Rote Jungfrau löste sie zuerst von ihrer christlichen Taufe und weihte darauf das Leben des Kindes feierlich der Revolution, für eine Gesellschaft in Freiheit und Gleichheit. Louise Michel segnete das Mädchen, indem sie eine Hand auf dessen Kopf legte.

Im gleichen Moment, in dem der Jubel der Versammlung losbrach, brach die Jungfrau auf und zog weiter – zu einem neuen Treffen.

Was die milde, menschenliebende alte Dame dem Journalisten gesagt hatte, war ungefähr folgendes: es hat in den letzten hundert Jahren in Frankreich kein Fortschritt stattgefunden. Jede Bewegung hat eine neue, höchste Autorität geschaffen, und dem Volk kann es egal sein, ob man sie König, Kaiser oder Präsident nennt. Wollen wir eine neue Gesellschaft schaffen, müssen wir eine ganze Generation von Männern hinrichten. Wir müssen auf jedem öffentlichen Platz ein Schafott errichten. Ein Schafott für höhere Beamte, ein Schafott für Priester, Bischöfe und Adlige. Ein Schafott für Generale und Oberste, für alle Offiziere der Armee. Und ein riesiges, automatisches Schafott für die ganze wohlhabende Bürgerschaft, von der die Gesellschaft getragen wird. Alles, die ganze alte Gesellschaft der Ungerechtigkeit, muß dem Erdboden gleichgemacht wer-

den. Es wird eine Taufe aus Feuer, Blut und Kopfabhakken. Jede Spur muß ausgelöscht werden.
Ich verstehe sie.
Einige von Tai-Funs Blättern enthielten auch Neues vom Burenkrieg in Südafrika, wo Holländer und Engländer einander schlachteten und einander in Konzentrationslager steckten. Es erging damals, noch 1899, den Briten schlecht in Afrika; sie verloren Schlacht um Schlacht. Der spanisch-amerikanische Krieg war gerade zugunsten der Amerikaner ausgegangen. Die ganze Welt war in Unruhe – zwischen Land und Land, zwischen Klasse und Klasse, zwischen Menschen und Menschen.
In diesen Tagen war Pat oft unten bei mir während meiner seltenen Freiwachen. Er erzählte von seinem Leben als elternloses Bettlerkind in London, und ich erzählte ihm die ganzen Bibelgeschichten – von Abraham, Josef und Moses, Aron, David, Jonathan und Goliath. Und er schluckte alles, wie trockene Erde Regen aufsaugt.
Sonst war ich die meiste Zeit auf dem Achterdeck und hatte Wache mit Kapitän Anderson oder dem dritten Steuermann. Die ganze Situation war widerwärtig; wir liefen alle drei mit Revolvern in der Jackentasche herum, und die Mannschaft befolgte die Befehle gerade eben noch, langsam, träge und widerwillig.
Das, was jetzt vorne geschah, war Zusammenrottung. Arrowsmith zwang nach und nach alle unter seinen Willen. Er war nicht nur physisch, sondern auch geistig der Überlegene. Was mich betrifft, so hatte ich vom Mannschaftslogis meinen eigenen Eindruck: es war eng, dunkel und schmutzig, eine Welt aus Unreinlichkeit, Armut, Unwissenheit und Haß; aber dieser Haß aller gegen alle begann sich zu sammeln und gegen uns achtern zu richten.

Und achtern gab es Aufsplitterung; nur die bittere Not und die Angst vor Meuterei hielt uns zusammen. Immer stärker fühlte ich Abscheu vor dem dritten Steuermann Dickson, und eines Vormittags kam es zur Explosion. Vom Achterdeck hörte ich Schreie und Schläge, und als ich aus dem Kartenraum kam, sah ich, daß der Steuermann Pat prügelte. Er hielt ihn mit der linken Hand fest und schlug ihm mit der rechten über Gesicht und Ohren. Pat schrie.

Dickson war sowohl größer als auch stärker als ich, aber ich traf ihn mit voller Kraft auf den Kiefer, und er ging ohne einen Laut zu Boden. Pat klammerte sich weinend an meine aufgeschlagene Hand, und lautlos wie immer stand der Kapitän neben mir. Er sagte kein Wort. Der dritte Steuermann drehte sich schwerfällig um auf Deck und versuchte aufzustehen, aber kam nicht weiter als bis auf die Hände und Knie.

Huang stand am Ruder und war Zeuge des Auftritts, ohne eine Miene zu verziehen.

Die kleinen, wasserblauen Augen des Kapitäns sahen den dritten Steuermann und mich an. Dann schüttelte er den Kopf und ging zum Kartenraum zurück. Der Grund für die Mißhandlung Pats durch Dickson war, daß der Junge ihm auf eine unhöfliche Art geantwortet haben sollte. Ich glaubte nicht sehr daran; ich wußte nur, daß der Steuermann ihn haßte nach der Episode auf dem Royal. Im übrigen war ich so aufgeregt, daß ich nicht klar denken konnte.

Am selben Nachmittag kam der Kapitän und stellte sich neben mich. Er sprach das zweite Mal norwegisch.

»Jensen«, sagte er, »Sie haben zweimal gehört, daß Arrowsmith mich einen Mörder genannt hat. Stimmt das?«

»Jawohl, Kapitän.«
»Damit Sie es nicht mißverstehen, muß ich deutlich machen, daß ich zweimal eine Meuterei niederschlagen mußte. Alles geschah aus Notwendigkeit, und ich hatte das Gesetz auf meiner Seite. Das Ganze wurde beide Male vor das Seegericht gebracht, und es wurde einzig und allein festgestellt, daß ich in voller Berechtigung gehandelt hatte.«
»Jawohl, Kapitän.«
»Ich tat nur das, was notwendig war. Zwei Mann wurden erschossen, und der dritte starb nach einem Schlag, den ich ihm beibrachte.«
»Ich verstehe, Kapitän.«
»Ich wollte nur, daß Sie dies wissen. Um Mißverständnisse zu vermeiden.«
Er drehte sich ruhig um und ging in den Salon hinunter.

Der Bootsmann

Weil du der bist, der alles haben soll,
um nichts zurückzugeben.
Gesang der Mutter

Die Verschärfung des Verhältnisses zwischen Mannschaft und Offizieren war für mich äußerst unangenehm und brachte mich in ein wirkliches Dilemma – in eine Situation, aus der sich kein Ausweg öffnete. Meine Sympathie war entschieden auf seiten der Mannschaft. Ich mochte weder Kapitän Anderson noch den dritten Steuermann, fühlte mich aber angezogen von Männern wie dem Kubaner Cortez, wie Huang und Arrowsmith. Das Volk in dem engen Mannschaftsraum vorne war sowohl unterbezahlt als auch unterernährt, verurteilt zu lebenslänglicher Sklavenarbeit, auf einem Schiff nach dem anderen, immer bei elender Bezahlung und erbärmlicher Kost, in einem dunklen und überfüllten Logis, in Unreinlichkeit und Armut, ohne eine andere Abwechslung an Land als Schnaps und Bordell. Zehn Jahre lang, von meinem dreizehnten bis zu meinem dreiundzwanzigsten Lebensjahr, war ich früher selbst vor dem Mast gesegelt, und ich kannte die Verhältnisse. Die Mannschaft wirkte freilich roh, brutal und primitiv; aber was und wer hatten sie so werden lassen? Unbestreitbar, meine Sympathie galt ihnen.
Andererseits war ich selbst achtern angemustert. Ich war Offizier, und ich hatte das System akzeptiert. Ich gehörte selbst zu den Herrschern, und ich genoß beträchtliche Freiheiten, hatte meine eigene Kammer, aß reichlich und gut und verdiente mehr als ich brauchte. Bei einem wirklichen Konflikt würde ich verpflichtet sein, auf seiten der Herren gegen die Sklaverei zu stehen.

Dreiviertel der Mannschaft konnte weder lesen noch schreiben. Sie waren Analphabeten. Aber der Kapitän und der dritte Steuermann waren mindestens ebenso verroht, ebenso brutal wie sie, wenngleich wider besseres Wissen.

Ich selbst hatte meine Freiheit; ich konnte mir den Luxus leisten, Bücher zu haben, und ich konnte meinen Mozart spielen, wenn mir danach war. In jeder größeren Hafenstadt würde ich mir von dem angesparten, überflüssigen Geld, das ich im Laufe der Jahre als Offizier verdient hatte, holen können, was ich brauchte. Als zweiter Steuermann gehörte ich bei Gott nicht zu den Großen dieser Welt, aber ich war auf ihrer Seite etabliert, ich war in ihrem System beheimatet, und ich aß das Brot am Tisch der Großen, nicht die Krümel, die vom Tisch herunterfielen. Ich hatte keine ökonomischen oder sozialen Ambitionen, aber ich kannte die Spielregeln und kam gut klar in dieser Gesellschaft des Rechts des Stärksten. Was ich in erster Linie schätzte, war meine individuelle Freiheit, meine Unabhängigkeit und meine eigene Art zu denken – mein Erleben von Musik, Meer und Sternen, mein Erleben der geistigen Kräfte, von denen ich weiß, daß sie die Welt aufrechterhalten und durchdringen.

Natürlich hatte ich zu dieser Zeit auch meine Liebe zu Sancta Vénere, zur heiligen Venus – oder, wenn man will, zu Psyche, zu der höheren Oktave von Neptun. Und es verging nie ein Tag, ohne daß ich selbst einige Stunden am Ruder stand und sie segelte. Das gab mir immer noch das gleiche Gefühl von Glück und Liebe. Das Beben, die feine Vibration von Rigg und Rumpf ging durch mich hindurch und brachte mein eigenes Herz zum Zittern. Das Verhältnis zu Sancta Vénere war gegenseitig und vollkommen, es

war ohne Konflikte und Streitigkeiten. Es herrschte Friede zwischen uns. Und Freiheit.
Natürlich bin ich lange genug an Land gewesen, um die irdische Liebe kennenzulernen, und sie ist immer in Kampf eingemündet: immer wollten beide der Stärkere, im Verhältnis der Überlegene sein. Gewöhnlich nennt man das den »Kampf der Geschlechter«, aber ich weiß nicht, ob »Kampf der Geschlechter« das richtige Wort ist. Es dreht sich in Wirklichkeit um einen Machtkampf, um einen Kampf, der darum geht, sich selbst nicht zu verlieren, um die eigene Überlegenheit zu bewahren – es geht um das Eigentumsrecht an sich selbst. Nur sehr starke Menschen können leben ohne Ängste, ihre Selbständigkeit zu verlieren. Trotzdem ist dies die Voraussetzung für Liebe: nicht Macht ausüben zu wollen – nicht jemand *besitzen* zu wollen.
Es kann nur von Liebe die Rede sein, wenn man seine Selbstbehauptung aufgibt, wenn man die Waffen niederlegt und vollständig kapituliert. Wenn man sich nicht länger verteidigt. Liebe ist das vollkommene Sichergeben, die totale Kapitulation – auf Gnade und Ungnade. Sie kennt keinen Vorbehalt, keine Verteidigung. Liebe läßt das Bedürfnis nicht zu, der Stärkere zu sein; sie kennt kein Machtbedürfnis, keinen Persönlichkeitskampf. Liebe ist reine Hingabe, vollkommene Selbstaufgabe. Nur der, der stark genug ist, nicht befürchten zu müssen, seine Persönlichkeit zu verlieren, kann lieben. Um der Liebe willen muß man sich selbst aufgeben können, um den anderen frei zu machen. Und dazu sind wir nicht stark genug.
Meine Liebe zu Sancta Vénere war nicht von dieser Welt. Deshalb hatten wir keine Probleme, keinen Machtkampf. Keiner von uns wollte die Macht über den anderen. Es war

ein ideales Liebesverhältnis. Sie war schwächer als ich, und ich war schwächer als sie. Wir waren beide freiwillig unterlegen.

Und wir segelten auf dem Stillen Ozean, über den vulkanischen, lemurischen Kontinent, der ähnlich wie Atlantis im Meer versunken war, nur mit dem Unterschied, daß die Vulkane Feuer vom Himmel hatten regnen lassen, ehe der Kontinent versank. Eine Kultur war von Asche, Feuer und Lava erstickt worden. Und Teile des uralten Festlandes lagen bis zu elftausend Meter unter der Meeresoberfläche. War dieser Kontinent Lemuria der gleiche, den die Bibel Sodom und Gomorra nennt und der vom Feuer, das vom Himmel regnete, zerstört worden war? So wie Platons Mythos vom versunkenen Atlantis der gleiche ist wie der, den die Bibel Sintflut nennt? Wer weiß es? Wer kennt die Kindheit der Erde?

Der Meeresboden unter dem Pazifik ist dramatisch; mit vulkanischen Bergen, die bis hoch nach oben über die Oberfläche ragen, und mit tiefen Abgründen, die viele Kilometer unter uns liegen.

War Lemuria wirklich eine ausgebrannte und ertrunkene Kultur, älter als die der Inkas oder Azteken, zerstört wegen ihrer Begierde nach den Engeln? Niemand weiß, was die Meerestiefe oder die Vergangenheit verbergen. Gab es nicht einmal zehn Gerechte in Sodom? Die Bibel erzählt in der Legende von Sodom und Gomorra, daß nur Loth, seine Frau und seine Töchter gerettet werden sollten – unter der Bedingung, daß keiner von ihnen während der Flucht aus der Stadt, bevor der Feuerregen vom Himmel einsetzte, hinter sich sehen sollte. Aber Loths Frau drehte sich um und erstarrte zur Salzsäule. Ist dies das Problem des Konservativismus? Daß derjenige, der zurückschaut, der an der Vergangenheit festhält, unweigerlich zur Salzsäule wird – versteinert, verkalkt? Daß er ein Mineral wird, daß er nie mehr wächst, sich nie erneuert und nicht entwickelt? Daß der, der sich von einer verbrauchten und sterbenden Vergangenheit nicht befreien und losreißen kann, selbst ein lebendig Toter wird, eine unbewegliche Salzsäule? Aber die Töchter zeugten Kinder mit ihrem betrunkenen Vater.

Ab und zu dachte ich an die seltsame Urbevölkerung des Stillen Ozeans, an die Australneger, die Bevölkerung von Neu Guinea, an all die Kannibalen des Meerreiches, verteilt über die verschiedenen Inseln und Inselgruppen. Primitiv wie Feuerländer, ohne das Krümelchen Abstraktionsvermögen, das notwendig ist, um Lesen und Schreiben zu lernen, aber voller Erfahrungen mit der Natur, dem Meer und den Geistern der Toten. Waren sie Nachkommen, zerstreute Überbleibsel der Bevölkerung des versunkenen Lemuria? Ich dachte an unseren eigenen Lilly aus Neu Guinea, mit den spitzen Zähnen und aufgewachsen in einer Gesellschaft, wo die Menschen immer noch ehrlich genug waren, nicht nur ihre getöteten Feinde, sondern auch einander, die eigenen Freunde und Verwandten, zu verspeisen. Auch unser eigener Leichtmatrose Lilly war natürlich ein Analphabet – aber ein guter Seemann und ein großer Philosoph mit tiefer Kenntnis von den Geistern. In der Zeit vor der Abreise der ›Neptun‹ von Manila gab es eine Geschichte, die öfters in den Bars und Hotels erzählt wurde. Die Eingeborenen auf den Fidjiinseln hatten gerade einen Missionar verspeist; sie hatten ihn gebraten und in einem Stück in einem großen Steinofen zubereitet. Er war nach allen Regeln der Kunst gebraten; auch fett und gut und richtig gewürzt war dieser

Diener Gottes. Mit anderen Worten: alle Voraussetzungen für ein gelungenes Mahl waren gegeben. Dennoch war man in der Gesellschaft mit der Mahlzeit unzufrieden. Besonders indigniert war der Stamm darüber, daß der Missionar so harte Haut an den Füßen gehabt hatte. Es erwies sich, daß der Koch ihn mit angezogenen Stiefeln gebraten und zubereitet hatte. Er war also gekaut und geschluckt worden, sowohl mit den Sohlen als auch mit dem Oberleder und mit den Schnürsenkeln. Als sich später der Skandal herausstellte – war der Koch selber gebraten und verspeist worden.

Die Geschichte wurde oft erzählt; es wurde in den Seemannsclubs darüber gesprochen, und immer mit einem gewissen Amüsement. Das Leben ist nun einmal wie es ist. Eine Spur kannibalisch.

Noch eine Geschichte war zu dieser Zeit neu und aktuell. Sie schrieb sich von einem Stamm im Inneren Australiens her und war von einem Halbblut weitergetragen worden, der bei dem fraglichen Fest anwesend gewesen war und der nur dadurch, daß er im Schutz der Nacht durch den Urwald flüchtete, dem Schicksal entging, selbst Bestandteil des Menüs zu werden.

In diesem australischen Stamm war eine Frau – nach einer allzu kurzen Schwangerschaft – mit einem toten Fötus niedergekommen, der Haare am ganzen Körper hatte. Wenn ich mit meinen ärmlichen medizinischen Kenntnissen Recht habe, gehen wir alle während unserer embryonalen Entwicklung durch ein Stadium, wo wir behaart wie kleine Affen sind. Die Frau hatte demnach eine Fehlgeburt gehabt, als sich das Kind in der haarigen Phase befand, und den Australnegern war diese gynäkologische Erklärungsmöglichkeit nicht bekannt.

Die alten und weisen Männer des Stammes trafen sich, um über das Phänomen zu beraten. Nach längerer Diskussion und Aussprache kam man zu dem Resultat, daß die Frau den Wechselbalg nicht mit ihrem Mann oder irgendeinem anderen männlichen Mitglied des Stammes gezeugt haben konnte. Was lag nun näher, als zu vermuten, daß der Kindsvater ein Känguruh sein mußte? – Ein großes, haariges Männchen.

Die Wöchnerin leugnete jedoch auf das Bestimmteste, ein intimes Verhältnis mit irgendeinem Känguruh gehabt zu haben, und um das Verhör zu erleichtern und Licht in die Sache zu bekommen, legte man sie neben das Feuer. Aus dem Feuer holten die weisen Männer jetzt erhitzte, glühende Steine, die sie auf Bauch, Brust und Schenkel der Frau legten. Nachdem sie auf diese Weise angebraten war, gestand sie endlich die Wahrheit: der Kindsvater *war* ein Känguruh.

Wie immer hatten die alten Männer recht.

Sie erhielt darauf von ihrem Ehemann einen barmherzigen Keulenschlag auf den Kopf und wurde zusammen mit ihrem haarigen Sprößling auf das Feuer gelegt. Nun ist die Küche im Inneren Australiens weniger erlesen als auf den Fidjiinseln oder in Neu Guinea, und die Mutter und der Fötus wurden ziemlich oberflächlich gebraten, sozusagen nur außen angesengt und darauf ungewürzt in halbrohem Zustand verzehrt. Der arme Mischling aus Hawaii lag am Waldrand auf dem Bauch und erbrach sich vor Verzweiflung und Angst angesichts dieses ersten Teils des Festes. Dann schlich er sich in den Dschungel und rannte davon, wie vom Irrsinn getrieben – sechs Tage und Nächte lang. Halbtot vor Hunger und Erschöpfung fand man ihn in der Nähe einer Missionsstation auf der Landstraße, wo er in

ein Bett gelegt und gefüttert wurde, statt gegrillt und aufgetischt zu werden.
Überhaupt dachte ich in diesen Tagen oft, daß wir auf einem seltsamen Planeten wohnen. Ich glaube, ich habe schon erwähnt, daß sich in diesem Jahr – 1899 – die Amerikaner und die Spanier gerade zu Tausenden gegenseitig gemordet hatten, und die Engländer und Holländer schlachteten einander immer noch frisch und fröhlich in Süd-Afrika. Ist es eigentlich so viel verwerflicher, hin und wieder einen Missionar zu verzehren, eine Schwiegermutter oder die eigene Frau, als einander systematisch mit Hilfe von Maschinengewehren und modernen automatischen Handfeuerwaffen auszurotten?
Jeder nach seiner Mütze.
Aber die kannibalischen Mächte des Lebens sind überall die gleichen. Natürlich erwähne ich die Menschenfresserei nur, weil sie am Ende eine Rolle in der Erzählung von der Bark ›Neptun‹ und dem Schicksal der Besatzung spielt. Für sich genommen ist es wohl ziemlich gleichgültig, ob man Truthahn ißt oder Menschenfleisch. Von irgend etwas muß man leben.
Am meisten Gedanken machte ich mir während dieser Zeit, wo wir drei Offiziere die ganze Zeit über nur mit dem Revolver in der Jackentasche aufs Achterdeck gingen, natürlich über das, was von Tag zu Tag an Bord geschah.
Seit ich den dritten Steuermann geschlagen hatte, war unser Verhältnis anders geworden. Er haßte mich nicht mehr; er hatte Angst vor mir bekommen. Auf eine merkwürdig kranke Weise schien es, als ob er es *mochte*, von mir geschlagen worden zu sein. Er hatte sozusagen seinen Platz in der Gesellschaft gefunden; er verstand, daß er mein Untergebener war. Er war höflicher geworden, und

er antwortete, wenn ich ihn grüßte oder ihn ansprach. Inferiore Figuren haben immer gemeinsam, daß sie Güte als Dummheit, Freundlichkeit als Schwäche und Ehrlichkeit als Idiotie auffassen. Als er Pat prügelte und ich auf meine Art eingriff, hatte ich mich endlich einmal in einer Sprache an ihn gewandt, die er verstand.

Ernster war jedoch meine eigene Entdeckung, daß es mir gefallen hatte, ihn zu schlagen. Tatsächlich hatte es mir Spaß gemacht, den Mann zu Boden zu schlagen. Und wäre er nicht liegengeblieben, so hätte ich ihn mit Freuden weiter geschlagen. Wenn ich die Sache genauer durchdachte, mußte ich mir eingestehen, daß mir nichts mehr Spaß gemacht hätte, als ihn wieder und wieder niederzuschlagen – das dumme, gesunde, rosarote Gesicht zu einem einzigen, dunkelroten Blutklumpen zusammenzuschlagen. Wir haben Momente in uns selbst, die kennenzulernen kaum Freude macht. Man kann also seinen Mozart spielen – zwar mangelhaft – und seinen Hegel lesen – vielleicht mit mehr Verständnis –, aber hinter dem Ganzen, auf dem Boden von allem, zeigt sich ein anderes Gesicht, das tierische Gesicht des Gewaltverbrechers und Mörders, das wir wahrscheinlich alle – auf jeden Fall aber *ich selber* – im Innersten des Herzens tragen. Es war wenig schön und wenig erbaulich, dieses Mördergesicht im Spiegel zu sehen. Besonders bedrückte es mich, daß ich diesen Mann in mir erst so spät erkannte; ich war ganze dreiunddreißig Jahre alt.

Natürlich hatte ich früher, als junger Mann, an Schlägereien und Handgemengen teilgenommen, und ich hatte aus Notwendigkeit heraus gelernt, mich zu verteidigen. Aber erst jetzt – oder richtiger gesagt, damals an Bord der ›Neptun‹ – verspürte ich diese Lust, jemanden totzuschlagen – zu töten. Es war eine Erkenntnis, die mich erschreckte und mich bis tief in die Seele hinein erschütterte. Und was die Situation noch verwirrender machte, war, daß ich Dickson wegen Pat geschlagen hatte – wegen Pat, der eine Belastung für mich geworden war, der mich meiner Freiheit und meiner Unabhängigkeit beraubte, des einzigen auf Erden, was ich nicht verlieren wollte: wegen Pat, den ich nur Lust hatte, loszuwerden. Pat, den ich am liebsten in der ersten besten Hafenstadt im Stich lassen wollte. Pat, der mir nur immer mehr Pflichten und Verantwortung auflud und der mir überhaupt nichts zurückgeben konnte. Ich hatte nicht einmal soviel von ihm, wie es die Freude hätte sein können, daß er mein eigener Sohn war. Er war nicht einmal mein eigen Fleisch und Blut.

Nach dem Vorfall mit dem dritten Steuermann war Pat abhängiger von mir als je zuvor. Es war ein Zustand, der vollkommen unauflöslich an etwas Unsichtbares geknüpft war. Ich weiß nicht, was es war. Aber ich war nicht mehr nur ein älterer Freund, dem er blindlings vertraute. Ich war nicht einmal ein fiktiver Adoptivvater. Ich war alles auf einmal geworden: sein Vater und seine Mutter, sein Freund und sein älterer Bruder, sein Lehrer, sein Arzt und sein Beschützer – ich war sogar ökonomisch für ihn und sein Leben verantwortlich geworden. Und ich war sein Seelsorger, sein Geschichtenerzähler und sein Trostspender. Andernfalls ging er zugrunde.

Gleichzeitig ging eine Art Veränderung mit Pat selbst vor sich. Er erwies mir nicht mehr die weiche Hingabe wie früher. Für ihn war nun alles eine Selbstverständlichkeit. Hatte ich ihn nicht adoptiert, so hatte er auf alle Fälle mich adoptiert. Er verlangte und erwartete einfach alles von mir. Mit dem totalen Vertrauen und dem maßlosen Egoismus des Kindes kannte er keine Grenzen. Und langsam dämmerte mir die fürchterliche Wahrheit in ihrer ganzen Reichweite: hat man sich jemandes angenommen, dann reicht es nicht, *etwas* zu geben, man muß *alles* geben. Absolut *alles* muß man geben, und man wird *nichts* zurückerhalten.

Das einzige, was ich besaß – meine Unabhängigkeit –, Pat hatte sie mir weggenommen. Ihn zu verlassen war gleichbedeutend mit Mord. Er kam in dieser Welt nicht klar. Bei vollem Ernst konnte ich mir nie vorstellen, Steuermann Dickson wirklich zu töten; aber es gab Augenblicke, wo ich fühlte, daß ich kalten Blutes in einer dunklen Nacht Pat über Bord werfen konnte – nur um dieses mein ungewünschtes Kind und alles, was er nun verlangen konnte und was zu verlangen er berechtigt war, loszuwerden.

Das Merkwürdigste an dem Ganzen war, daß mir der brutale Mörder und Geldscheffler Kapitän Anderson das Verhältnis bewußt gemacht hatte. Was zum Teufel verbarg sich eigentlich in diesem Mann?

Er trank nicht einmal Alkohol, nicht den kleinsten Tropfen. Der dritte Steuermann trank regelmäßig sein Bier – zu den Mahlzeiten, und während der Freiwachen auch –, aber er hatte jetzt zuviel Angst bekommen, sich zu besaufen. Er hatte Angst vor Arrowsmith, Angst vor der Mannschaft, Angst vor dem Kapitän und Angst vor mir. Pat gegenüber benahm er sich fast väterlich. Frau Anderson trank gern ein Glas Wein zu den Mahlzeiten, und ich selbst schloß mich oft mit einem Glas an. Bier oder Schnaps habe ich nie gemocht. Der einzige, der nie ein Glas anrührte, war Anderson. Er war vermutlich allzusehr mit seinen Perlen und Aktien beschäftigt, um sich noch für irgend etwas anderes zu interessieren. Wahrscheinlich war

er Abstinenzler und trank nichts anderes als das Blut der Unterdrückten.
Zwischen Frau Anderson und mir war eine gewisse Vertraulichkeit entstanden, und zwar fast ohne Worte. Es kam trotzdem vor, daß wir ein wenig über Musik redeten oder ab und zu über die Erziehung und Ausbildung der Kinder – weil ich einmal Lehrer gewesen war. Eines Tages erzählte sie mir eine Geschichte von ihrem Mann, aus jener Zeit, wo er ein zwölfjähriger Schuljunge unten in der kleinen südnorwegischen Küstenstadt gewesen war.
Die Geschichte bewies, daß er auf seine Weise eine Art grimmigen Humor gehabt hatte.
Der Junge hatte auf der Schule irgendein Verbrechen begangen und war von den Lehrern zu Prügel mit Birkenreisig verurteilt worden. Die Exekution sollte mit entblößtem Hinterteil im Beisein der anderen Schüler vonstatten gehen, und damit sie demütigend genug werden sollte, wurde entschieden, daß er in den Stadtwald gehen sollte, um selbst die langen, geschmeidigen Birkengerten zu schneiden, die er dann als nächstes selbst unter dem Zusehen aller zu dem kräftigen Reisig zusammenzubinden hatte, der für die Bestrafung verwendet werden sollte.
Nun, der zukünftige Kapitän Anderson ging hoch in den Wald, aber er schnitt nicht eine Auswahl von passenden, weichen Ästen. Er hackte statt dessen eine ganze Birke ab und schleppte, bereits damals so stark wie ein erwachsener Mann, den Baum mit sich durch die Straßen der Stadt und hinein auf den Schulhof. Er erklärte dort freimütig, daß derjenige von den Lehrern, der Kraft genug besaß, den Baum zu heben, ihn auch damit prügeln dürfe. Niemand anderes würde dazu die Erlaubnis erhalten. Die Sache war demnach ein offener Aufruhr. Sie endete damit, daß der

Vater, der ein vernünftiger Mann gewesen sein muß, ihn aus der Schule nahm und ihn kurze Zeit später als Decksjungen zur See schickte. Später, als er sich allzu unlenkbar zeigte, wurde er als jüngster Mann auf einem Seehundsfänger angemustert – mit einem Resultat, von dem ich schon erzählt habe: der Sechzehnjährige verprügelte die ganze Besatzung.

Ich erinnere mich auch an einen Traum, den ich damals hatte, wenn es denn überhaupt ein Traum war. Jedenfalls war mir das ganze merkwürdige Erlebnis lang vollkommen bewußt, daß mein Körper unten in der Kammer lag und schlief. Ich selbst – oder die Seele, oder was es nun war – hatte mich vollständig von den neunzig Kilogramm schlafenden Fleisches, das in der Koje lag, gelöst und befreit, und diese Seele bewegte sich frei, unabhängig und schwerelos in der Welt umher, durch Länder, Städte und Menschen, aber auch an Bord des Schiffes. Es war ein zwar überraschender, aber trotzdem natürlicher Umstand, daß ich nicht zu Fuß ging, sondern fliegen konnte, besser gesagt, schweben. Ich wiederhole und hebe hervor, daß ich während des ganzen Traumes bei vollem, wachem Bewußtsein und mir völlig klar darüber war, daß die irdische und sichtbare Person des zweiten Steuermannes Jensen in tiefem Schlaf in seiner eigenen, vertrauten Kammer lag, während ich umherschwebte. Ich weiß sogar heute noch, daß ich auf dem Bauch lag und schlief. Mehrmals kehrte die Seele zum Körper zurück, der dann in dem kleinen dunklen Raum erwachte. Aber ich brauchte nur – mit dem Gesicht ins Kissen gedrückt – die Augen zu schließen, damit mich volles Tageslicht umgab und ich mich aufs neue durch Wände und verschlossene Türen hindurch bewegen konnte.

Zwei, drei Meter unter mir lag das Deck in einer Art Sonnenschein, der keine Schatten warf, und aus dem Meer tauchte der Gott Neptun empor und stellte sich an das Schanzkleid.
Es ist schwer, ihn zu beschreiben, weil er anders aussah als das mythische Bild, das ich von der Gottheit und dem Herrn des Meeres kannte. Er war vor allem persönlicher, konkreter. Etwas kleiner von Wuchs als man glauben sollte, und gleichzeitig individualisiert. Er war bei weitem nicht so athletisch, wie ich erwartet hatte; auch waren Haare und Bart nicht so üppig und wallend. Ein bißchen Tang, Schalen und Muscheln hingen an ihm hinab, aber die Haut war jung, straff und braun. Um Schultern, Brust und Taille war er ziemlich schmächtig, aber die Augen waren sehr groß und blau, und sie waren voller Meer und Himmel; sie waren – wenn ich einen solchen Ausdruck verwenden soll – ozeanisch.
Er war das *Wirklichste*, was ich je gesehen habe.
Ich schwebte immer noch ein gutes Stück über dem Deck und wußte immer noch sehr gut, daß ich unten lag und schlief. Und dann auf einmal, während ich mir den bescheidenen Körperbau und den ein wenig dünnen, rotblonden Bart ansah – da auf einmal fühlte ich, daß nicht dieser für mich jetzt sichtbare Neptun das Wesentliche war, sondern die fürchterliche, schreckliche, alles bezwingende geistige Stärke, die von ihm ausstrahlte, gewaltiger als irgendein Orkan oder Zyklon. Der nackte, zierliche, nasse Mann vor mir war eben ein *Gott*, von einer übernatürlichen, unfaßbaren Kraft erfüllt. Und im nächsten Augenblick war ich überwältigt von einer einzigen Empfindung, stärker vielleicht als irgend ein anderes Gefühl, das ich je erlebt habe, stärker als die tiefste Todesangst, die

ich kannte: es war die unbeschreibliche, enorme Erfahrung meiner eigenen *Dummheit*.
Die Erfahrung von Dummheit und Scham.
Dann schwebte ich quer durch die Wand der Poop, durch die verschlossene Tür meiner Kammer – zu dieser Zeit lagen wir alle achtern bei verschlossener Tür und mit dem Revolver in der Koje – und unter mir gewahrte ich im vollen, klaren Licht meinen eigenen, schlafenden Körper. Ich ging in den Körper hinein und erwachte in stummer, schwarzer Dunkelheit. Jedesmal wenn ich die Augen vor Müdigkeit schloß, geschah das gleiche: es wurde ganz hell um mich, und ich verließ den Körper und bewegte mich frei durch den Raum.
Als ich geweckt wurde und aufstehen mußte, fühlte ich mich so krank, als läge ich im Sterben. Erst nach einer Weile gelang es mir, auf die Füße zu kommen; ich war schwach wie ein Greis, mir war übel und schwindlig, und die Hände zitterten so, daß es eine unerträgliche Anstrengung war, mir Hosen und Strümpfe anzuziehen. Ich mußte mich an den Wänden und Türrahmen festhalten, um halb angezogen zum Hospital hinüberzuwanken und mir ein halbes Glas Kognak auf nüchternen Magen einzuschenken. Erst nachdem ich die Übelkeit nach dem Branntwein niedergekämpft hatte und in die frische Nachtluft aufs Achterdeck kam, erlangte ich allmählich wieder die Kontrolle über den Körper. Mit dem Revolver in der Jackentasche übernahm ich die Wache. Einer der Leichtmatrosen – ein zwanzigjähriger Malaie, dessen Namen ich nicht mehr weiß – stand am Ruder.
Wenn ich es genau bedenke, waren diese zwei Malaien – beides Leichtmatrosen – die einzigen der ursprünglich dreißig Mann starken – nicht Besatzung, sondern Bevöl-

kerung auf der ›Neptun‹, an deren Namen ich mich nicht mehr erinnere. Malaiische Namen kann man schwer behalten. Ich weiß nicht mehr, wer wer war.

Als ich auf dem Achterdeck aufwachte, ging ich ein paar Mal auf der Poop hin und her, sah im Kartenraum nach der Position, ging zum Rudergänger hinüber und sah ins Kombüsenhäuschen. Die beleuchtete Kompaßrose zeigte an, daß er ein paar Striche zu weit nach Südosten abgefallen war.

»Guten Abend«, sagte ich.

Er antwortete nicht. Er sah mich nur mit schmalen, schwarzen Augen an, still und haßerfüllt. Ich sah hinauf zu den halbwegs unsichtbaren Segeln, die zu dicht geholt waren. Die Windrichtung fühlte ich genau.

»Drei Strich anluven«, sagte ich.

»Drei Striche, Tuang«, antwortete er und legte das Schiff höher an den Wind.

Die ganze tiefe Verachtung des Orientalen für das Herrenvolk lag in der Stimme. Ich hätte Lust verspüren können, ihn zu schlagen; aber zugleich war mir klar, daß es meine einzige, verdammte Pflicht war, dieses Schiff quer über den Stillen Ozean und um Kap Horn zu bringen, ohne daß etwas wirklich passierte. Wenn wir Marseille nicht schafften, so war es auf jeden Fall möglich, Rio zu erreichen. In Rio würde es möglich sein, die Hälfte der Mannschaft auszuwechseln. Wir könnten einen neuen ersten Steuermann bekommen, den dritten Steuermann austauschen und weitersegeln nach Nordafrika und ins Mittelmeer hinein. Die bevorstehende Abmusterung in Marseille betrachtete ich als den glücklichsten Augenblick in meinem Leben. Ich hatte nie zuvor eine Meuterei erlebt, und ich verstand nicht, warum ich gerade diesmal so etwas

Widerwärtiges mitmachen sollte. Der Zeit nach genau aufgeteilt, hatten wir drei Offiziere sechzehn Stunden Wache in diesen Tagen. Schlaf und Mahlzeiten gingen von den acht Stunden ab, die für die Freiwache angesetzt waren. Wir waren immer zwei Mann auf der Brücke, die ganze Zeit mit den verdammten Schießprügeln in der rechten Jackentasche. Und wenn nicht der kleine, dünne, elende Pat öfters einen starken, süßen Tee zu mir nach achtern gebracht hätte, wäre ich wahrscheinlich auf dem Achterdeck stehend eingeschlafen. Vier Stunden Schlaf am Tag mehrere Wochen hindurch ist nicht besonders viel.

Wir waren jetzt ein gutes Stück südlich des Äquators und hatten ein fast unglaubliches Glück mit dem Wetter gehabt. Ein paar Mal war der Wind zu mäßigem Sturm aufgebrist, aber mehr war es auch nicht gewesen. Das, was man an Land ›Sturm‹ nennt, ist selten mehr als eine steife Brise, bei der nur der eine oder andere Baum umfällt und das eine oder andere Hausdach abgehoben wird und mit dem Wind wegweht. Man hat Schwierigkeiten, in den Straßen aufrecht zu gehen, und man schafft es nicht, gegen den Wind zu atmen. Aber ein Sturm ist etwas ganz anderes.

Als ich das erste Mal auf See einen vollen Sturm erlebte, war ich fünfzehn Jahre alt. Alles was Porzellan und Geschirr hieß, war zerbrochen, lange bevor wir aus dem Chaos herauskamen, in dem wir auf dem Kajütenboden lagen. Als wir wendeten – das war im Nordatlantik vor der westlichen Küste Norwegens –, um einen Nothafen zu suchen, wurden von einer einzigen Welle alle Eichentüren auf der Luvseite eingeschlagen. Das ganze Schiff war halb unter Wasser, und wir schwammen herum zwischen

Schiffskisten, erloschenen Lampen, Kleidung und Kleinkram und fremden Männerkörpern. Zwei Stunden später waren wir in ruhigeren Gewässern. Es war das erste Mal, daß ich erfuhr, was es heißt, eine solche Angst zu haben, daß der Urin herausfließt und sich mit dem Salzwasser mischt, von dem die Hosen sowieso naß sind. Der einzige Unterschied ist, daß das Salzwasser kalt ist und die Pisse warm.

Ein voller Sturm dieser Art ist jedoch nur eine schwache Brise verglichen mit einem wirklichen Orkan, Zyklon oder Taifun. An Land würde man einen starken Sturm »Tornado« oder so ähnlich nennen: die Bäume fliegen in die Luft, Boote werden an Land geworfen, ein paar Häuser werden durch die Gegend geblasen. Schlimmer ist es nicht. Natürlich kann man bei einem solchen Wind nicht aufrecht gehen. Es ist Sturm.

Der Begriff ›Orkan‹ beschreibt etwas anderes. Für das, was danach kommt, haben wir noch die Begriffe ›Zyklon‹ oder ›Taifun‹. Schon bevor ich auf der ›Neptun‹ segelte, habe ich gesehen, wie Rettungsboote davon*geweht* wurden – nicht von den Wellen weggeschlagen, sondern vom Wind aus den Davits geblasen, quer über das Deck und hinaus über die Leeseite, als wären sie eine Art großer Möwen. Eine andere Seite der Sache ist die, daß ich, wo die See zugeschlagen hatte, Davits gesehen habe – Eisengestänge von der Stärke meiner eigenen Arme –, die wie Korkenzieher aufs Deck niedergedrückt waren; sie sehen aus, als wären sie halbgeschmolzene Butter, die man aufs geröstete Frühstücksbrot geschmiert hatte.

Das ist der Beginn eines Taifuns.

Ich erinnere mich an einen Fall im Nordatlantik – auf dem Weg von Mont Real nach Hull –, wo die ganze Poop und das Deckshaus von einem einzigen Wellenschlag über Bord gingen und wir dennoch lebendig ankamen. Ist es verwunderlich, daß alle außer dem Skipper und mir, der ich erster Steuermann war, drei Tage lang voll waren, nachdem wir Anker geworfen hatten?

Aber das ist wieder nur ein Spaß, verglichen mit einem tropischen Taifun.

Viele Verfasser haben den Versuch gemacht, zu beschreiben, was ein Zyklon ist. Die Wahrheit ist, daß er sich nicht beschreiben läßt; es ist, als ob die Natur geisteskrank geworden sei. Merkwürdigerweise dauert ein solcher tropischer Taifun nicht sehr viele Stunden, und ich kenne Leute, Kapitäne, die Schiffe von nicht mehr als fünf- bis sechshundert Tonnen quer durch das Sturmzentrum gesegelt haben. Wenn man dabei bedenkt, daß Wellen von fast vierzig Meter Höhe und achtzig Knoten Geschwindigkeit gemessen wurden, dann kann man sich vorstellen, was leicht geschehen kann, wenn die Rudergänger und Navigateure ihr Handwerk nicht verstehen. Jeder Kubikmeter von diesem vom Teufel besessenen Seewasser wiegt über eine Tonne und bewegt sich mit einer größeren Geschwindigkeit als ein Schnellzug.

Aber nichts von alledem geschah während der ersten Zeit mit der ›Neptun‹; wir segelten sozusagen ununterbrochen unter vollen Segeln, Woche auf Woche mit einer herrlichen, steifen Brise – im großen und ganzen mit einer Durchschnittsgeschwindigkeit von vierzehn bis sechzehn Knoten.

Abgesehen vom Kreuzen, wobei vom Deck aus manövriert werden konnte, hatte die Mannschaft an Bord wenig zu tun. Sie klopften Rost und strichen neue Farben auf. Die Mannschaft leistete den Befehlen immer noch Folge,

jedoch träge und unwillig. Aber wir hielten Sancta Vénere gepflegt, weißgestrichen und schön.
Als ich die Stichwunde unter Kapitän Andersons Schulter geflickt hatte, gab es nach der großen Schlägerei natürlich ziemlich viel Medizinmannsarbeit an Bord. Es waren Messerstiche und Platzwunden, aber eigenartigerweise keine lebensgefährlichen Schäden. Es war nicht notwendig, jemanden in die Krankenkammer zu legen. Sogar Tronchet mit dem Stich in den Bauch und David mit dem beschädigten Kehlkopf hielten sich gut.
Mit den alten Patienten ging es ständig bergauf. Der Steward la Fontaine sah zwar immer noch Tausende von winzig kleinen Chinesen und sprach laut mit sich selbst und dem verstorbenen Steuermann Mr. Cox, wenn er an Deck spazierenging, aber er war erheblich ruhiger geworden und kletterte nie mehr vor Angst nackt ins Rigg hinauf, oder um Reden auf Französisch zu halten. Mit den kleinen Chinamännern hatte er sich endgültig abgefunden; er fürchtete sich nicht länger vor ihnen. Das Auge des peruanischen Leichtmatrosen Carlos war besser geworden und schielte nicht mehr so stark. Den Lederfleck hatte ich abgenommen, obwohl er immer noch doppelt sah, damit das Auge sich anpassen und in seine Stellung zurückfinden konnte. Wenn er am Ruder stand, mußte er ständig das linke Auge schließen, um die Kompaßrose deutlich zu sehen, aber es ging jeden Tag besser mit ihm. An der linken Hand fing er an, die Finger wieder bewegen zu können. Aber er war genauso wortkarg und genauso voller Haß wie früher – jedenfalls mir gegenüber.
Merkwürdigerweise hatte er sich jedoch mit seinem alten Todfeind, dem Zimmermann van Harden aus Java versöhnt. Ebenso wie die Bißwunde in Carlos' Wange war die

Wunde unter dem Haaransatz des Javanesen gut geheilt, und auch die Nachwirkungen von dem Schlag auf den Kopf gingen weg; er schwankte nicht mehr beim Gehen, und den Verband hatte ich ihm längst abgenommen. Der einzige bleibende Schaden des Kampfes war, daß zwei der schönen Raubtierzähne für immer fehlten. Ab und zu waren die beiden Männer zusammen an Deck und sprachen miteinander. Der Herr allein mag wissen, in welcher Sprache sie sich unterhielten; aber ob es nun Malaiisch, Spanisch oder eine Art Englisch war – jedenfalls redeten sie.
Gleichzeitig – inmitten all dieses Geschehens – machten mir die Kapitänskinder eine gewisse Freude. Das älteste von ihnen, das Mädchen Mary, war sechs Jahre alt und fast im schulreifen Alter. Es gab eine ganze Menge, was ich ihr beibringen konnte, und es gab auch vieles, das sie mich lehrte. Sie war brünett, und zu dem halbdunklen Haar fügten sich zwei große, dunkelbraune Augen. Was sie von mir verlangte, war, daß ich Geschichten von der See und meiner eigenen Kindheit erzählte.
Sie pflegte zu mir zu sagen:
»Erzähl davon, wie du Kind warst!«
Das pflegte ich dann auch zu tun; ich erzählte Geschichten von der Finnmark und vom nördlichen Eismeer; Erzählungen von dem, was da oben passiert war, in meiner eigenen Familie und als ich selbst Kind war. Sie saß da mit großen, stillen, dunklen Augen und hörte zu und verlangte immer mehr Erzählen. Am liebsten mochte sie es, wenn ich die gleichen Geschichten aufs neue erzählte, und sie wünschte, daß ich sie Wort für Wort auf die gleiche Weise immer wieder hersagte. Mary war begeistert, zu hören, wie ich die ersten Male auf Fischfang im nördlichen Eismeer war, oder sie wollte, daß ich erzählte, wie ich oben

im Gebirge bei den Samen gewesen war und in ihren Zelten oder Torfhütten gewohnt hatte. Sie wollte auch immer wieder von meiner größten Fischpartie im Süßwasser hören, als ich fast vierzig Forellen in einer Nacht gefangen hatte, tief in der Finnmarksvidda, wo es das größte Problem gewesen war, den ganzen Fisch – zusammen über zwanzig Kilo – hinunter in die Ansiedlung zu tragen. Mary saß mit den großen, braunen Augen da und sah alles vor sich, was ich ihr erzählte.

»Erzähl es noch einmal!« sagte sie.

Besonders gern hatte sie eine Geschichte, in der ich meinen ersten Schiffbruch erlebte und fast drei Stunden im Eiswasser geschwommen war, bis ein anderes Fischerboot uns aufnahm. Alle Nägel waren kaputt und fielen von meinen Fingerspitzen ab. Aber es kamen neue Nägel. Ich erzählte ihr auch, wie es war, auf einer der Rahen zu hängen, um das Segel zu reffen, während es zwanzig Grad unter Null war und eine steife Brise wehte und die Finger steif wurden und der Wind quer durch den Körper ging. Und dann das schmutzige, dunkle, eiskalte Mannschaftslogis.

Mit dem Bruder, dem kleinen Bobby von nur vier Jahren, war es anders. Er war ein kleiner, runder Klumpen – aber mit ganz hellem Haar und dunkelbraunen Augen. Bobby wollte nur auf meinem Schoß oder auf meinem Arm sitzen. Er war zu klein, um nach Erzählungen zu verlangen. Er wollte es nur geborgen und gut haben. Gewiß gab es etwas, das diese Kinder von ihren Eltern nicht bekamen. Ich weiß nicht genau, was es war, das sie vermißten, aber vielleicht war es etwas, das Liebe genannt wird. Der Herr mag es wissen.

Zu den Gedanken, die mich plagten, gehörte die Erinnerung daran, wie ihr Vater während der Schlägerei den Matrosen Li hochgehoben und ihn zum Schanzkleid getragen hatte, jedoch auf meinen Anruf hin aufgewacht war und den Mann aufs Deck hatte fallen lassen, statt ihn über Bord zu werfen. Es war mir klar, daß Kapitän Anderson wahnsinnig, unzurechnungsfähig gewesen war, als er den Mann töten wollte. Hätte er es getan, wäre Li der vierte Mensch gewesen, den er umgebracht hatte. Auch diesmal hätte Anderson das »Recht«, das Gesetz, auf seiner Seite gehabt – dieses Gesetz, das geschaffen wurde, den Starken vor dem Schwachen zu schützen –, das Gesetz, das geschaffen wurde, um die Macht der Herren über die Sklaven zu erhalten, um die Pflicht der Unterdrückten zu totalem Gehorsam gegenüber den Herrschenden zu untermauern. Sowohl Dickson als auch Anderson und ich hatten als Offiziere das volle Recht, jeden zu töten, der sich gegen uns auflehnte. Wenn man in Betracht zog, daß die beiden anderen Offiziere imstande waren, bewußtlos vor Raserei zu handeln, so wird verständlich, daß die Situation mir ein Gefühl großer Einsamkeit einflößte.

Außerdem gab es keinen in der Mannschaft, dem ich ganz vertrauen konnte. Sogar der intelligente und ausgeglichene Arrowsmith hatte ein paarmal die Selbstkontrolle verloren und Kapitän Anderson über die Grenze dessen hinaus, was dieser verkraften konnte, angegriffen und provoziert. Tai-Fun sprach fast nicht mehr, sondern sah mich nur ab und zu mit seinen schwarzen, unergründlichen Augen an.

Alles in allem war vielleicht – oder ganz gewiß – der hilflose, unbrauchbare Pat mein einziger Trost. Ich merkte, daß ich anfing, ihn zu vermissen, wenn er lange wegblieb. In Wirklichkeit war ich nach und nach genauso abhängig

von Pat geworden, wie er es von mir war. Aber das verstand ich damals nicht.
Außerdem war es Pat, der mir die Wahrheit von der Situation, so wie sie war, erzählte.
Eines Tages, als er unten in meiner Kammer war, sagte er:
»Du, Steuermann?«
»Ja?«
»Weißt du, daß Kapitän Anderson den Bruder von Arrowsmith getötet hat?«
»Wo hast du das her, Pat?« antwortete ich.
»Stavros hat es erzählt«, sagte er, »aber es wissen viele.«
Eine Weile sprach ich kein Wort und dachte nur nach. Dann sagte ich:
»Hast du von den Perlen gehört, Pat?«
»Ja«, sagte er, »das haben alle. Sie sagen, daß er Perlen an Bord hat für über eine halbe Million Dollar.«
Es dauerte lange, bis einer von uns etwas sagte. Dann nahm mich Pat bei der Hand.
»Steuermann«, sagte er, »ich habe ziemliche Angst.«
Und eh' ich mich versah, hatte ich ihm geantwortet:
»Hab keine Angst, Pat, ich werde auf dich aufpassen. Du weißt, daß du mir vertrauen kannst. Ab und zu habe ich Lust, dich ins Meer zu werfen, aber ich werde es wohl nie tun.«
Pats Händedruck wurde fester, und sein Lächeln wurde breiter.
»Nein«, sagte er, »weil du mein Vater bist.«
Einen Augenblick war ich sprachlos. Ich schaffte es nicht, etwas zu antworten. Pat lächelte nur mit seinem schmalen Gesicht und seinen schlechten Zähnen.
»Hör einmal zu, Pat«, sagte ich nach einer Weile. »Ich bin nicht dein Vater, ich bin nicht dein älterer Bruder, ich bin

nicht dein Lehrer. Nicht dein Pfarrer. Ich bin nichts für dich. Und in der nächsten Hafenstadt mustere ich auf einem Schiff an, wo du nicht an Bord bist. Wir trennen uns in Rio oder Marseille. Ich bin nicht dein Adoptivvater!«
Pat blieb gänzlich unberührt. Er lächelte weiter:
»Und du bist dann trotzdem alles zusammen!«
Er wartete einen Moment, dann fuhr er fort:
»Du kannst mich nie verlassen. Denn das vermagst du nicht.«
Ich sah ihn an. Es lag eine merkwürdige Mischung von Triumph und fast Hohn in dem armen, zerstörten Kindergesicht. Es war unmöglich, ihm zu antworten. Er lächelte wieder, fast wie ein Engel. Dann wiederholte er:
»Denn das vermagst du nicht, Steuermann.«
Die Worte brachten mich dazu, aufzustehen. Ich erhob mich in der niedrigen, engen Kammer zu voller Höhe, und der Kopf stieß an die Decke. Die übliche Kajütenhöhe war ungefähr 180 Zentimeter. Ich hatte Lust, jemanden zu schlagen.
Aber Pat konnte ich nicht schlagen. Es war die Wahrheit, daß er mein Sohn geworden war. Im übrigen bekamen wir bald genug anderes zu denken. Ehe ich jedoch fortfahre, muß ich eine Unterlassungssünde wieder gutmachen. Von der ganzen Besatzung der ›Neptun‹ gibt es nur einen Mann, den ich noch nicht erwähnt habe, und daran ist nicht Schuld – wie bei den beiden zwanzigjährigen malaiischen Leichtmatrosen –, daß ich vergessen habe, wie er hieß. Ganz im Gegenteil kann ich mich sehr gut an ihn erinnern. Er war der älteste Mann an Bord, ein bißchen über sechzig Jahre alt. Er war immer mit bloßem, sehnigem Oberkörper an der Sonne, mit ein wenig krummem Rücken, nach vorne gebeugt, mit etwas angewinkelten

Armen. Er hatte genauso dunkle Haut wie irgendein Mulatte, aber aus dem braungebrannten, sonnengefleckten Gesicht strahlten zwei Augen, die so hellblau waren, wie ich es noch nie bei einem Menschen gesehen hatte. Das Haar war so blond wie Hafer, mit nur einigen weißen Strähnen darin. Er war immer noch stark und schnell auf den Füßen, und wenn es nötig war, ging er genauso leicht ins Rigg hoch wie einer der Jüngsten. Er war von plattdeutscher Herkunft; die Eltern stammten aus dem flachen Küstenland hinter den Sanddünen an der Nordsee, irgendwo zwischen Friesland und Holstein. Aber sie emigrierten weg von der Armut zu Hause, und der Sohn wurde in Südamerika geboren. Er hieß Christian Hellmuth und war Bootsmann auf der ›Neptun‹. Seine Muttersprache war deutsch, aber er sprach ein gutes Spanisch und Englisch, jedoch mit der Schwäche vieler Deutscher: er konnte kein ›th‹ aussprechen, sondern sagte ›s‹ statt dessen.

Sein Gemüt war genauso mild und ruhig wie die klaren, hellblauen Augen. Viele Jahre lang hatte er anfangs an Bord deutscher Schiffe gestanden, aber ich glaube, daß er während der letzten dreißig Jahre nur in den Tropen gesegelt war, unter der Sonne, die er liebte und unter der er sich trotz seiner gelben Haare und seiner blumenblauen Augen zu Hause fühlte. Er sagte übrigens nie einfach »die Sonne«, sondern »Gottes Sonne«. Diese und andere Eigenheiten waren übrigens keine Konvention oder Phrasen bei ihm; sie waren nur der Ausdruck einer tiefen Vertrautheit mit einer Gedankenwelt, in die er mir ab und zu einen Einblick gab.

Christian Hellmuth war einer der wenigen Menschen, die ich getroffen habe, die ich wirklich Christen nennen

möchte. Aber er war weder Katholik noch Protestant; er gehörte zu dem, was er die »dritte Konfession« nannte – zu einer Tradition, die von den alten deutschen Mystikern herkommt, von dem Arzt, großen Forscher, exakten Wissenschaftler, Sterndeuter, Träumer und Wahrsager Paracelsus, von dem Mönch und Ritter Meister Eckehart – dem schrittsicheren Denker und frommen, gefühlvollen Mystiker, der als Ketzer verurteilt wurde – weil er mehr wissen wollte, als einem Menschen zuteil werden durfte. Aber vielleicht kommt diese Tradition noch mehr von dem Schuhmacher aus Görlitz, dem tiefen und frommen, selbstgelehrten Bibelleser und Forscher Jacob Böhme – der mehr als irgend jemand sonst dem Sprichwort »Schuster, bleib bei deinem Leisten!« Schande macht. Gott sei gelobt, daß Jacob Böhme nicht bei seinem Leisten blieb.
Auch Christian Rosenkreutz und seine alte Bruderschaft der Rosenkreuzer war mit dem Leben des Bootsmannes verquickt. Ich glaube übrigens, es war vor allem der amerikanische Zweig – the Rosicrucians von 1600–1700 – mit dem er Berührung gehabt hatte.
Nun war Christian Hellmuth jedoch alles andere als ein dogmatischer Anhänger oder blindlings glaubender Jünger einer dieser Mystiker. Seine Lebensart und seine Anschauungen kamen ebenso wie seine Güte aus tiefen Quellen im Inneren seiner eigenen Seele. Natürlich hatte er viel von den Mystikern gelernt und übernommen, aber die Gedanken waren ein Teil seines eigenen Blutes und seines eigenen Herzens.
Wenn er sich nicht einer der beiden großen Konfessionen anschließen wollte, dann war der Grund bei Gott nicht geistiger Hochmut, sondern ganz einfach die Tatsache, daß keine der eisenharten Theologien – weder die katholi-

sche noch die protestantische – mit seiner Frömmigkeit und seiner Auffassung von den Menschen zu vereinbaren war.

Daß eine einzelne Konfession oder Kirche sich als Vermittler zwischen Gott und den Menschen einsetzen konnte, war für ihn eine Unmöglichkeit und ein Hochmut ohnegleichen. Eine kirchliche Sündenvergebung war für Hellmuth unbegreiflich und gotteslästerlich – vor allem wenn sie von irgendeinem Beichtvater aus einem Priesterseminar ausgesprochen wurde, der vielleicht nicht mehr vom Leben kannte als ein bißchen schlechtes Latein. Machtgier und Zentralismus der römischen Kirche waren für ihn eine Beleidigung der Menschenwürde und der Freiheit, die eine erste Voraussetzung der Annäherung an Gott ist.

Die Auffassung vom Menschen als einem von Natur aus sündigen und bösen Wesen war für den Bootsmann eine Blasphemie.

Vielleicht noch unwahrer galt ihm die luthersche Lehre von dem totalen Abgrund zwischen Gott und dem Menschen – daß der Mensch sozusagen Gottes Gegenteil sei, daß Gott und der Mensch Feinde sind.

Hellmuth ging hier eher von der den Kirchen entgegengesetzten Lehre aus, nämlich von der Verkündigung des Evangeliums: Ich sage Euch, wahrlich, *Ihr* seid Götter!

Aus einem der Gespräche mit unserem Bootsmann erinnere ich mich, daß er sagte, Gott und die Existenz – oder Gott und das Sein – seien ein und dieselbe Sache; ferner sagte er, daß alles, was Wirklichkeit ist – auch Gott –, aus Bösem und Gutem besteht. In diesem ewigen Kampf zwischen hellen und dunklen Kräften kann der Mensch durch Christus, der die vollkommene Verwirklichung der Einheit Gott-Mensch ist, erlöst werden. Der Mensch muß also alles aufgeben, sich selbst entsagen, alles hergeben und *nichts* zurückfordern, ganz einfach um *Gott zu werden*.

Diese Auffassung erinnerte mich sehr an meine eigenen Gedanken von der Liebe, jedoch mit der Erweiterung der Perspektive, daß Hellmuth sie auf die ganze Menschheit anwandte. Wir hatten keine Schwierigkeiten, einander zu verstehen, obwohl er Christ war und ich Heide.

Ein anderer Grund dafür, daß er von den Kirchen absolut Abstand hielt, bestand darin, daß er auf seine Weise Sozialist war; und er meinte, daß die großen Kirchen beträchtliche irdische Schätze gesammelt, das Wort des Meisters gebrochen, und daß sie sich den Fürsten und Mächtigen und den Reichen auf Erden angeschlossen hätten, um das Bestehende zu erhalten und nicht ihren Platz zu finden unter den Schwachen, den Erniedrigten, den Unterdrückten und Ausgeplünderten – unter den Sündern und den Armen.

Es ist merkwürdig, sich zu vergegenwärtigen, daß der deutsche Ritter und Dominikanermönch Meister Eckehart, der neben dem Schuhmacher Böhme einer der Lehrer unseres alternden Bootsmannes gewesen war, auch Lehrer Hegels gewesen war, der wiederum Lehrer des deutschen Sozialisten und Philosophen Karl Marx war, welcher sechzehn Jahre vor der letzten Reise der ›Neptun‹ im kohlendunstvergifteten London starb. Gewiß saß Tai-Fun ab und zu in seiner Kammer und las Karl Marx, während mir Christian Hellmuth oben an Deck von dem Ritter erzählte, der sechshundert Jahre früher gelebt hatte.

Es ist seltsam, die Ringe sich im Wasser ausbreiten zu sehen.

Doch, alles hat einen Sinn.
Hellmuth war ein hervorragender Seemann, nicht zuletzt wegen seiner enormen Kenntnisse tropischer Wetterverhältnisse und tropischer Stürme. Bis zum Beginn der Meuterei war seine milde und nicht lautstarke Autorität unbestritten unter den Leuten vor dem Mast. Er konnte alles besser als andere, angefangen vom Hochentern wie ein Junge bis zur Zimmermanns- und Segelmacherarbeit, die er genauso gut machte wie die Fachleute selbst.
Als der erste Steuermann, Mr. Cox, tot war, fragte Kapitän Anderson Hellmuth, ob er als ›Bestmann‹ fahren wolle, also als Steuermann und für Steuermannsheuer, ohne die Papiere zu haben. Aber Hellmuth wollte es nicht; er gehörte nach vorne. Damit zeigte sich, daß er sich trotz seiner Frömmigkeit und Sanftmut keineswegs unterschätzte; er wußte, wer er war, und er wußte, welche Aufgabe er hatte. Die Aufgabe erfüllte er nicht durch Sprechen oder Belehren, sondern allein durch seine Art zu *sein*, durch seine leise Art zu reden und durch das große Gefühl von Frieden, das er ausstrahlte. Die einzigen, die ihn haßten, waren der Mischling, Segelmacher und Messerstecher Pete Davis von Australien und der andere Mischling, der Zimmermann van Harden aus Java – beide erniedrigt durch die Tatsache, daß ihre Väter die Schändlichkeit besessen hatten, sie mit farbigen Frauen zu zeugen, und die sie damit gezwungen hatten, wurzellos, boykottiert und von den Weißen verachtet zu werden, während sie selbst sich gleichzeitig über die Farbigen erhoben fühlten. Sie waren heimatlos und haßten alle. Aber sie gehörten nicht zu Christian Hellmuths mildem Regierungsbezirk und mußten ihm nicht gehorchen. Sie waren ihre eigenen Büttel.

Von Hellmuths persönlichem Schicksal wußte ich nur, daß er seine Frau und seine zwei kleinen Kinder während einer Epidemie von Gelbfieber vor fast dreißig Jahren verloren hatte. Während seines fünfundvierzigjährigen Seemannslebens war ihm ansonsten so viel passiert, daß ihm nichts anderes mehr geschehen konnte, als zu sterben; und er betrachtete den Tod nicht als Feind, sondern als treuen Freund, der auf ihn wartete.

Eines Nachmittags und Abends geschah etwas Seltsames auf dem Hauptdeck. Die Leute tanzten und spielten Gitarre. Die Gitarristen waren der Kubaner und Matrose Juan Cortez und der Brasilianer Taddeo, der Leichtmatrose. Sie improvisierten und spielten zusammen, und beide spielten ausgezeichnet, eine wilde und gewalttätige, haßerfüllte, jedoch schöne Musik. An der Großsegelrah und am Fockmast waren brennende Petroleumlampen aufgehängt worden, und die Mannschaft stand anfangs im Kreis um die Musiker und klatschte in die Hände. Darauf fing der Mestize Carlos an zu singen, danach sangen alle in einer Art Ursprache ohne Worte, denn es waren ja nur die Spanischsprechenden, die dem Text folgen konnten. Dann fingen sie zu tanzen an, einzeln und paarweise. Bald war das Deck ein Chaos von tanzenden Männern. Wo sie den Branntwein herbekommen hatten, weiß ich nicht; aber wahrscheinlich hatte der Steward la Fontaine ein geheimes Lager unten bei der Fracht, und dies war nun an die Mannschaft verteilt worden. Die Tanzerei dauerte bis spät abends. Und im gelben Halblicht der Lampen war es ein unschuldiges und wunderliches Bild.

Wir hatten mehrere denkfähige und verantwortungsbewußte Leute an Bord, und es war im Grunde schwer zu verstehen, daß der Ausbruch so gewaltsam und zielstrebig kam, wie es geschah. Die Ursache mußte der bodenlose, leidenschaftliche Haß sein, der in Männern lebte wie Arrowsmith, Li, Huang, in dem schwarzen André Legrand aus dem Kongo, in dem Mestizen Carlos, in Lilly, in Julian, Taddeo, Tronchet und in anderen. Es waren der Haß und der Rachedurst von Generationen, und es konnte nicht anders aufgehalten werden als durch Gewalt gegen Gewalt.

Die Meuterei

> Es konnte ihm nichts anderes geschehen, als das, worauf ein jeder vorbereitet sein muß; nämlich Niederlage und Tod.
>
> *J. C.*

Der Angriff kam während der Nacht. Ich hatte Freiwache und lag unter Deck und schlief, aber ich hatte Hose und Hemd an und den Revolver neben mir. In dem Moment, als ich die Schüsse auf der Poop hörte, war ich wach und auf den Beinen. Oben an Deck war die Hölle los. Das erste, was ich wahrnahm, war eine Gestalt, die quer vor dem Eingang des Deckshauses lag. Es war Edgar Danson, der weiße Südafrikaner, von einem Schuß getroffen oder zu Boden geschlagen. Pete Davis, der Mischling aus Australien, lag ein paar Meter weiter auf dem Gesicht. Gegen das Geländer über dem Hauptdeck lehnte halb liegend, halb sitzend Juan Cortez, das ganze Gesicht voll Blut.

Bei der Leiter, die von Deck heraufführte, standen der dritte Steuermann und der Kapitän, beide mit Revolvern in den Händen. Es stand niemand am Ruder, aber der Wind war nicht mehr als eine laue Brise,und das Schiff hatte beigedreht und lag und wiegte sich gemächlich in der langen Dünung. An Deck unter der Leiter lagen zwei weitere Männer, vollkommen unbeweglich, aber im schwachen Licht der Petroleumlampen sah ich nicht, wer sie waren. Etwas weiter vorne stand eine Gestalt an Deck, die ich nur an ihrer Größe erkannte; es war Arrowsmith.

Die Leiter hoch kam ein Mann geklettert; er hatte ein Messer in der rechten Hand. Der dritte Steuermann schoß nicht, aber er trat ihm ins Gesicht. Einen Augenblick lang blieb der Mann stehen, sich mit der linken Hand festhaltend, dann traf ihn der nächste Tritt unterm Kinn, und er riß beide Arme empor, stand einen Moment so da und fiel dann rückwärts ins Halbdunkel auf dem Hauptdeck.

Fast gleichzeitig kam ein neuer Mann die Leiter hoch, und zwei schwangen sich über das Poopgeländer, jeder auf einer Seite von ihm. Der Angriff war gut geplant und geschah blitzschnell. Ich sah, wie Anderson den einen packte und, buchstäblich gesprochen, zusammenfaltete, er schlug auch ein paar Male zu, aber unmittelbar darauf war der Mann, der die Leiter hochgeentert war, von hinten über ihm. Dann hörte ich, daß Dickson schoß, und ich sah das Aufblitzen von dem Revolver. Ich bemerkte auch, daß etwas hinter mir vorging. Es war ein Geräusch von etwas Weichem und zugleich Schwerem. Als ich mich umwandte, sah ich den großen chinesischen Matrosen Li und den Algerier Achmed auf der Poop; beide hatten sich unbemerkt vom Besanbaum herunterfallen lassen.

Ich hatte sie früher bei einer Schlägerei gesehen und wußte, daß beide im Nahkampf gefährlich waren. Gleichzeitig merkte ich, daß sie überrascht waren, drei Mann auf der Poop zu finden statt zwei.

Der Angriffsplan war gut durchdacht gewesen; mehrere Mann sollten Kapitän Anderson und Dickson von vorne angreifen – und zwei von hinten, indem sie vom Besanbaum herabsprangen. Hier stand also ich im Wege. Achmed sprang sofort auf mich los, aber ich hatte seine Methode mit dem Kopfsprung vorher schon gesehen, und es war leicht, sich dagegen zu wehren. Er traf nur meinen Unterarm. Gleichzeitig schoß ich zweimal auf seine Füße. Er rannte quer über die Poop, sprang über das Geländer und hinunter aufs Deck. Ich sah nur ein Aufleuchten der weißen Hose und einen Fuß gegen das Lampenlicht. Dann kam Arrowsmith, schnell wie ein Tiger, die Leiter hoch und griff Anderson an, der schon zwei Arme von hinten um den Hals hatte. Der Kapitän fiel unter dem mehr als hundert Kilo schweren Gewicht des Mulatten hinten über. Ich hörte ein paar Flüche und ein gurgelndes Geräusch, dann fühlte ich den Stich von Lis Messer, der mich im linken Oberarm traf. Gleichzeitig schoß ich. Aber ich schoß nicht auf den Körper, sondern auf die Beine von Li. Merkwürdigerweise fühlte ich keinerlei Schmerzen von dem Messerstich; ich war nur auf eine sonderbare Weise indigniert: ich hatte Li selbst nie etwas angetan, warum zum Teufel stach er dann ein Messer in meinen Arm? – Der Arm war so wenig beschädigt, daß ich ihn verwenden konnte. Ich schlug ihn hart von unten – unter die Nase und nach oben – ein Schlag, der unter Umständen den ganzen Nasenrücken ins Gehirn hochjagt. Und als er ein paar Meter nach hinten taumelte, schoß ich. Sofort spürte ich, daß ich ihn eigentlich nicht treffen wollte. Ich schoß nur auf seine Beine, und ich traf ihn in den linken Unterschenkel. Ich sehe immer noch diese Szene vor mir: schwaches, gelbliches Licht – und in diesem Licht sind Leute dabei, einander umzubringen. Mein Schuß ging quer durch seinen Unterschenkel. Später, als ich als Medizinmann dabei war, den Schaden zusammenzuflicken, sah ich, daß das Projektil auf eine wunderbare Weise genau zwischen Wadenbein und Schienbein hindurchgegangen war; kein Knochen war gesplittert; die Kugel ging nur durch seine Muskeln hindurch und auf der anderen Seite wieder hinaus. Natürlich bemerkte er, daß er getroffen war, und fing an zu brüllen, während er rückwärts humpelte. Ich kam ihm nach, bis er mit dem Rücken gegen die Reling stand, dann schlug ich

ihm zweimal ins Gesicht. Er ging rückwärts über die Reling und fiel mit voller Wucht aufs Hauptdeck.
Hinter mir waren der dritte Steuermann und der Kapitän mit den vieren, die von vorne angegriffen hatten, beschäftigt. Einer von ihnen war bereits bewußtlos nach einem Schlag von Anderson. Auf der Rückseite lag der eine Mann mit den Armen um die Kehle des Kapitäns, und obendrauf lag Arrowsmith mit der einen Faust an Ohr und Wange von Anderson. In der anderen Hand hielt er ein langes, schmales Messer.
Was mich am meisten überraschte, war der Anblick von Dickson; der dritte Steuermann hatte möglicherweise immer noch Angst, aber er zeigte es nicht. Er war weder rot im Gesicht noch weiß. Er war ganz ruhig, als wäre er dabei, Tee zu machen.
Etwas Ähnliches war mit mir der Fall; ich fühlte keine wirkliche Angst mehr; die Angst der letzten Zeit hatte ihr Ziel und ihren Sinn gefunden.
Alles in allem waren nur noch zwei der Meuterer auf der Poop verblieben. Kapitän Anderson erhob sich ohne die Hilfe von Dickson oder von mir. Aber die beiden letzten Angreifer – einer der Mannschaft und Arrowsmith selbst – hingen immer noch an seinem Hals. Er kümmerte sich wenig um den Mann, der an seinem Rücken hing, und für Dickson und mich war es ein Leichtes, ihn zu entfernen. Wir schlugen ihm einigemal ins Gesicht und warfen ihn die Leiter hinunter. Dann griff Anderson Arrowsmith mit der rechten Hand zwischen die Beine und mit der linken an die Gurgel – der Mulatte stieß ein Schmerzgeheul aus, dann sah ich seine beiden Füße hoch gegen eines der Segel, und der Mann fiel fast zwei Meter hinunter von der Poop aufs Deck.

Es war niemand achtern übrig außer Dickson, Anderson und mir. Das Schiff trieb im Mondschein quer zur Windrichtung. Wir hatten das Deck achtern aufgeräumt.
Aber alles hing von folgendem ab: es gab nur eine Leiter vom Hauptdeck hoch zur Poop. Die Angreifer hatten getrunken, ehe sie zum Handeln übergingen. Vorne hatte man Stich- und Schlagwaffen, aber keine Schußwaffen. Der Proviant lag achtern bei uns. Sie waren mehrfach so viele wie wir, aber wir waren materiell und waffentechnisch überlegen. Wir waren immer noch die Herren auf der ›Neptun‹; zunächst jedenfalls.
Während diese Dinge geschahen, war Frau Anderson zusammen mit den Kindern Mary und Bobby unter Deck geblieben. Sie hatten die Schüsse gehört und die Schläge und Schreie. Aber sie hatte es verstanden, die Kinder ruhig zu halten. Natürlich hatten sie Angst, natürlich hatten sie geweint – aber sie hatte mit ihnen gesungen, mit ihnen geredet und sie beruhigt.
Die anderen Kinder an Bord, die Vierzehnjährigen, Pat und Moses, und der fünfzehnjährige Elias, beide aus den Staaten, waren in die Ankerkiste gekrochen und hatten sich dort versteckt. Sogar unserem bildschönen, vulgären und gefallenen Engel, dem siebzehnjährigen Griechen Stavros, war es zuviel geworden. Er hatte trotz seines runden, muskulösen Körpers sowohl sich selbst als auch seine gelben Locken in der Kammer Tai-Funs versteckt, der mit seinen schmalen schwarzen Augen und dem Haimesser im Gürtel draußen vor der Kombüse stand. Kein Mensch an Bord der ›Neptun‹ hätte sich in die Kombüse hineingetraut, solange Tai-Fun in der Tür stand, auf seinen Papierschuhen und in seinem Pyjama. Ich verstehe das gut; mit ihm verglichen, waren wir alle miteinander Kinder. Der

einzige ihm Ebenbürtige war Christian Hellmuth, aber Gott! – wie waren sie verschieden!
Nun, wir hatten es also geschafft, in dieser Nacht, als die Meuterei losbrach, das Achterdeck aufzuräumen. Aber das war nur ein vorläufiger Sieg. Allen war klar, daß die endgültige Abrechnung noch bevorstand.
Ich war immer noch der Medizinmann an Bord. Ich war Offizier, und ich hatte mich daran beteiligt, die Meuterei in der ersten Runde niederzuschlagen. Aber wenn dann Leute blutend und bewußtlos an Deck lagen, war es meine nächste Pflicht, sie am Leben zu erhalten. Sie waren nicht länger meine Feinde; sie waren meine Kinder, meine Patienten. Natürlich war ich Schiffsoffizier, aber wenn ich einige von ihnen niedergeschlagen, mißhandelt oder angeschossen hatte, dann war ich zugleich der Arzt und ihre Krankenschwester. Genaugenommen weiß ich nicht, auf welche Seite ich gehörte. Wahrscheinlich auf keine von beiden.
Es gibt etwas, das Einsamkeit genannt wird.
Ich weiß nicht genau, worin sie besteht, aber ich glaube, sie bedeutet, Verantwortungsgefühl zu haben. Man kann vielleicht eine Art mathematische Gleichung aufstellen: Verantwortung = Einsamkeit.
Wahrscheinlich fühlte ich mich in diesen Tagen ziemlich einsam.
Ich weiß keinen, auf den ich mich hätte stützen können oder bei dem ich mir hätte Trost holen können. Es hätten Christian Hellmuth oder Tai-Fun sein müssen, aber keiner von ihnen zeigte sich. Am zweiten Tag kam Pat aus der Ankerkiste herausgekrochen, bleich, zu Tode erschrokken und hungrig. Er ging über das Hauptdeck und direkt die Leiter hoch zur Poop. Ich glaube nicht, daß es irgend-

einer der anderen Offiziere übelnahm, aber mir schien es, als wäre das Leben zurückgekehrt; ich legte die Arme um Pat, hob ihn von Deck hoch und legte meine Wange an seinen Kopf.

Nun war dies also der erste Angriff gewesen, der erste ernsthafte Versuch organisierter Meuterei.

Es war nur der Anfang.

Zwei Tage danach kam der nächste Angriff.

Im Namen der Anständigkeit muß gesagt werden, daß keiner von uns den Versuch machte, die Kinder in das hineinzuziehen, was die Hölle und die Welt der Erwachsenen war. Unsere zwei Schwarzen, Moses und Elias, dieser Reihenfolge nach vierzehn und fünfzehn Jahre alt, bewegten sich frei auf dem ganzen Schiff, und sie kamen nach achtern, um Essen zu erhalten, ohne daß jemand von vorne sie deshalb belästigte. Pat war meistens achtern, wenn er nicht bei Tai-Fun war, und er schlief in meiner Koje. Ich selbst war die ganze folgende Zeit oben auf dem Achterdeck, wo wir drei Offiziere unseren Aufenthalt hatten. Wir waren ununterbrochen dort, und wenn einer von uns schlafen mußte, geschah es entweder an Deck oder auf dem Sofa in dem kleinen Salon neben dem Kartenraum. Wir rationierten den Schlaf untereinander und schliefen nie mehr als ein paar Stunden hintereinander und nie unter Deck.

Es war deutlich geworden, daß James Arrowsmith Alleinherrscher über das Deck und das Vorschiff war. Keiner der Mannschaft leistete Befehlen Folge, alle verweigerten wie ein Mann die Schiffsarbeit. Und ohne Leute an Deck konnte das Schiff nicht manövriert werden. Wir konnten nicht kreuzen und änderten also den Kurs: Wir segelten nach Westen, mit dem Passat. Wieder zurück. Wir bekamen alle drei zu wenig Schlaf. Wir hatten zwar den Proviant achtern und konnten die Aufrührer mit Essen aushungern, aber umgekehrt konnten sie uns, indem sie uns zu konstanter Verteidigungsbereitschaft zwangen, mit Schlaf aushungern. Auf die Dauer konnten drei Mann – selbst wenn wir bewaffnet waren – nicht die Kontrolle über die Entwicklung behalten. Denn alles in allem kann man länger ohne Essen als ohne Schlaf auskommen. Streng genommen konnten wir es uns nicht leisten, überhaupt zu schlafen. Nur zwei auf Wache waren einfach zu wenig, besonders wenn der eine von ihnen am Ruder stehen mußte.

Hinzu kam, daß wegen des fehlenden Essens vorne der nächste Angriff ziemlich bald kommen würde.

Am Morgen nach der Meuterei mußte ich mich der Verletzten annehmen. Mit den dreien, die auf der Poop liegengeblieben waren, war es einfach: Juan Cortez, Edgar Danson und Pete Davis. Keiner von ihnen hatte Schußwunden, sie waren nur halb totgeschlagen worden von Kapitän Anderson. Alle drei waren immer noch kampfuntüchtig und ungefährlich. Danson und Davis hatten beide eine schwere Gehirnerschütterung, und Cortez war dadurch, daß ihn der Kapitän gegen die Eisenreling geschlagen hatte, ein großer Teil der Stirnhaut abgerissen worden. Er war fast skalpiert, und ich mußte ihn mehrfach nähen und eine riesige, antiseptische Bandage um den Kopf legen. Die beiden anderen bekamen ein Glas Kognak und den Befehl, nach vorne zu gehen und sich hinzulegen und ruhig liegen zu bleiben. Da keiner der drei sich richtig auf den Beinen halten konnte, veranlaßten wir die Schiffsjungen Stavros, Elias und Pat, ihnen die Leiter hinunterzuhelfen und sie übers Deck und nach vorne ins Mann-

schaftslogis zu bringen, während der dritte Steuermann, der Kapitän und ich mit entsichertem Revolver am Geländer standen und auf einen neuen Vorstoß warteten.
Aber er kam nicht.
Unter uns auf dem Hauptdeck vor der Poop lagen vier Mann. Es war der eine der beiden Malaienjungen, dessen Namen ich vergessen habe, der andere war Li, den ich ins Bein geschossen hatte, der dritte war der Leichtmatrose Carlos, der aufs neue übel zugerichtet worden war. Merkwürdigerweise war der vierte unser armer, delirischer Steward la Fontaine. Ganz sicher hatte er bei der Meuterei nicht mitgemacht; er war ganz einfach nicht imstande, äußere Vorgänge zu begreifen, aber wahrscheinlich hatte er bemerkt, daß irgend etwas achtern geschah, und sich alsbald dorthin begeben, mitten ins Gewimmel. Möglicherweise hatte er ahnungslos versucht, die Leiter hochzuklettern, um dann vom dritten Steuermann oder vom Kapitän niedergeschlagen zu werden. Der Herr mag es wissen. Auf alle Fälle lag er dort, schandbar zerschlagen, nicht bewußtlos, aber außerstande, sich zu bewegen.
Wir drei auf dem Achterdeck waren erstaunlich gut bei dem Zusammenstoß weggekommen. Ich selbst hatte nur einen Stich im linken Oberarm, und ich konnte ihn selbst verpflastern. Der dritte Steuermann war ziemlich zusammengeschlagen und hatte einen Stich im Bein. Als ich den Verband um seinen Oberschenkel legte, sah ich, wie stark er war. Er bestand aus lauter Muskeln, der ganze Mann. Und dennoch hatte ich ihn niedergeschlagen, als er brutal zu Pat war. Wahrscheinlich ist das Ganze eine Frage von Bewußtheit und Konzentration. Davon, schnell zu schlagen und an die richtige Stelle.
Tatsache war, daß wir drei nach der Meuterei gut Freund

miteinander waren. Ich hatte ein wenig Schmerzen von dem Stich im Arm. Im Grunde hatten wir keine Wahl; wir waren gezwungen, einander zu ertragen. Abgesehen von dem Messerstich hatte Dickson mindestens zwei gebrochene Rippen, über die ich ein Pflaster klebte.

Deutlich schlimmer war Kapitän Anderson zugerichtet worden. Er hatte zwei tiefe Messerstiche; keiner von ihnen war durch die Bauchdecke oder den Lungensack gegangen. Wahrscheinlich stammten beide Stiche von Arrowsmith. Der Mulatte war ausgezogen, um zu töten, und er kümmerte sich den Teufel um die Perlen und eventuelle andere Wertsachen. Die meisten anderen von der Mannschaft waren ganz einfach auf Raubmord eingestellt; die Perlen und das Geld waren es, hinter dem sie her waren. Der Kampf, der vorne stattgefunden hatte, hatte sich um folgendes gedreht: auf der einen Seite standen der Marxist Tai-Fun und der Anarchosozialist Christian Hellmuth; für beide war das Ganze eine Frage der bewußten Organisation – für Tai-Fun der organisierten Revolution, für Hellmuth des solidarischen Generalstreiks, der die gesamte bestehende Gesellschaft zerstören würde –, des Generalstreiks, der alle unsere Lebensformen zu einem christlichen Umgang der Menschen miteinander verändern, die Erde zu unserem gemeinschaftlichen Besitz machen würde.

Auf der anderen Seite herrschte das Chaos – der Aufstand der Sklaven, das Gegenteil von Anarchie.

Was Kapitän Andersons Wunden anging, war es, als könne ihn nichts wirklich in Mitleidenschaft ziehen. Er hatte eine Physis wie ein Jaguar. Alles heilte von selbst, und er war offenbar Schmerzen gegenüber unempfindlich. Ob es echte Unempfindlichkeit oder nur eine grenzenlose

Selbstdisziplin war, weiß ich nicht, aber ich habe ihn selbst zusammengenäht, und nicht ein einziges Mal war er dazu bereit, sich Dr. Schleichs örtliche Betäubung einspritzen zu lassen.

Als es um die Verwundeten an Deck ging, waren wir uns achtern nicht einig. Die zwei anderen meinten, daß ich sie liegenlassen solle. Ich antwortete:

»Kapitän Anderson, ich bin derjenige, der das Logbuch führt, und wenn Sie mir verbieten, die Kranken zu behandeln, muß ich es ins Journal eintragen. Ich muß schreiben, daß Sie mir verboten haben, zu versuchen, das Leben von sterbenden Männern zu retten.«

»Und dann?« fragte er.

»Jawohl«, sagte ich, »nach dieser Geschichte – wenn wir jemals Land erreichen – gibt es eine Seeamtsverhandlung, und ich bin gezwungen, die Wahrheit zu erzählen, so wie sie ist, so wie ich sie ins Journal eintrage.«

»Und dann?« wiederholte er. Er ging ein paarmal auf der Poop hin und her, blieb stehen und sah mich mit den kleinen, graublauen Augen an.

»Wenn ich von Ihnen nicht den Befehl erhalte, mich um die Verwundeten zu kümmern, dann sind Sie es, der sie getötet hat, Kapitän. Ich weiß nicht, ob Sie sich weitere Tote in Ihrer Musterrolle leisten können, Mr. Anderson.«

Er stand vollkommen still.

»Nein«, sagte er langsam, »ich kann mir kaum weitere Tote erlauben. Sie haben recht, Steuermann Jensen. Sie sahen, wie vorsichtig ich heute nacht war.«

»Jawohl«, antwortete ich, »dann habe ich Befehl vom Kapitän, die Verletzten nach oben zu bringen?«

Er antwortete nicht, sondern nickte nur.

Ich ging zum vorderen Teil der Poop und rief Arrowsmith.

Nach einer Weile kam er aus dem Mannschaftslogis und blieb an Deck stehen.
»Was ist los?« rief er.
»Gebt ihr mir freies Geleit zum Hauptdeck, um mich der Kranken annehmen zu können?«
Es vergingen ein paar Sekunden, bevor er antwortete, und ich sah, daß er sich unter Schwierigkeiten bewegte, immer noch ein wenig vorgebeugt – wahrscheinlich immer noch vor Schmerzen in Hals und Unterleib auf Grund der Behandlung, die ihm in der Nacht vom Kapitän zuteil geworden war.
»Das kann der Bootsmann tun!« rief er.
»Nein«, antwortete ich, »er ist gewiß tüchtig, aber ich habe die Medizinkiste achtern, mit sterilen Verbänden, Betäubungsmittel und Instrumenten, und ich kann sie nicht herausgeben.«
Er wartete einen Moment, dann sagte er:
»All right, Mr. Jensen. Sie haben freies Geleit auf Deck, um sich der Kranken anzunehmen. Aber kommen Sie ohne Schußwaffen, und gehen Sie nicht mittschiffs!«
Ich gab Dickson meinen Revolver und stieg die Leiter hinunter. Er blieb am Geländer stehen mit der Waffe in der Hand, während ich die Verletzten untersuchte. Drei von ihnen hatten Schußwunden. Der Matrose Li hatte einen Schuß durch den linken Unterschenkel, ein schwer zusammengeschlagenes Gesicht und eine Gehirnerschütterung durch den Sturz von der Poop. Ich hatte ihn über das Geländer geschlagen, während er auf einem Bein stand und sich nicht verteidigen konnte. Der Leichtmatrose, der junge Malaie, war praktisch Hackfleisch; er hatte mit Kapitän Anderson einen Nahkampf gehabt und war danach von der Poop auf Deck hinunter geworfen worden. Der

linke Arm war gebrochen, und er hatte eine sehr schwere Gehirnerschütterung. Er konnte nicht aufrecht stehen und war nur halb bei Bewußtsein. Der arme la Fontaine war bei Bewußtsein – das heißt, auf seine Weise –; er redete mit sich selbst über etwas, das mit Puderzucker und Zukkersäcken zu tun hatte. Er hatte einen beschädigten Rükken, wahrscheinlich von einem Sturz von der Leiter, und außerdem hatte ein Schuß ihn in den Oberschenkel getroffen. Die Kugel war irgendwo im Bein stecken geblieben.
Der Mestize aus Peru hatte von allen die schlimmste Nacht verbracht, ausgerechnet der Leichtmatrose Carlos, der ja anfangs bereits vom Zimmermann van Harden übel zugerichtet worden war. Er hatte eine Schußwunde im rechten Knöchel, wo die Knochen zersplittert waren. Außerdem hatte er einen Kieferbruch und die dazugehörige Gehirnerschütterung.
All dies überstieg bei weitem meine Möglichkeiten als Medizinmann, aber ich konnte die Leute jedenfalls verbinden und pflegen. Das mußte jedoch auf der Poop geschehen und nicht an Deck. Beide Leichtmatrosen, den Malaien und Carlos, gelang es mir, allein hochzutragen, während Li und la Fontaine zu schwer für mich waren. Ich rief nach vorne und bat Christian Hellmuth, zu kommen und zu helfen. Er kam, wie immer mit dem nackten, dunkelbraunen Oberkörper und den unwahrscheinlich hellen Augen. Aber er strahlte nicht mehr die gleiche fromme Ruhe aus wie sonst. Er war bekümmert, voller Sorgen. Zusammen trugen wir die zwei Männer die Leiter hoch und legten sie auf die Poop.
Dann sagte er »Grüß Gott!« und ging wieder nach vorne. Es schien, als wäre die ganze Meuterei ein persönliches Martyrium für ihn geworden. Seine Idee war ja der große,

friedliche Generalstreik, aber es mußte an Land geschehen, indem man sich weigerte anzuheuern. Auf See gibt es nach dem Gesetz keinen Streik. Befehle oder Schiffsarbeit zu verweigern, ist Meuterei. Das Leben auf See ist in Wirklichkeit eine militärische Welt, die auf dem totalen Gehorsam und der Unterwerfung seitens der Mannschaft aufbaut. Der Kapitän ist Repräsentant der Regierung, er hat das Gesetz auf seiner Seite, und er ist der absolute Diktator innerhalb seiner kleinen Gesellschaft. Er kann vor Gericht gestellt werden wegen Brutalität und Machtmißbrauch, aber erst wenn er wieder an Land ist. Bis dahin ist er Alleinherrscher, dem gehorcht werden muß.

Der Klassenunterschied zwischen Offizieren und Mannschaft ist ein unüberschreitbarer Abgrund. Als Gegenleistung liegt die ganze Verantwortung auf den Schultern des Kapitäns, und bei einem Unglück ist er dazu verpflichtet, als letzter das Schiff zu verlassen. Selbst unter Lebensgefahr muß er das Heiligtum des Schiffes – das Logbuch – retten.

Alle haben ihren genau festgelegten Rang und ihre Rolle. Die Gebote sind hart, sowohl für die Mannschaft als auch für die Offiziere.

Carlos hatte fürchterliche Schmerzen in dem zersplitterten Knöchel und von dem Bruch im Unterkiefer. Das einzige, was ich anfangs tun konnte, war, ihn voll Morphium zu pumpen. Dann reinigte ich die Schußwunde und machte eine Art Schiene aus dickem, steifem Stahldraht und umwickelte den Fuß und das Bein mit Gazebinden, so daß er nicht bewegt werden konnte. Was ich mit dem gebrochenen Unterkiefer tun sollte, wußte ich nicht, aber ich verband ihn so fest, daß der Mund nicht geöffnet werden konnte. Bis die Heilung anfing, konnte er wohl auf irgend-

eine Weise mit dem Schlauch gefüttert werden, entweder durch den Mundwinkel oder durch das Nasenloch.
Dann nahm ich mir la Fontaine vor. Er schien im Sterben zu liegen. Die Verletzung des Rückens wurde wahrscheinlich durch mehrere gebrochene Rippen verursacht. Aus eigener Erfahrung wußte ich, daß Rippenbrüche sehr schmerzhaft sein können, und das einzige, was ich tun konnte, war, lange Pflasterstreifen um seinen Brustkorb zu legen. Was das Bein anging, gab es nichts anderes zu tun, als die Wunde zu reinigen und eine Kompresse darüber zu legen, um eine Entzündung zu verhindern. Schlimmer war, daß es schien, er würde an Herzversagen sterben; er atmete schwer und schnell, und ab und zu stand sein Herz vollständig still. Wir – der dritte Steuermann und ich – trugen ihn in die Krankenkammer hinunter.
Als ich Li untersuchte, zeigte es sich, daß die Kugel zwischen Wadenbein und Schienbein durch den Unterschenkel hindurchgegangen und auf der anderen Seite herausgetreten war. Ich legte eine Schiene an, damit das Bein in Ruhe gehalten wurde, und danach nahm ich mich der Wunden im Gesicht und der Sturzverletzungen an. Die linke Schulter schien völlig gelähmt zu sein, aber ich fand nichts, das auf einen Bruch hindeutete. Durch den Schlag, den ich ihm von unten unter die Nase gegeben hatte, war sein Nasenbein nicht ins Gehirn getrieben worden, aber der Nasenrücken war gebrochen, und er war dunkelblau und violett im Gesicht.
Ich brachte ein paar Stiche am Mundwinkel an, ohne örtliche Betäubung. Ein schlechtes Gewissen hatte ich nicht; ich hatte ihm zwar ins Bein geschossen und ihn geschlagen, während er verteidigungsunfähig war, aber schließ-

lich hatte er zuerst sein Messer durch meinen Arm gestochen, ohne daß ich ihm etwas angetan hatte. Er war auf seine Taten gebettet.

Dann war wieder der junge Malaie an der Reihe. Er war nicht klar im Kopf und redete mit sich. Der linke Oberarm war gebrochen, und ich schiente ihn und gipste ihn ein. Ansonsten war er am ganzen Körper voller blauer Flekken; Kapitän Anderson hatte den Jungen wohl ziemlich hart angefaßt. Bei dem Schaden im Kopf ließ sich nichts machen.

Von den Verwundeten ließ ich nur la Fontaine achtern liegenbleiben. Die anderen wurden nach vorne geschickt. Von den Schiffsjungen erhielten wir unverzichtbare Hilfe. Elias, Pat und Moses halfen dabei, die Kranken hinunter an Deck zu bekommen. Und nicht zum wenigsten tat unser degenerierter Engel Stavros, der stark wie ein erwachsener Mann war, sein Bestes, um sie nach vorne zu bringen.

Der Steward starb um die Mittagszeit. Nicht wegen der Verletzungen oder der Kugel im Oberschenkel, sondern weil das Herz versagte. Das Delirium mit der ununterbrochenen Wachheit und Aktivität war schließlich zuviel für ihn geworden. Natürlich trug ich Rippenbrüche und Schußwunde ins Journal ein, aber als Todesursache gab ich Delirium an. Am gleichen Nachmittag warfen wir die Leiche ohne irgendwelche Formalitäten über Bord. Das einzige, was wir taten, war, ein Eisengewicht an seine Füße zu binden, so daß er versank, statt den Haien zum Opfer zu fallen.

Wenn ich alles überdachte, dann war das Resultat der Nacht, daß niemand an anderen Stellen getroffen worden war als in die Beine. Und zieht man in Betracht, daß so-

wohl der dritte Steuermann, der Kapitän, als auch ich unter Lebensgefahr gehandelt hatten, dann muß man zugeben, daß wir alle drei die Schußwaffen mit Vorsicht und Verantwortungsgefühl verwendet hatten. Eigentlich waren wir nicht brutaler gewesen, als es die Umstände erforderten.
Die nächste Phase wurde schlimmer.
Während des Tages geschah nichts. Die Nacht war ruhig. Der nächste Tag verlief gleichfalls ruhig. Erst in der Nacht darauf erfolgte der Hauptangriff. Und er war sehr sorgfältig geplant.
Ein besonderer Umstand war das Wetter. Der Wind flaute ständig ab. Schließlich trieben wir nur noch, ohne steuerfähige Fahrt zu machen. Wir waren alle drei gleichzeitig auf der Brücke, jeder von uns mit entsichertem Revolver in der Jackentasche. Den ganzen Rest des Tages lagen wir mit schlaffen, toten Segeln in der Windstille. Niemand war am Ruder.
Am Nachmittag kam der Kapitän zu mir. Er sprach wieder norwegisch.
»Jensen«, sagte er, »mir ist völlig klar, was geschieht. Es ist eine Rachetat und geplanter Raubmord. Es geht um Wertsachen, die ich mit mir führe, und darum, daß ich den Bruder von Arrowsmith getötet habe.«
»Das wissen wir alle, Kapitän«, antwortete ich.
»Gut«, sagte er, »wenn es Arrowsmith schaffen sollte, mir das Leben zu nehmen, dann habe ich eine Frage an Sie.«
»Jawohl, Kapitän.«
»Jensen, Sie werden dann der Führer des Schiffes und haben alle Verantwortung für die weitere Entwicklung.«
»Das ist mir klar, Kapitän.«
»Ich werde dann Frau und zwei Kinder hinterlassen.«

»Daran habe ich gedacht, Kapitän.«
»Werden Sie die Verantwortung für meine Hinterbliebenen auf sich nehmen?«
»Solange ich am Leben bin, wird ihnen nichts Böses geschehen.«
Er antwortete nicht, sondern nickte mit dem Kopf.
Am Nachmittag wurde mir klar, daß ich nach den Kranken sehen mußte, und ich rief Arrowsmith. Er kam heraus.
»Was gibt es?« rief er.
»Kann ich nach vorne kommen, um nach den Kranken zu sehen?«
»Wenn Sie ohne Schußwaffe kommen, dann ist es all right.«
»Gut, ich komme gleich!«
Aus dem Hospital holte ich Opium, Branntwein und Morphium. Auf alle Fälle mußten Carlos und der skalpierte Juan Cortez jetzt wahnsinnige Schmerzen haben. Dann gab ich dem dritten Steuermann meinen Revolver und ging unbewaffnet hinunter aufs Deck und nach vorne ins Mannschaftslogis. Ich hatte große Angst. Aber schließlich konnten sie nicht mehr anstellen, als mich erschlagen. Sie hatten einen guten Grund dazu; wenn sie mich töteten, würden beim nächsten Angriff nur zwei Mann auf der Poop sein, und sie konnten sicher sein, die Macht über das Schiff zu erlangen. Hätte ich andererseits den Revolver bei mir gehabt, hätte ich Arrowsmith erschießen und damit die Anführung der Meuterei zerstören können. Das war, was er erwartete.
Er stand neben der Tür zum Mannschaftslogis und fühlte meine Taschen nach, ehe ich hineingelassen wurde. Drinnen wurde kaum ein Wort gesprochen; die Leute saßen

nur stumm da und starrten mich an, während ich nach den Verletzten sah.
Es zeigte sich, daß die Vermutung richtig gewesen war. Carlos und Cortez waren halb außer sich vor Schmerzen. Auch der Malaienjunge mit dem gebrochenen Arm und Li mit dem eingeschlagenen Nasenrücken litten große Qualen. Am schlimmsten ging es natürlich Carlos. Ein zersplitterter Fuß und ein gebrochener Kiefer sind kein Spaß. Er war bei vollem Bewußtsein und leuchtete vor Haß, als ich mich neben ihn setzte. Wegen dem Unterkiefer konnte er nicht sprechen, aber die Ausstrahlung war so stark, daß ich deutlich fühlte: er hätte mich augenblicklich umgebracht, wenn er die allergeringste Chance dazu gehabt hätte.
Ich gab ihm eine Spritze, und es war eine Befreiung, nach einer Weile die Wirkung zu sehen: die weiche, schmerzfreie Wärme, die das Morphium verleiht. Er wurde ganz ruhig, und die Muskeln entspannten sich. Er war in einer Welt von Gold, Wolken und Traum.
Juan Cortez hatte wahnwitzige Schmerzen durch die abgezogene Kopfhaut, und ich gab auch ihm Morphium. Als die Wirkung anfing, lächelte er mich an.
Li und dem Malaienjungen gab ich ›aurum‹, meine spezielle Mischung aus Opium und Alkohol. Es wirkt stark schmerzstillend und beruhigend und wird übrigens – besonders in England – ziemlich häufig als Rauschgift mißbraucht. Der Effekt ist jedoch nicht so stark wie der von Morphium, und man wird nicht so leicht süchtig danach.
Natürlich war keine Rede von Behandlung; es drehte sich nur darum, Schmerzen zu stillen. Alles geschah unter vollkommener Schweigsamkeit, niemand sagte ein Wort. Als ich fertig war, nickte ich Arrowsmith zu und ging nach

achtern. Eigentlich war ich ein bißchen überrascht, daß ich immer noch am Leben war.

Der Tag verging langsam. Wir blieben alle drei auf der Poop und schliefen der Reihe nach ein bißchen auf einer Decke auf den Planken. Wir lagen die ganze Zeit still und trieben in der Flaute, und die See wurde glatt und blank wie Öl.

Später am Nachmittag erzählte ich Pat von Odysseus und seiner abenteuerlichen Reise. Pat liebte es, Erzählungen zu hören.

Etwa um vier Uhr morgens kam der Angriff, und er war glänzend vorbereitet. Aber wir hatten schon sechs Mann unschädlich gemacht; es waren nicht mehr so viele. Und wir hatten die Schußwaffen.

Sie kamen von allen Seiten gleichzeitig. Einige kamen vom Deck hoch und einige außenbords von der Schanzkleidung. Ein paar Mann kamen vom Besanmast. Es geschah im Schutz der Dunkelheit und vollständig lautlos. James Arrowsmith sprang wie ein Panther über das Geländer und griff den Kapitän an, wobei ihm zwei andere beistanden. Er wurde augenblicks niedergeschlagen, ehe er Zeit hatte, das Messer zu gebrauchen. Alles zusammen geschah so schnell, daß ich mich an Einzelheiten nicht erinnere. Aber wir kämpften um unser Leben. Wieder war der dritte Steuermann eine Überraschung: Dickson war ruhig und zielbewußt und kämpfte wie ein Löwe. Ich war derjenige, der seinen Revolver zuerst aus der Tasche hatte, und ich schoß sofort. Ich traf zwar niemand, aber das Aufblitzen und der Knall einer Schußwaffe hatten eine große psychologische Wirkung. Dann erhielt ich einen Schlag ins Gesicht mit irgendeinem Gegenstand und verlor teilweise das Bewußtsein. Daß will heißen, daß ich zwar fortfuhr, mich zu verteidigen, aber ich kann mich nicht mehr daran erinnern. In einem kurzen Moment bekam ich mit, daß diesmal sowohl der Kannibale Lilly als auch der Grieche Stavros am Angriff beteiligt waren. Lilly wurde ins Bein geschossen, aber das machte ihm wenig aus, weil er so tüchtig darin war, auf einem Bein zu stehen und weil er mit einem so gut zurecht kam wie andere Menschen mit zweien. Stavros wurde von Dickson niedergeschlagen und blieb liegen. Aber nur einige Sekunden nach dem Blitzangriff hatten wir alle drei die Schußwaffen aus den Taschen heraus und bekamen die Situation unter Kontrolle.

Einer nach dem anderen sprangen die Leute auf das Hauptdeck zurück. Nur Stavros und Arrowsmith blieben liegen.

Als ich wieder klar im Kopf war, graute der Tag. Es stand schlecht um den Kapitän, den dritten Steuermann und mich. Wir waren fürchterlich zusammengeschlagen und hatten alle Stichwunden, aber seltsamerweise nicht in Brust oder Bauch.

Stavros war aufs Hauptdeck hinuntergeschmissen worden, aber Arrowsmith lag immer noch auf der Poop.

Kapitän Anderson beugte sich über ihn. Dann wandte er sich zu mir.

»Mr. Jensen«, sagte er, »jetzt werfe ich ihn über Bord.«

»Das können Sie nicht machen, Kapitän.«

»Er ist das ganze Gehirn der Meuterei. Ohne Arrowsmith haben die Leute keine Führung.«

»Kapitän Anderson, ich bin es, der das Logbuch führt. Und ich müßte dort eintragen, daß Sie einen bewußtlosen Mann ertränkt haben. Dreimal sind Sie von Mord freigesprochen worden. Diesmal würden Sie verurteilt werden.

Es würde ein klarer, überlegter Mord sein, und das Seegericht würde Sie verurteilen.«
Anderson sah mich mit einem wunderlichen Ausdruck von Hoffnungslosigkeit und Verzweiflung an.
»Was in aller Welt soll ich tun?« sagte er. »Sowohl Sie als auch Dickson sind blutig und zusammengeschlagen. Einen dritten Angriff überleben wir nicht. Sie beide können fast nicht auf den Beinen stehen.«
»Es ist nicht sicher, daß ein dritter Angriff kommt.«
»Doch. Sie haben die Meuterei angefangen, und sie haben keine Wahl. Sie müssen sie fortsetzen. Sie können nicht zu einem Hafen mit uns segeln. Sie *müssen* uns alle töten.«
Eine Weile sagte keiner von uns etwas. Dann fuhr er fort:
»Ich werde gezwungen, die Verantwortung für die Tötung von Arrowsmith auf mich zu nehmen.«
»Und ich werde gezwungen sein, vor dem Seegericht gegen Sie auszusagen.«
Merkwürdigerweise kam Arrowsmith zum Bewußtsein, gerade während wir dastanden und über ihn redeten. Und er erwachte wie eine Katze; in der gleichen Sekunde, in der er die Augen öffnete, war er hellwach. Er stand unter Beschwerden auf und wankte über Deck und die Leiter hinunter. Dann ging er nach vorne.
Der Kapitän ging zum Poopgeländer und rief ihm nach:
»Arrowsmith, ich hätte dich heute nacht umbringen können!«
Der Mulatte antwortete nicht, sondern ging ins Mannschaftslogis.

Der Morgen um uns war seltsam. Es herrschte völlige Meeresstille; kein Windhauch. Die See war glatt und

blank, die Sonne war eine Art Nebel, und der Himmel war gelb.
Dann kam ein Mann über das Achterdeck. Er ging vollständig ruhig und kam die Leiter herauf. Es war Christian Hellmuth. Er ging zum Kapitän hinüber:
»In einer Stunde haben wir vollen Taifun, Sir.«
Anderson sah hinaus auf die See, dann nickte er.
»Dickson!« rief er: »Prüfen Sie den Barometerstand!«
Dickson ging in den Kartenraum hinein. Als er wieder herauskam, war sein zerschlagenes Gesicht bleich.
»Es ist nicht der niedrigste Barometerstand, den ich je gesehen habe«, sagte er, »aber er ist sehr, sehr niedrig.«
Ich ging selbst in den Kartenraum, und als ich aufs Barometer sah, fühlte ich die Todesangst wie eine kalte Hand ums Herz. Weder Hellmuth noch der Kapitän prüften den Barometerstand; sie wußten, was bevorstand.
»Wenn wir nicht die Segel bergen, ist in zwei Stunden keiner von uns mehr am Leben«, sagte Hellmuth.
»Sie befolgen keine Befehle«, antwortete Anderson. Er sah hoch zur vollen Segelführung. Alle Segel hingen leblos von den Rahen.
»Allright«, fuhr er fort, »ich werde mit ihnen reden.«
Dann gab er mir den Revolver und ging nach vorne, ins Mannschaftslogis.

Gegen Ende

Nach ungefähr einer halben Stunde kam Anderson aus dem Logis zurück, unbeschädigt. Er ging ruhig über das Zwischendeck und hoch nach achtern. Das Gesicht war vollkommen ausdruckslos, und er wandte sich direkt an den Bootsmann.

»Mr. Hellmuth«, sagte er leise, »es gelingt mir nicht, sie zum Gehorchen zu bringen. Würden Sie nach vorne gehen und mit ihnen reden?«

»Jawohl, Sir.«

»Erklären Sie ihnen, daß die Weigerung, die Segel zu bergen, glatter Selbstmord ist.«

»Ja, Sir.«

»Wenn wir die richtigen Segel gesetzt haben, können wir es vielleicht schaffen, das Schiff an der Peripherie des Zyklons zu halten und aus dem Schlimmsten herauszukommen.«

Hellmuth nickte, stieg die Leiter hinunter und ging übers Hauptdeck und vorne hinein.

Was er sagte oder tat, weiß ich nicht, aber nach etwa zwanzig Minuten kamen die Leute heraus und gingen ins Rigg hoch. Es war jedoch zu spät; die riesigen kohlenschwarzen Wolken hatten sich schon im Norden gesammelt. Es war, als käme die Nacht selber über uns, voll von tausend Teufeln. Nun galt es nur, die Mannschaft vom Rigg herunterzuholen. Niemand hätte sich bei einer solchen Windstärke, wie sie jetzt einsetzte, oben halten können. Der Sturm mußte ungefähr vierzig Metersekunden oder fast achtzig Knoten erreicht haben; das hieße an Land: über hundertvierzig Stundenkilometer. Wir bekamen nicht mehr als die Hälfte der Segel herunter, die hätten geborgen werden müssen. Als der Wind uns erreichte, knallten die Segel wie Kanonenschüsse. Fast zugleich lag das halbe Deck unter Wasser. Dann kamen die Wellen. Sie waren fast zwanzig Meter hoch und hatten eine gewaltige Geschwindigkeit. Das erste, was passierte, war, daß die Fock aus den Lieken geblasen wurde. Es blieben nur Fetzen zurück. Dann kam eine der riesigen Wellen heran und schlug über das ganze Schiff.

Irgendwie begriff ich nicht, daß Sancta Vénere die Beanspruchung so lange aushielt, wie sie es tat. Die See war nicht länger aus Wasser; sie war nicht mehr ein Element, sondern ein rasendes, bewußtes, wildes Tier, das nur eine Absicht hatte: uns zu vernichten und umzubringen. Die Wassermassen waren schwer und hart wie ein Steinschlag. Es stand wirklich ein bewußter und böser Zerstörungswille dahinter. Wenn das Schiff sich so gut hielt, dann lag das wahrscheinlich an drei Dingen; Sancta Vénere war leicht, geschmeidig und graziös, sie war ein Schiff in Kompositbauweise mit Eisenspanten unter der Holzverkleidung, und es war Christian Hellmuth, der am Ruder stand, zwar assistiert vom dritten Steuermann, aber es war Hellmuth, der steuerte.

Die erste ganz große Welle, die über uns hereinbrach, zerschlug das eine der Rettungsboote auf der Luvseite. Es wurde mitten durchgebrochen, und beide Davits bogen sich nach innen gegen das Deck. Das ganze Mittschiff stand unter Wasser, und Teile vom Boot spülten wie Rammböcke über das Deck.

Wir bekamen eine achterliche See an Steuerbord, und im nächsten Augenblick wurde die Poop überflutet. Ich verlor den Halt unter den Füßen und blieb vor der Reling an

der Leeseite liegen, naß wie eine ersoffene Katze. Kapitän Anderson hielt sich am Geländer vor dem Hauptdeck fest und blieb auf den Beinen. Ebenso hatten sich beide Rudermänner auf den Füßen gehalten.
Nach den ersten, gewaltigen Sturmschlägen schien es, als flaute der Wind ein wenig ab. Das kam daher, daß wir Ruderwirkung hatten. Wir schossen mit dem Wind voran. Aber immer noch war es eine Hölle aus Krachen und Seen.
Anderson klammerte sich an das Kompaßhäuschen und brüllte Dickson und Hellmuth ab und zu ein Wort zu, die mit eigenem Gebrüll antworteten. Die Leute mittschiffs und vorne waren jetzt alle unter Deck, unten im Logis.
Ich sagte, daß die ›Neptun‹ davonschoß, aber das ist ein sehr schwacher Ausdruck. Natürlich weiß ich nicht, wieviele Knoten wir machten, aber ich habe in meinem ganzen Leben nie ein ähnliches Segeln erlebt. Fast immer lag die ganze Leeseite unter Wasser. Sie ging wie ein Projektil durch Schaum und Wassermassen.
Weil wir eine so hohe Geschwindigkeit hatten, besaßen die Wellen, die von achtern einschlugen, nicht mehr eine so gewaltige Wucht. Zwar wurde die Jolle nach einer Weile zertrümmert, und etwas später wurde das andere Rettungsboot an Luv nach und nach kaputtgeschlagen, aber mir wurde zum erstenmal klar, daß wir eine ganz kleine Möglichkeit hatten, zu überleben.
Der Plan war einfach und klar; vor dem Wind zu laufen, aber sie zugleich so weit sie es vertrug anzuluven, um dem Zentrum des Zyklons zu entgehen und wenn möglich in die Peripherie zu gelangen. Das war natürlich die einzige Chance, die wir hatten. Vor dem Wind zu segeln, würde uns in die Mitte des Taifuns bringen, wo wir zu Kleinholz

geblasen und geschlagen werden würden. Gegen den Wind zu kreuzen, war unmöglich; wir hätten es nicht ausgehalten, die Wellen gegenan zu haben, weil unsere eigene Geschwindigkeit gegen die Seen ihre Schlagkraft erhöht hätte. Das einzige, was wir tun konnten, war, ein Zwischending zu wählen; sich so zu verhalten wie der zähe, elastische Birkenstamm: nicht Widerstand zu leisten gegen den Orkan, sondern ihm nachzugeben und nur zu versuchen, zur Seite zu gleiten.

Zugleich war jede Bö und jede von den größeren Wellen ein Problem für sich. Jedem einzelnen Angriff des wilden Tieres Meer mußte mit kühler Berechnung und Ruhe seitens der Navigateure und Rudergänger begegnet werden. Nur ein paar Zoll zuviel Drehen am Steuerrad konnte den Untergang des Schiffes bedeuten. Ich selbst stand jetzt auf Backbordseite am Ruder neben dem Bootsmann. Wir waren nun also drei Rudergänger. Genau vor uns stand der Kapitän und hielt sich am Kompaßhäuschen fest. Während wir drei meistens den Blick auf die Segel geheftet hatten und die Windstöße und die Bewegungen des Schiffes dort ablesen mußten, hatte er die Übersicht über das Ganze, sowohl nach vorne wie nach achtern.

Er wandte das runde, ausdruckslose Gesicht nach achtern, dann schrie er:

»Wahrschau! Festhalten!«

Ich drehte den Kopf, und hinter mir sah ich die höchste Welle, die ich jemals gesehen hatte. Sie stand lotrecht wie eine Mauerwand hinter dem Heck. Dann kam sie mit voller Kraft über uns. Einen Augenblick waren wir vier alle ganz unter Wasser. Ich hielt mich mit aller Kraft am Ruder fest, halbwegs ertrunken. Wäre ich über Bord gegangen, hätte ich kaum etwas bemerkt. Ich war nicht bei vollem

Bewußtsein nach dem Gewicht und der Schlagkraft der Wassermassen.

Aber es gelang mir, mich festzuhalten.

Als ich wieder sehen konnte, war das erste, was ich begriff, daß sowohl der Kapitän als auch das Kompaßhäuschen weg waren, während Hellmuth und Dickson immer noch am Ruder standen. Das Kompaßhäuschen war über Bord geschlagen, aber Anderson selbst lag auf der Backbordseite vom Poopdeck und hielt sich am Geländer fest. Die Tür zum Kartenraum war eingeschlagen.

Die folgenden Wellen waren Bagatellen gegenüber diesem Giganten: es war, als käme man nach dieser Welle in eine Sommerbrise. Die ganze See und der Himmel wirkten ruhig und friedlich. Dann kam der Kapitän übers Deck gekrochen. Aufrecht zu gehen war ausgeschlossen. Aber er bekam das Ruder zu fassen und erhob sich.

»Mr. Jensen«, schrie er: »Ich übernehme hier. Gehen Sie unter Deck und sehen Sie nach, wie es meiner Frau und meinen Kindern geht!«

Ich kroch hinüber zu der zerschlagenen Tür und schob mich in den Kartenraum hinein. Alle losen Gegenstände lagen am Boden und wurden hin und her geworfen, Logbuch, Karten und Instrumente. Es war fast unmöglich, sich zu bewegen. Man wurde von Wand zu Wand geschleudert, und ich kletterte die Treppe hinunter wie ein total betrunkener Mann. Dort unten sah es aus, wie ich erwartet hatte. Ich stand bis über die Knie im Wasser. Dann ging ich durch den Salon, zwischen Tisch und Wand schwankend, und in Kapitän Andersons Privatkammer hinein, ohne anzuklopfen.

Auch hier drinnen stand das Wasser hoch über dem Boden. In einer der Kojen lagen beide Kinder und weinten.

Auf der anderen Seite saß Frau Anderson und versuchte, sie zu trösten. Sie sah auf und versuchte zu lächeln.

»Wir schaffen es möglicherweise«, sagte ich. »Auf Deck geht es den Verhältnissen entsprechend gut. Wir haben vollen Taifun, aber wir sind auf dem Weg zur Peripherie.«

Sie nickte.

Dann schwankte ich wieder hinaus, torkelte durch den Salon und kletterte die Treppe hoch. Als ich das Deck erreichte, verlor ich zunächst den Atem von der Gewalt des Windes. Es war das erstemal, daß ich mir wünschte, Sancta Vénere wäre ein Stahlschiff. Kein Holzschiff würde diese anhaltende Belastung aushalten, ohne leckzuspringen. Ein Schiff, das aus Stahl gebaut und geschweißt ist, besitzt nicht die gleiche Anmut wie ein Holzschiff, aber es verträgt weit härtere Seen, wenn es sich um einen langanhaltenden Orkan dreht. Bei einem Schiff mit Holzverkleidung werden nach einigen Stunden mit solchen Wellen, bei den gewaltigen Schlägen und Stößen, nach und nach – selbst mit Stahlspanten – die Planken in der Bordwand verrutschen, so daß ein Leck entsteht. Einen vollen Sturm kann ein Holzschiff wochenlang vertragen, ehe es leckspringt; aber bei den Gewalten, denen wir jetzt ausgesetzt waren, würde es sich um Stunden handeln.

Ich kroch über das schrägliegende Deck und stand am Ruder auf.

»Unter Deck ist alles klar!« schrie ich in Andersons Ohr: »Sie haben natürlich große Angst, aber niemand ist verletzt!«

Er nickte.

Im gleichen Augenblick ging der Besanmast über Bord. Trotz des Windes hörten wir deutlich den Knall, als der riesige Mast brach. Eine Weile hing er wie eine Art

Treibanker auf der Leeseite an den Wanten, dann lösten sich die Stahltrossen vom Mast, und das Schiff konnte wieder frei navigiert werden. Wir schleppten nur die Wanten im Wasser nach.

Natürlich hatte der in Windrichtung fallende Besan den Großmast beschädigt, und gleich darauf riß das große Bramsegel. Auch das konnte man ganz deutlich hören. Einige Augenblicke später waren nur ein paar Fetzen übrig geblieben, die im Wind knallten. Ich hatte zugleich das Gefühl, daß der Taifun ein wenig abflaute.

»Zwei Mann müssen nach vorne und im Mannschaftslogis nach dem rechten sehen!« brüllte Anderson. »Mr. Hellmuth und ich bleiben am Ruder, und der zweite und dritte Steuermann gehen nach vorne!«

Ich war rasend vor lähmender Wut: »Wie zum Teufel sollen wir über das Hauptdeck kommen?« schrie ich. »Es steht doch die ganze Zeit unter Wasser!«

»Ihr schafft es schon!« schrie er zurück. »Außerdem haben Sie als zweiter Steuermann die Verantwortung für den Gesundheitszustand an Bord. Es liegen mehrere Kranke vorne. Das ist Ihre Aufgabe, Mr. Jensen!«

Ich kroch das Deck hoch und arbeitete mich in den Kartenraum hinein, kletterte die Treppe hinunter und watete schwankend und torkelnd durch das Seewasser zur Krankenkammer. Es war vollkommen dunkel dort, aber ich wußte, wo die Sachen lagen; ich fand, ohne sehen zu können, das Morphium und die Spritze und steckte beides mitsamt Opium und einer Flasche Cognak in die Jackentasche. Natürlich war nicht daran zu denken, die Spritze zu sterilisieren.

Als ich wieder an Deck war, heulte ich dem Kapitän und Hellmuth zu: »Wir werden über Deck gehen, wenn ihr

sie etwas nach Backbord abfallen laßt, so daß wir nicht die größten Sturzseen abkriegen!«
»Selbstverständlich!« brüllte Anderson: »Ihr werdet nicht einmal nasse Füße bekommen!«
Sie legten das Ruder mehrere Zoll nach Lee.
Dann krochen Dickson und ich die Leiter hinunter. Im selben Moment, als wir die Füße auf den Deckplanken hatten, kam die erstc Sturzsee. Ich wurde emporgehoben und war ganz unter Wasser, dann schlug ich mit Schulter und Kopf gegen den Lukenrand. Kurz danach trieb ich in die entgegengesetzte Richtung, aber ich hatte das Gefühl, daß meine Füße aus dem Wasser herausragten. Ich konnte die Leiter zu fassen bekommen, verlor sie aber wieder und wurde noch einmal gegen die Luke geworfen. Dann trieb ich zum Schanzkleid auf der Luvseite hinüber und begegnete etwas Großem, Schwerem und Festem. Es war Dickson. In der nächsten Sekunde war das Deck gelenzt. In meiner Todesangst hielt ich mich am dritten Steuermann fest, und er zog uns beide an die luvwärts gelegene Schanzkleidung. Er hielt mich mit der linken Hand fest und umklammerte die Reling mit der rechten. Als wir etwas mehr als die Hälfte des Weges zurückgelegt hatten, bekamen wir den nächsten Brecher ab, und wieder schwammen wir auf dem Deck herum, aber Dickson lies mich nicht los. Wir klammerten uns aneinander und wurden tatsächlich nach vorne zum Logis gespült. Dann war das Deck wieder unter Wasser.
Die Tür vom Mannschaftslogis war zu Kleinholz geschlagen. Alles schwamm im Wasser, aber seltsamerweise hing eine brennende Petroleumlampe unter der Decke. Die See schwappte auf dem Boden hin und her. Carlos und Cortez waren fast wahnsinnig vor Schmerzen, und Li und

dem Malaien ging es auch nicht gut. James Arrowsmith saß mit nacktem Oberkörper in der Koje, und die riesige Brust, die Schultern und die Muskulatur traten im scharfen Schatten des Lampenlichtes deutlich hervor. Ganz vorne im Logis lagen die Kinder; die vier Schiffsjungen Pat, Moses, Elias und Stavros. Sie waren halbtot vor Angst, und sobald Pat mich zu sehen bekam, sprang er mir um den Hals. Moses nahm mich an der Hand, und sogar unser kaputter, sechzehnjähriger Engel Stavros versuchte sich an mich zu klammern. Ich gab allen Jungen eine große Tasse Kognak, so groß, daß die Flasche danach leer war. Dies geschah, während das Wasser hoch über meine Knie schwappte und es fast unmöglich war, das Gleichgewicht zu halten.

Dann gab ich Carlos eine Injektion Morphium und danach Juan Cortez. Den beiden anderen – Li und dem Malaienjungen – gab ich auch eine Spritze, aber mit niedriger Dosierung. Bei dem ganzen Vorgang war es praktisch unmöglich, sich auf den Beinen zu halten, und durch die zerschlagene Tür kam ständig mehr Seewasser. Pat weinte. Dann kam ein gewaltiges Krachen von oben über unseren Köpfen, und das Schiff richtete sich ein wenig auf. Als Dickson und ich an Deck hinauskamen, sahen wir, was geschehen war. Der Fockmast war über Bord geweht worden. Er schlug eine Weile gegen die Bordwand, dann war er weg.

Dies war am Nachmittag.

Der Wind hatte unzweifelhaft ein wenig abgenommen, und wir waren ganz deutlich auf dem Weg zur Peripherie, aber die Situation war gefährlicher als früher, weil das Schiff mehr eingesteckt hatte, als es vertrug. Der Fockmast war über Bord gegangen, weil die Fundamente und

das Holz im Mast angefangen hatten, mürbe zu werden. Wanten und Stagen hatten sich in den Befestigungen gelockert.
Während Dickson und ich vor dem Logis standen, kam Arrowsmith hinaus mit einem riesigen Ring von aufgeschossenem Hanftau über der Schulter.
»Wir spannen die Leine zwischen Back und Poop«, schrie er, »dann wird es leichter, über Deck zu kommen!«
Wir schafften es unter Kaskaden von Wasser, das eine Ende vorn zu vertäuen, dann begannen wir, das Tau nach achtern zu ziehen. Wir hatten vor, es an der Eisenleiter zur Poop festzumachen. Als wir mittschiffs waren, erhob sich auf der Luvseite eine neue Mauer aus Wasser, und im nächsten Augenblick lagen wir unter Wasser. Das letzte, was ich schemenhaft erblickte, ehe ich von der Welle ganz begraben wurde, waren die Arme des Steuermannes gegen den Himmel. Dann wußte ich, daß ich dabei war zu ertrinken. Den Griff um das Tau verlor ich sofort. Unter der See merkte ich, daß ich gegen etwas Hartes geschlagen wurde, gegen etwas, das eine Art Wand sein mußte. Es zeigte sich, daß es die Wand vom Deckshaus war. Wieder wurde ich in die entgegengesetzte Richtung gespült, noch immer mit dem Kopf unter Wasser. Dann wurde ich wieder zurückgeworfen. Ich schlug mit dem Rücken gegen etwas Hartes und Scharfes, und fast gleichzeitig befand ich mich in einer vollständigen Dunkelheit. Aber das Wasser um mich herum war ruhig, und ich bekam festen Halt unter die Füße und den Kopf über Wasser, so daß ich wieder atmen konnte. Mit den Händen konnte ich irgend etwas Eisernes greifen, und ich stand auf. Das Wasser um mich herum war voller zersplitterter Planken.
Ich stand in der Kombüse im Deckshaus und hielt mich am

Herd fest. Die Tür war längst eingeschlagen, und es waren die Reste von ihr, die um mich herum im Wasser schwammen. Ich konnte die Türöffnung vor mir gegen das schwache Tageslicht ausmachen. Ich wankte die wenigen Schritte hinüber zu dem hohen Türschott und sah hinaus. Das Deck war gelenzt und die Krängung nicht groß. Drüben an der Reling lag der dritte Steuermann und mitten auf dem Deck Arrowsmith, beide auf allen Vieren und dabei, aufzustehen. Wie sie es geschafft hatten, am Leben zu bleiben, weiß ich nicht. Arrowsmith hielt immer noch das Tau fest.

»Jetzt rennen wir!« schrie er.

Und alle drei sprangen wir über das verhältnismäßig ruhige Deck, ehe die nächste Welle kam. An der Leiter hatten wir etwas, woran wir uns festhalten konnten, und standen im Schutz der Poop. Wir spannten das Tau so straff, wie wir konnten, und befestigten es etwa einen guten Meter über dem Deck.

Während wir dort standen, kam die nächste große Sturzwelle von Luv. Das ganze Hauptdeck lag unter fast zwei Meter brodelndem, schäumendem Wasser. Danach sah ich etwas, was ich nie zuvor erlebt hatte; das Deckshaus mit Kombüse und Kammer für Koch und Steward erhob sich. Es wurde von den Wassermassen angehoben, stellte sich einen Augenblick hochkant und fiel dann wie ein Kartenhaus zusammen. Einen Moment danach wurde es zur Leeseite gespült, wo das ganze Haus mit einem Krachen über Bord ging.

Fast erfreut dachte ich daran, daß der arme la Fontaine bereits tot war und daß Tai-Fun mit seinem Pergamentgesicht und den schmalen, schwarzen Augen im Logis saß. Wenn er genug Licht hätte, wäre er wahrscheinlich dabei, irgendein sozialkritisches oder soziologisches Werk zu lesen – oder möglicherweise Karl Marx. Aber das Licht im Logis war schwach und gelblichbraun, und wahrscheinlich saß er nur ruhig da und dachte. Er hatte sich längst damit abgefunden, daß niemand ewig lebte – nicht einmal er selber.

Und während ich dort stand mit James Arrowsmith und Dickson und mich an die Leiter klammerte – beschützt von der Poop, aber trotzdem bis zur Brust in Schaum und Wasser gebadet, fielen mir einige Zeilen von einem der alten norwegischen Skalden ein:

> Nicht, Alter, weine
> unter dem nassen Schauer.
> Der Mädchen Liebe kanntest du,
> und jeden erwartet der Tod.

Gleichzeitig taten mir die Kapitänskinder und die vier Schiffsjungen leid, die so jung sterben sollten. Auf eine wunderliche Weise fühlte ich ganz ruhig, daß es um uns anderen egal war. Wir hatten gelebt. Aber ich mochte den Gedanken an tote Kinder nicht, die sinken und sinken sollten, unendlich tief hinunter in Neptuns Reich und in die ewige Dunkelheit unter uns.

Die Trosse, die wir zwischem Back und Poop gespannt hatten, hatte gehalten. Sie war immer noch fest und straff und ermöglichte die Kommunikation zwischen Poop und Mannschaftslogis.

Dickson, Arrowsmith und ich kletterten nun auf das Achterdeck hoch und wurden unter einer Sturzsee von Wasser begraben, die übers Heck hereinbrach. Am Ruder standen immer noch Hellmuth und der Kapitän. Dickson und

Arrowsmith krochen über die Poop und erhoben sich beim Ruder, um den erschöpften Männern zu helfen. Ich für meinen Teil kroch in den Kartenraum hinein, wo ein einziges Chaos herrschte. Ich tastete mich im Dunkeln zu dem Regal vor, wo die Streichhölzer lagen. Ich fand sie, und ich wußte genau, wo das Barometer an der Wand hing. Nachdem ich fünf oder sechs Streichhölzer angerissen hatte, wurde mir der Barometerstand klar. Er war ein bißchen gestiegen. Wir waren also auf dem Weg aus dem Tiefdruck hinaus.

Das war ein Hoffnungsschimmer. Aber andererseits trug der Großmast allein das ganze Gewicht, das das Schiff nach vorne durch die Wassermassen trieb, und wegen der verringerten Geschwindigkeit brachen die Wellen über uns mit größerer Kraft herein als vor dem Bruch des Fockmastes. Der Großmast konnte nicht lange halten, aber das Schiff ließ sich immer noch manövrieren.

Die Prognose war vollkommen klar. Wenn sie nicht wirklich leckgesprungen war, konnten wir uns möglicherweise über Wasser halten, bis wir aus dem Orkangebiet heraus waren. Beide Boote an Backbord schienen intakt zu sein. Sie würde wohl früher oder später sinken, aber wenn wir aus dem Taifun herauskommen würden, könnten wir wohl achtundzwanzig Menschen in den beiden Rettungsbooten unterbringen, also vierzehn Leute in jedem Boot.

Aber Sancta Vénere hatte ihre Geschwindigkeit eingebüßt, und nach und nach wurde sie aller Attribute beraubt. Alles Holzwerk wurde über Bord gespült. Nur der Großmast hielt. Er hielt länger als eine Stunde. Dann fiel er nach vorne auf Backbord Bug und blieb eine Weile über Deck und Back liegen, während er in den Stahltrossen der Pardunen und Wanten festhing. Dann wurde er von einer gewaltigen Welle angehoben und ging über Bord. Er hing lange an der Leeseite und schlug wie ein riesiger Rammbock gegen die Holzplanken.

So war das Schiff vollständig entmastet und konnte nicht mehr manövriert werden. Wir trieben wie ein Korken in den Seen und bekamen eine Welle nach der anderen über uns – vom Heck bis zum Steven. Das einzige, was wir tun konnten, war, unter Deck zu gehen und zu hoffen, daß die Lecks nicht allzu groß waren. Das Schiff war die ganze Zeit hindurch mehr oder weniger unter Wasser.

Von achtern – unter Deck – gingen Arrowsmith und ich in den Laderaum. Er war voller Wasser, aber es reichte uns nicht weiter als bis zur Brust. Natürlich war sie leck, aber weniger, als ich erwartet hatte. Wenn es nicht schlimmer würde, konnte sie noch viele Stunden schwimmen.

Während wir uns in der Dunkelheit unten im Salon aufhielten, bemerkten wir, daß etwas auf der Poop vor sich ging. Es waren zuerst einige kreischende, schneidende Geräusche von Holz, das zerbrochen wurde. Dann folgten einige gewaltige Schläge, und es kam ein Schwall von Wasser auf uns hinunter. Es war das Deckshaus auf der Poop mit dem Kartenraum, der Kammer des ersten Steuermanns und dem kleinen Salon, das über Bord ging. Mehrere Hundert der riesigen Wellen mit Hunderten von Tonnen Salzwasser hatten das Haus getroffen, und nun gab es nach. Es war weggespült worden; die ganze Herrlichkeit mitsamt den Instrumenten und dem Gedächtnis des Schiffes – dem Logbuch – ging über Bord, wobei die Reling auf der Backbordseite zerschlagen wurde.

Sowohl das Gangspill vorne als auch das Ruder auf der Poop waren jetzt weg. Das einzige, was intakt war, war das Tau, das wir zwischen der Back und der Stahlleiter auf der Poop gespannt hatten. Die Boote an Backbord hingen immer noch dort, aber sie waren beschädigt, wahrscheinlich unbrauchbar.

Ich fühlte in der Dunkelheit einen eisernen Griff um meinen Arm. Es war Kapitän Anderson.

»Mr. Jensen«, sagte er, »wir müssen nach vorne gehen und sehen, was los ist.«

»Jawohl, Sir.«

»Sie nehmen Morphium mit, und ich gehe zum Proviantraum hinunter und hole Branntwein. Etwas anderes können wir nicht tun.«

»Nein, Sir.«

Ich torkelte und wankte in die Krankenkammer hinein, füllte die Jackentasche mit Opium und Morphium, zusammen mit der schmutzigen, nichtsterilen Spritze. Dickson ging mit Anderson in den Proviantraum, und sie kamen zusammen wieder hochgekrochen mit acht Flaschen Kognak. Jeder von uns konnte vier Flaschen in den Jackentaschen unterbringen. Als wir an Deck krochen, war der Wind noch mehr abgeflaut, obwohl wir immer noch vollen Sturm und turmhohe Wellen hatten. Vor unseren Augen geschah ein Wunder: die Wolkendecke riß auf, und der Mond kam zum Vorschein. Die wilden, zerrissenen Wolken bildeten wunderliche, schwarze Figuren gegen den hellen Himmel. Die Mondsichel lag auf dem Rücken, vollkommen waagerecht, und warf eine Art Halblicht übers Deck. Was wir sahen, war nur Wasser und Schaum.

Unter uns, auf dem Hauptdeck, sah es aus wie ein Wasserfall während der Schneeschmelze.

Wir kletterten die Leiter hinunter und packten die Trosse. Während des Kletterns, das nun folgte, spürte ich, daß ich in den Fingern nicht stark genug war, um mich festzuhal-

ten, deshalb bog ich die Arme und nahm das Tau in die Armbeuge, auf die Innenseite des Ellenbogens. Auf diese Weise schaffte ich es. Zwei oder drei Mal waren wir unter Wasser, aber wir erreichten die Back wohlbehalten. Im Logis unten schwamm alles umher, aber zu meiner großen Überraschung war immer noch Licht in der Petroleumlampe unter der Decke. Wir standen bis zum Gürtel im Wasser. Ganz vorne lagen die vier Jungen, vollständig paralysiert vor Schrecken. Pat legte die Arme um meinen Hals und küßte mich. Und die achtzehnjährigen Jungmänner Julian und Taddeo hatten sich ihnen jetzt angeschlossen. Um die Erwachsenen stand es auch nicht besser. Todesangst erfüllte das ganze Logis. Es war hier nicht lustiger als achtern. Pat rief mich, und ich ging wieder zu den Jungen hinüber und schenkte jedem von ihnen einen großen Krug Branntwein aus. Ich erklärte ihnen, daß das Barometer gestiegen sei, daß der Wind abflaute und daß wir, falls das Schiff nicht sank, immer noch eine gute Möglichkeit des Überlebens hätten.
Natürlich glaubte ich selbst nicht daran. Aber in meinem hintersten Kopf bewahrte ich den Glauben, daß es noch immer zumindest theoretisch eine Möglichkeit dazu gab. Nach dem Versuch, die Jungen zu trösten, ging ich zu Carlos, Cortez, Li und dem Malaienjungen und gab ihnen der Reihe nach eine Spritze. Lilly, der andere Malaienjunge, Achmed, Huang, André Legrand, Danson, van Harden, Davis und Tronchet bekamen ihren Branntwein mit Opium.
Als wir wieder nach oben an Deck kamen, war der Wind weiter abgeflaut. Es war keine Lüge, was ich zu den Leuten gesagt hatte. Wir *hatten* eine Chance.
Dann geschah das, wovor ich die ganze Zeit am meisten

Angst gehabt hatte: ein neuer Laut mischte sich in das Donnern der Wellen und das Heulen der Sturmböen. Es war das verfluchte, widerwärtige Brüllen von Brandung gegen eine Küste. Im Mondschein konnten wir nichts sehen, aber an Lee gab es Land. Anderson und ich hörten es gleichzeitig, und wir sahen einander an. Wir trieben jetzt auf die Küste zu, und ich habe gesehen, wie Brandung vierzig Meter hoch und ein paar hundert Meter weit ins Land hinein schlug. Der tiefe, brüllende Laut der Brandung war ganz deutlich, und trotzdem wir entmastet waren und tief im Wasser lagen, trieb uns der Wind der Küste zu.

Es war wahrscheinlich ein Korallenriff, gegen das wir geblasen wurden. Anderson und ich kamen verhältnismäßig leicht über das Hauptdeck, und erst als wir auf der Poop lagen, sah ich im Licht des Halbmondes das erste Aufleuchten von etwas Weißem in Lee.

Hinter dem äußeren Riff würde eine Lagune liegen und eine Insel. Aber wir würden nie hinter das Riff gelangen; dort würde alles zu Ende sein. Das Schiff war mürbegeschlagen und löste sich in allen Verbindungen.

Als wir achtern unter Deck waren, fanden wir Arrowsmith und Dickson in der Dunkelheit. Auch Hellmuth war dort, aber er war physisch erschöpft nach der Arbeit, die er im Verlauf des Tages geleistet hatte.

»Dickson und Arrowsmith«, sagte Anderson, »gehen Sie in den Laderaum hinunter und suchen Sie ein Manilatau von wenigstens vierzig Faden Länge und einem Zoll Dicke.«

Die zwei gingen. Während sie fort waren, nahm das Gebrüll der Brandung an Deutlichkeit zu. Bald übertönte es den Sturm.

Das Tau II

Wir näherten uns dem Riff schneller, als ich erwartet hatte. Und der Mondschein gewährte uns ab und zu einen Lichtschimmer von dem, was uns bevorstand. Die Brandung und der Gischt wirkten, als ob man in eine Schneelandschaft hineinsehen würde. Es war weiß und gleichzeitig sehr dunkel.

»Mr. Jensen«, sagte der Kapitän, »Sie müssen nach vorne, der Mannschaft Bescheid sagen, so daß sie auf das Auflaufen vorbereitet sind und auf den Versuch, an Land zu kommen. Wir müssen zuerst die Verletzten nach achtern schaffen.«

Ich kam verhältnismäßig leicht über das Hauptdeck und in das dunkle Logis hinein.

Das Wasser stand hoch über dem Fußboden.

»Hört zu!« rief ich, »wir haben Land in Lee. Wahrscheinlich ist es ein äußeres Korallenriff, und ziemlich bald sind wir mitten in der Brandung.«

Einen Augenblick lang war es ganz still, dann kamen die Schreie von den Jungen und die Gebete, Flüche und Verwünschungen von den Männern.

»Ist es nahe?« rief jemand.

»Ja«, antwortete ich, »wir können bereits die Brandung sehen.«

»Ich habe sie schon lange gehört,« sagte Tai-Fun.

»Es hat keinen Sinn, nach achtern zu gehen«, rief ein anderer, »wir haben trotzdem keine Chance mehr. Wir werden wie die Katzen ersaufen.«

»Es ist ein Befehl vom Kapitän.«

»Er kann mich mal hinten! Wir haben keinen Kapitän.«

»Ihr könnt machen was ihr wollt, aber auf jeden Fall müssen wir die Jüngsten und die Kranken nach achtern schaffen«, schrie ich.
Als Antwort ertönte nur eine Art Murmeln und Knurren. Dann spürte ich, daß sich jemand an mir festklammerte. Es war Pat. Er heulte vor Todesangst. Das gleiche machten die drei anderen Jungen. Ich nahm Pat auf den Rücken und trat wieder an Deck hinaus.
Das Schiff stand unter Wasser, dann war das Deck gelenzt.
Sie war jetzt ein trauriger Anblick, von allem entblößt. Es war nur der schwere, leblose Rumpf, nur die Leiche von der ›Neptun‹ übrig.
Der Wind und das Heulen der See waren gewaltig, aber alles wurde vom Donnern der Brandung übertönt. Sobald das Deck klar war, ergriff ich das Tau und rannte mit Pat auf dem Rücken über das Hauptdeck. Eine Welle traf uns, aber wir waren halbwegs im Schutz der Poop und hielten uns gut.
Dann lag das Deck wieder unter Wasser. Gleich danach kamen Huang mit Moses und André Legrand. Der Kongolese mit Elias. Stavros schaffte es alleine. Das gleiche galt für beide Jungmänner, den Brasilianer Taddeo und den Südstaatenjungen Julian.
Von den Leichtmatrosen Carlos, Lilly und den zwei Malaien war es nur der eine, der gesund war. Er schaffte es ausgezeichnet alleine. Eine wunderliche Gestalt kam mit festem Griff an der Leine übers Deck gehumpelt. Ein paar Augenblicke war er von den Wassermassen verborgen, dann stand er wieder dort und humpelte weiter. Es war der Kannibale Lilly, der auf einem Bein nach achtern hinkte. Er kam die Leiter zur Poop hoch, und wie alle an-

deren wurde er unter Deck geschickt, hinunter in Wasser und Dunkelheit.
Dann kam der Algerier Achmed zusammen mit dem verwundeten Malaienjungen. Gleichzeitig ging Arrowsmith nach vorne. Er kam zurück mit dem vollständig hilflosen Carlos, dem Mestizen aus Peru, auf dem Rücken. Gleich danach folgte der Koch Tai-Fun, der Juan Cortez nach achtern half. Die zwei Mischlinge, der Zimmermann van Harden und der Segelmacher Davis, schafften es, mit eigener Hilfe nach achtern zu gelangen. Arrowsmith ging wieder nach vorne. Ungefähr gleichzeitig traf er auf den Kanadier Tronchet, der sich selbst nach achtern quälte. Ein paarmal waren beide unter Wasser, aber sie erreichten ihr Ziel.
Im Logis lag ein Mann und schrie. Er war fast ohnmächtig vor Angst. Es war der weiße Südamerikaner Danson. Er hielt sich an der Kojenkante fest und wurde mit Gewalt an Deck hinausgeschleppt. Dort stützte ihn Arrowsmith weiter, während er sich festklammerte, teils an den Mulatten, teils an das Tau. Mindestens einmal schlug eine Sturzsee über ihnen zusammen, aber sie erreichten das Ziel, und Danson wurde unter Deck geschickt.
Oben auf der Poop waren jetzt nur Kapitän Anderson, der dritte Steuermann, Arrowsmith und ich zurückgeblieben. Anderson hielt sich an dem Eisengeländer fest und paßte auf das Manilatau auf, das von Dickson und dem Mulatten hochgeholt worden war.
Die Wolken trieben schnell über den Himmel, und wenn der Mond durch die Löcher zwischen ihnen hindurchleuchtete, konnten wir den traurigen Anblick von dem wahrnehmen, was einst die Sancta Vénere gewesen war. Ich erinnere mich daran, wie ich daran dachte, daß sie und

ich im gleichen Jahr zur Welt gekommen waren. Wir waren beide dreiunddreißig Jahre alt, und jetzt sollten wir zusammen sterben.
In Lee konnten wir den Gischt sehen, und das Donnern der Brandung übertönte jetzt alles andere. Es war ein einziges zusammenhängendes Brüllen. Das Riff lag nicht mehr als ein paar hundert Meter ab. Das Ganze war eine Sache von einigen Minuten. Das Schiff lag verhältnismäßig stabil in den Seen, aber auch das Achterdeck war ab und zu unter Wasser. Kapitän Anderson postierte mich am Niedergang zum Salon und zu den Kammern unter Deck, die voller Wasser und Menschen waren. Arrowsmith und Dickson behielt er an der Leeseite, während er sich das Manilatau fest um den Leib legte. Dickson hatte eine Rolle mit dünnerem Tau.
»Hört zu!« schrie er: »Im selben Moment, wo wir auf dem Riff auflaufen, gehe ich über Bord. Dann fieren Sie, Arrowsmith, das Tau Faden um Faden. Sie stoppen nicht ab, aber halten das Tau ziemlich stramm. Klar?«
»Jawohl.«
»Wenn ich Glück habe, komme ich durch die Brandung und an Land. Und dort vertäue ich die Leine irgendwo, an einer Palme oder irgend etwas, das hält.«
»Jawohl.«
»Wenn das geschafft ist, schieße ich. Das bedeutet, daß ich das Tau an Land festgemacht habe. Erst wenn ihr den Knall hört oder das Aufleuchten seht, zieht ihr das Tau straff und macht es fest. Dann komme ich wieder zurück. Ist das klar?«
Wir näherten uns jetzt dem Riff. Der Lärm der Brandung tönte wie ein großer Wasserfall, ohne Unterbrechung. Und diese ganze brüllende Hölle von aufgewühlten Was-

sermassen lag nicht mehr als fünfzig Meter von uns entfernt. Dann waren es nur noch dreißig, zwanzig Meter. Es wäre allzu schwach ausgedrückt, zu sagen, daß ich Angst hatte. Ich war gelähmt und steif vor Angst, vor diesem kochenden Inferno, das immer näher kam.

Jetzt waren es nicht mehr als fünfzehn Meter, die uns vom Riff trennten. Einige Minuten vergingen noch. Dann hatten wir Bodenberührung an der ganzen Backbordseite. Ein lauter und gewaltiger Krach ertönte von brechenden Planken und splitterndem Holzwerk. Wir an Deck waren auf das Geschehen vorbereitet und hielten uns fest. Unter uns, unten im Salon, mußte es ein vollkommenes Chaos von Wasser und Dunkelheit und durcheinandergeworfenen Menschen gewesen sein. Einige Male wurden wir hin und hergeschleudert, dann blieb der entseelte Leib Sancta Véneres auf der Backbordseite liegen, mit so starker Krängung, daß das Deck halb senkrecht lag. Die Seen brachen sich fortwährend über uns, aber es war zumeist nur Schaum und Gischt, der auf die Leeseite hinunterkam. Sancta Vénere war jetzt ein Wrack und wurde nach und nach zu Splittern zerschlagen und zermalmt.

Der Kapitän sprang von der unteren Reling direkt ins Wasser. Nur einen Augenblick sahen wir seinen Rücken und seinen Stiernacken, dann verschwand alles in schwarzem Wasser und Schaum. Ab und zu konnten wir im Mondlicht einen Blick von ihm erhaschen. Halb kroch und kletterte er, halb schwamm er zwischen Riffen. Nach einer Weile war er ganz verschwunden, aber Arrowsmith fierte mehr Tau. Dann sahen wir ihn wieder für einen Moment.

Dann verschwand er für ein paar Minuten, die unendlich lang schienen, aber danach mußte Arrowsmith mehr Tau ausgeben. Nach weiteren endlosen Minuten, während derer der Mulatte ständig weiter Tau lose gab, hörten wir den Knall und sahen das Aufblitzen vom Land. Jetzt strafften Arrowsmith und Dickson die Trosse und belegten sie.

Die Wellen hämmerten auf das Schiff ein, und sie krachte und schrie in den Verbänden, aber sie hielt – vorerst. Die Backbordseite, auf der sie lag, mußte jetzt zersplittert sein; nur die Komposit-Konstruktion aus Stahlspanten hielt die Reste von ihr zusammen. Die schöne Sancta Vénere war ein vollkommenes Wrack. Aber sie beschützte uns immer noch und wirkte gewissermaßen als Wellenbrecher.

Aus der Brandung tauchten ein runder Kopf und zwei riesige Schultern auf. Er hielt sich an der straffen Trosse fest, und Arrowsmith und Dickson zogen ihn an Bord. Anderson atmete schwer und blutete im Gesicht und an den Händen.

»Mr. Jensen!« rief er: »Schaff das Mädchen, Mary, hierher!«

Ich gab den Ruf an Christian Hellmuth nach unten weiter, und gleich darauf hatte ich das Kind in den Armen. Sie schrie voller Angst, aber wurde ruhiger, als sie auf dem Rücken des Vaters saß. Dort zurrte Dickson sie fest.

»Arrowsmith, wollen Sie zuerst hineingehen und die, die kommen, entgegennehmen?« sagte der Kapitän. »Es ist nicht leicht, dort drinnen an Land zu kommen. Aber Sie schaffen es gut, jetzt wo das Tau fest verspannt ist.«

Ohne ein Wort nahm Arrowsmith die Trosse und verschwand in der aufgewühlten See. Dann verschluckte ihn die Brandung. Gleich danach glitt Anderson in das Wasser hinaus mit dem Kind auf dem Rücken. Kurz danach war auch er nicht mehr zu sehen.

Ich arbeitete mich jetzt hinunter zum dritten Steuermann, und Tai-Fun und Huang übernahmen meinen Platz am Niedergang zum Salon.
»Haltet den Jungen klar!« rief ich ihnen zu, »Bobby ist der nächste!«
Sie schafften ihn hoch, und er lag schreiend in Tai-Funs Armen, der ihm zuredete und ihn tröstete.
Dann tauchte Anderson aufs neue aus der Brandung auf. Er war diesmal weniger angestrengt. Die erste Tour hinaus, als er nichts hatte, um sich festzuhalten, sondern nur die Trosse nachschleppte, war wohl das, was ihn am meisten fertiggemacht hatte. Das Tauende, mit dem Mary festgezurrt worden war, brachte er mit. Bobby schrie wie am Spieß.
Diesmal brauchte er niemanden zu rufen; wir hielten den Jungen bereit, und wir banden ihn auf dem Rücken des Vaters fest. Dann ging er wieder ins Wasser hinein. Eine der Wellen hob sie weit empor, aber er behielt den Griff am Tau. Danach verschwanden sie in Schaum und See.
Die nächste an der Reihe war die Gattin des Kapitäns, Margaret Anderson. Als er zurückkam, zurrten wir sie an seinem Rücken fest, und noch einmal glitt er in die Brandung hinaus. Die ganze Zeit bewegte sich Sancta Vénere unter den Wellen, die mittschiffs und vorne über ihr zusammenschlugen. Sie war jetzt in der letzten Phase ihrer Zerstörung, und ich wartete nur darauf, daß sie in zwei Teile zerbrechen würde. Den Geräuschen im Rumpf nach würde es nicht mehr lange dauern.
Unten traf Christian Hellmuth, der Bootsmann, die Auswahl, und dies geschah streng nach dem Prinzip: die Jüngsten zuerst.
Der nächste war nun Moses. Er war stumm vor Schreck,

als er die See und die Brandung um uns zu sehen bekam. Und Anderson ließ lange auf sich warten. Aber er tauchte wieder auf aus der schäumenden Gischt und bekam Moses auf den Rücken. Wieder verschwand er in der aufgewühlten See.

Danach war Pat an der Reihe. Er war alles andere als stumm; er weinte und klammerte sich an meinem Hals fest.

Als der Kapitän zurückkam und der Junge festgezurrt werden sollte, schrie er:

»Nein! Ich will beim zweiten Steuermann sein! Peder soll mich an Land bringen!«

»Das geht nicht, Pat!« rief ich zurück: »Ich habe das zweite Kommando an Bord und kann nicht gehen, bis die ganze Mannschaft an Land ist!«

»Nein, nein! Ich will beim Steuermann Peder sein!«

Es nützte nichts, ihm etwas zu erklären. Nur mit Gewalt konnten der dritte Steuermann und ich ihn auf Andersons Rücken festbinden. Er heulte vor Angst, als sie in die Brandung hinunterglitten. Und er hatte guten Grund dazu, weil im gleichen Moment beide von der schäumenden Gischt bedeckt wurden. Auf dem Weg hinüber mußten sie genauso oft unter wie über Wasser gewesen sein. Aber drüben an der Küste wurden sie von dem Eisengriff der Fäuste von Arrowsmith empfangen. Er zog sie aus der Brandung und den zurückflutenden Wellen.

Dann holte Anderson Elias und danach Stavros. Der Grieche war zwar ein kräftiger Junge, aber einfach nicht stark genug, die Tour allein zu machen.

Der Himmel veränderte sich jetzt. Immer öfter kam der Mond zwischen den aufgerissenen schwarzen Wolken hervor, und ab und zu konnten wir bis zur Brandung am

Strand sehen. Leider hatten wir auch die Aussicht auf das Wrack der ›Neptun‹. Es war nur die Leiche eines Schiffes, das dalag und Planke für Planke zermalmt wurde. Es sah aus, als wäre die Back vorne halb weggerissen. Der Wind war zwar etwas abgeflaut, aber die See ging immer noch genauso hoch, und jede Welle schlug mit gewaltigem Dröhnen gegen die Luvseite.

Niemals je zuvor habe ich einen solch überzeugenden Eindruck davon erhalten, was ein gut gebautes Schiff ertragen kann.

Als Dickson und ich Anderson noch einmal in Empfang genommen hatten, blieb er einen Augenblick stehen und trocknete das Salzwasser in Gesicht und Augen.

»Mr. Dickson«, sagte er, »Sie müssen rübergehen und Arrowsmith helfen. Es ist jetzt fast unmöglich für ihn, uns aus dem Sog herauszukriegen.«

Der dritte Steuermann nickte und ging in die See. Er wurde sofort emporgehoben, folgte der Welle, aber ließ den Griff am Seil nicht locker werden. Dann war er eine Weile unter Wasser, dann tauchte er wieder auf. Im Grunde glaube ich, daß alle Seeleute wasserscheu sind. Wir haben – früher oder später – die See in voller Raserei gesehen, und wir werden es nie vergessen. Der Anblick des aufgerührten Meeres, wo es bei zehn bis fünfzehn Faden Tiefe bricht, wo der geheime Meeresboden sich nackt in all seiner Bosheit, Obszönität und Häßlichkeit zeigt – das ist mehr, als ein Mensch vertragen kann.

Irgendein Franzose hat gesagt, daß es eine Sache gibt, für die er Gott dankbar ist: daß ihm der Anblick der nackten Menschenseele erspart geblieben ist.

Der Anblick des Meeresbodens ist schlimmer.

Für den Menschen gibt es Hoffnung.

Selbstverständlich wohnt die Destruktion in uns allen. In jedem von uns steckt ein Mörder. Aber es steckt auch ein Erlöser und ein Retter in uns.
Im Verlauf der Todesnacht auf diesem Korallenriff wurde mir klar: wir sind dazu bereit, einander umzubringen, aber wir sind auch dazu bereit, das Leben für einander einzusetzen.
»Was sollen wir tun, Mr. Jensen?« brüllte mir der Kapitän zu: »Wollen wir die Kranken oder die Jüngsten zuerst drannehmen?«
»Was ist schlimmer?« schrie ich zurück: »Krank zu sein oder jung?«
»Sie sind nicht ganz dicht, Mr. Jensen!« antwortete er, »das habe ich immer gewußt.«
»Ich bleibe hier stehen!« schrie ich. »Ich will, daß mir André Legrand assistiert, dann können Sie selbst die Auswahl treffen, wer sterben und wer leben soll. Es ist nicht mein Job, Leute zum Leben oder zum Tod zu verurteilen. Ich bin hier nicht der Kapitän.«
Er kroch hoch zu der Öffnung, die zum Salon hinunterführte, und brüllte einige Worte hinab. Einen Augenblick später stand der ebenholzschwarze Athlet neben mir.
»Wen sollen wir zuerst nehmen, Legrand?« rief ich: »Die Jüngsten oder die Kranken?«
»Wir nehmen die Schwächsten zuerst«, antwortete er.
»Wer ist das?«
Er nannte den Namen des Malaienjungen mit dem gebrochenen Arm, dann nannte er Carlos mit dem zersplitterten Knöchel und dem gebrochenen Kiefer, danach Juan Cortez mit der skalpierten Kopfhaut. Dann nannte er die Jungmänner, beide achtzehnjährig – den Kriminellen Julian aus den Südstaaten, den Gitarristen Taddeo aus Bra-

silien und den anderen malaischen Jungen, der nicht verletzt worden war.
»Dann nehmen wir die Jüngsten zuerst«, schrie Anderson.
»Und lassen die Sterbenden die Sterbenden begraben!« antwortete ich.
Zugleich ertönte der Krach, als das Schiff mittschiffs auseinanderbrach. Dadurch fungierte das Wrack nicht länger als Wellenbrecher und die Seen spülten mit voller Kraft in die Riffe hinein.
Jetzt war alles zusammen nur ein kochender, siedender Hexenkessel.
Beide Jungmänner waren drahtige, bewegliche Jungen, aber so, wie es jetzt zwischen Wrack und Land aussah, hatte keiner von ihnen eine Chance, die Tour allein zu schaffen. Der Malaie war leicht und geschmeidig, aber bei weitem nicht stark genug, um sich aus eigenen Kräften an der Trosse festzuhalten.
Anderson brachte sie an Land, einen nach dem anderen, sorgfältig von Legrand und mir auf seinem Rücken festgebunden.
Lilly schaffte es trotz des kaputten Beines alleine bis zum Strand. Dort wurde er vom dritten Steuermann und Arrowsmith aus der Rückströmung herausgezogen. Der Kapitän kam aufs neue zurück. Er wirkte wie eine Art blutiges Seeungeheuer, als der Kongolese und ich ihn an Bord zogen; wie ein Walroß oder ein See-Elefant. Dann zurrten wir den anderen Malaienjungen – den mit dem gebrochenen Arm – auf seinem Rücken fest, und er ging wieder hinaus in die Schaumwirbel.
Als er zurückkam, banden wir den letzten Leichtmatrosen, Carlos von Peru mit dem zersplitterten Knöchel und dem gebrochenen Kieferknochen, an ihm fest. Dann ging

es aufs neue in die See hinaus. Wir sahen nichts von ihm, alles ähnelte nur einer Hölle aus schmutzigem Schnee.
Nach meiner eigenen Beurteilung drehte es sich jetzt nur noch darum, die an Land zu bekommen, die eine Chance hatten, es auf eigene Faust zu schaffen, so daß ich Huang, Achmed, Edgar Danson und Pierre Tronchet der Reihe nach in die See hinausschickte. Sie gingen, einer nach dem anderen, und hatten das Tau, um sich festzuhalten. Und sie waren allesamt starke, erwachsene Seeleute, gewohnt, an den Rahen zu hängen und bei jedem Wetter Segel zu bergen – abgehärtete, trainierte Männer mit großen Fäusten und kaputten Nägeln.
Dann kam der große, kräftige Matrose Li mit einer Fleischwunde im Unterschenkel und zerschlagenem Nasenrücken. Ich wußte, daß er es schaffen würde.
Danach tauchte Kapitän Anderson wieder aus dem Meer auf. Wenn es um ihn ging, konnte mich nichts mehr überraschen. Legrand und ich zogen ihn hoch auf das, was vom Achterschiff übriggeblieben war.
»Cortez!« rief er: »Wo ist der Satan von einem verdammten Kubaner?«
Wir schafften den zierlichen, eleganten, guten Seemann, der immer noch fürchterliche Schmerzen von seiner skalpierten Kopfhaut hatte, herbei. Und wir banden ihn auf Andersons Rücken. Dann gingen beide über Bord und verschwanden in Schaum und Dunkelheit.
Danach rief ich Tai-Fun; er rutschte das Deck hinunter weich und leicht wie eine Katze.
»Können Sie es allein hinüber schaffen?« schrie ich.
Er stand vor mir – wie immer in Papierpantoffeln und Pyjamas und mit dem fürchterlichen Haimesser an der linken Hüfte. Tai-Fun antwortete nicht, aber die schwarzen,

asiatischen Augen wurden schmal wie Striche. Er lächelte über sein ganzes Pergamentgesicht. Dann ging er ruhig in den Hexenkessel hinunter und verschwand. Zu all dem muß gesagt werden, daß die Mannschaft mit der allergrößten Selbstbeherrschung reagiert hatte. Es gab keine Hysterie, keine unkontrollierten Angstausbrüche. Niemand versuchte, sich auf Kosten anderer zu retten.
Abgesehen von André Legrand und mir waren nur noch drei Mann an Bord. Es waren die zwei Mischlinge, der Zimmermann van Harden und der Segelmacher und Messerstecher Davis aus Australien. Dazu kam Christian Hellmuth, der Bootsmann, sehnig und trainiert, aber über sechzig Jahre alt.
Van Harden und Davis mußten es selber schaffen, und sie verschwanden in Wirbeln von Schaum und Wellen. Dann kam der Kapitän wieder zurück. Hellmuth protestierte, aber Anderson nahm ihn auf den Rücken, und ich zurrte ihn fest. Ihm selbst war klar, daß er die Tour zum Land nicht allein schaffen würde, aber ich hatte den Eindruck, daß er lieber sterben würde – nach allem was geschehen war.
Sie gingen in die aufgewühlte See hinein, und ich war alleine an Bord. Dann ging ich unter Deck und kletterte nach vorne durch die umgestürzte Einrichtung. In der schwärzesten Dunkelheit fand ich den Weg zur Krankenkammer und stopfte die Taschen voller Morphium, einschließlich dem Etui mit der Spritze, Opium und Verbandszeug.
Als ich wieder auf Deck war, kam Anderson zurück. Ich zog ihn an Bord.
»Mr. Jensen«, sagte er, »jetzt gehen Sie an Land!«
»Ich warte auf Sie, Sir.«

»Sie gehen jetzt an Land! Das ist ein Befehl!«
»Ich pfeife auf den Befehl. Ich bin es nicht, der Frau und Kinder hat.«
»Sie sind mir wirklich ein tollgewordener Steuermann!« schrie er.
»Ich tue das, was ich für richtig halte!« antwortete ich.
»Ich hätte Sie schon längst über Bord werfen sollen!«
»Es ist nie zu spät, Sir.«
Er zog die gewaltigen Schultern hoch.
»Ich muß schnell noch einmal unter Deck«, fuhr er fort.
»Ist das nötig?« rief ich: »Sie hält nicht ein paar Minuten mehr!«
»Ich muß nach unten!« schrie er, »das ist sehr notwendig!«
Dann kletterte er dorthin hoch, wo der Kartenraum gewesen war, und stieg in die Dunkelheit hinab. Nach einer längeren Zeit kehrte er zurück mit einer Kiste Patronen unterm Arm. Ich band sie auf seinem Rücken fest.
»Nun rein mit Ihnen!« brüllte er.
Ich packte das Tau und ging hinunter in die brüllenden Wassermassen. Es ist wahrscheinlich das Schlimmste, was ich je erlebt habe. Die Schmerzen bei dem Aufschlagen auf die Korallen spürte ich nicht, aber ich war mehr unter als über Wasser, und ich hatte mehrere Male das Gefühl, ertränkt zu werden. Das hing auch damit zusammen, daß ich immer noch schwach war von dem gewaltigen Schlag übers Gesicht und nach drei Tagen und Nächten ohne Schlaf. Erst als ich den Sandboden unter den Füßen spürte und in die zwei Meter hohen Wellen am Strand und in den gewaltigen Rücksog kam, verlor ich den Griff ums Tau und wurde hin- und hergeworfen, dann merkte ich, daß mich jemand festhielt. Es waren der Kapitän, der von See her kam, und Arrowsmith, der mich vom Land aus packen

konnte. Gleich darauf ergriff auch der dritte Steuermann Dickson einen meiner Arme, und zusammen zogen sie mich aufs Land hoch. Ich hatte immer noch die Verbandssachen, das Morphium und die Spritze in den Jackentaschen.

Hingegen war der Revolver verschwunden.

Die Insel – Nachwort

Am nächsten Morgen überblickten wir das Elend. Von der Bark ›Neptun‹ war kein Splitter mehr übrig. Der Wind war ganz abgeflaut, der Himmel blau, die Dünung jedoch immer noch sehr hoch. In der Lagune und am Strand entlang lag einiges an Wrackteilen, aber nichts von Wert. Sicher hatten wir alle von der Nacht einen Schock erlitten, aber niemand war umgekommen. Ich selbst hatte große Schwierigkeiten mit dem Gehen. Sogar Arrowsmith war eine Ruine, aber er lächelte mit den weißen Zähnen und dem schönen, braunen Gesicht.

Am meisten kaputt war Kapitän Anderson. Er lag oben zwischen einigen Büschen, umgeben von seiner Frau und seinen Kindern. Er konnte sich nicht erheben, lallte, wenn er sprach, und zitterte mit den Händen wie ein Trinker während der Abstinenz. Außerdem hatte er erhebliche Schlag- und Schnittverletzungen.

»Holen Sie Arrowsmith, Mr. Jensen!« sagte er, als ich mit Pat an der Hand zu ihm kam. Der Junge hatte sich übrigens ebenso wie die anderen Kinder gut erholt.

James Arrowsmith kam und setzte sich auf den Boden neben Anderson. Danach wurden auch Dickson und Hellmuth geholt.

»Wenn diese Insel bewohnt ist«, sagte Anderson, »dann ist die Bevölkerung wahrscheinlich von feindseliger Gesinnung; wahrscheinlich sind es Kannibalen. Ich kenne dieses Fahrwasser ziemlich gut. Aber wir können davon ausgehen, daß sie Berührung mit Seeleuten gehabt haben und daß sie wissen, was Schußwaffen sind. Wir haben nur zwei Revolver, aber ziemlich viel Munition. Worauf es ankommt, ist, daß die Bevölkerung den Eindruck erhält, wir wären alle bewaffnet. Die Schußwaffen müssen also die Runde machen; so daß alle der Reihe nach einen Revolver haben.«

Mit zitternder Hand gab er Arrowsmith seinen Colt.

»Ihr müßt es auf eigene Faust regeln«, fuhr er fort, »ich selbst tauge zu nichts. Ich kann nicht einmal aufstehen. Das wichtigste ist jetzt, sich die Eingeborenen vom Leibe zu halten, wenn sie feindlich sind. Das zweite ist, Feuer zu machen und Essen zu beschaffen. Feuermachen kann sicher Lilly. Kokosnüsse haben wir genug, und in der Lagune und auf dem Riff gibt es Austern und Muscheln und Schalentiere. Ich für meinen Teil kann nicht mehr.«

Wir hatten praktisch nichts; abgesehen von den zwei Schußwaffen und Tai-Funs Haimesser gab es nichts – kein Streichholz, kein Kochgeschirr. Der gesunde Malaienjunge kletterte flink in eine der Palmen hoch und schnitt mit Hilfe des Messers Nüsse. Es zeigte sich, daß wir auch über ein paar gewöhnliche Messer, Schnappmesser und Taschenmesser verfügten.

Ein bißchen weiter innerhalb der Insel entdeckten wir einen Bach mit frischem Wasser. Es zeigte sich später, daß es dort auch andere Früchte als nur Kokosnüsse gab. Und hier waren natürlich die Malaien und Farbigen von unschätzbarem Nutzen. Nicht zuletzt Lilly, der unter solchen Verhältnissen aufgewachsen war. Er besaß Kenntnisse von allem Pflanzlichen, das eßbar war. Für einen Kannibalen war er überraschend vegetarisch orientiert.

Schon am ersten Tag formierte sich eine Gruppe der Gesündesten, die auszogen, um Austern, Muscheln und Schnecken zu sammeln. Aufs Riff konnte man sich noch nicht hinauswagen, aber in der Lagune konnte man ziem-

lich viel finden. Wir hielten es von Anfang an so, daß die, die zu Hause blieben, beim Lager einen der Revolver behielten und die Expedition, die auf Essenssuche war, den anderen hatte. Da wir nichts hatten, um die Ausbeute zu tragen, verwendeten wir Hemden, Jacken und Hosen; indem wir Knoten in Ärmel und Hosenbeine machten, erhielten wir sehr brauchbare Säcke, in denen wir die Schalentiere sammeln konnten.
Es erwies sich in der folgenden Zeit, daß die Suche nach Essen unsere Hauptbeschäftigung wurde.
Am ersten Tag begannen wir auch mit dem Bau einer Hütte, um eine Art Dach über dem Kopf zu haben. Das Feuer entfachte Tai-Fun ohne die Hilfe Lillys.
Eine der wichtigsten Sachen, die unter den Wrackresten gefunden wurden, waren ein paar Ballen Manilarep und ein leeres Eisenfaß, daß Paraffin enthalten hatte. Durch das letztere war ein Hauptproblem gelöst; wir hatten einen Kochtopf. Schon am Nachmittag bekamen wir unsere erste Mahlzeit; Schalentiere, gebraten in der Glut neben dem Feuer.
Anderson mußte wie ein Kind gefüttert werden. Er war sehr schwach, und in den Monaten, die wir auf der Insel zubrachten, wurde er nie mehr der, der er gewesen war, obwohl er nach und nach ziemlich viel umherging und auch ziemlich oft in der Lagune schwamm. Er hatte jedoch Recht gehabt: die Insel war bewohnt, und die Bevölkerung war äußerst feindselig eingestellt. Nach ein paar Tagen hatten wir die erste Begegnung mit ihnen.
Das erste Mal waren es nur Männer, die kamen.
Sie waren mit Speeren und Keulen bewaffnet. Keiner von ihnen war groß an Wuchs. Sie waren sehr dunkel und sehr muskulös. Sie hatten die vorspringende Stirn der Austral-

neger und völlig flache Nasen. Der Rasse nach waren sie mit Lilly verwandt. Sie hatten spitzgefeilte Zähne und waren gründlich tätowiert. Aber Lilly verstand ihre Sprache nicht.
Sie hatten keine Geschenke für uns dabei, und wir hatten nichts, was wir ihnen geben konnten.
Arrowsmith beging den Geniestreich, cine Möwe im Flug zu schießen, direkt über ihren Köpfen. Die Wirkung war enorm; sie sahen, daß wir Feuerwaffen besaßen, und sie sahen, daß wir sie zu gebrauchen verstanden.
Darauf zogen sie sich zurück. Am liebsten hätten sie uns verspeist.
Später trafen wir ab und zu aufeinander. Wir begegneten auch den Frauen und Kindern. Aber das ganze Verhältnis nahm die Form einer bewaffneten Neutralität an.
Natürlich waren wir Eindringlinge; wir waren nicht willkommen. Wir gruben nach Schalentieren und fingen Fische in ihrer Lagune, und wir aßen ihre Kokosnüsse und Früchte und Gemüse aus dem Wald.
Die Insel selbst war vulkanischen Ursprungs, mit einem ziemlich hohen, bewaldeten Berg, aber von Korallenriffen umgeben.
Nach und nach bildeten wir eine Gesellschaft, in der keiner Herr und keiner Knecht war.
Dies stand in extremem Kontrast zu der Gesellschaft der Eingeborenen mit Häuptlingen, Unterhäuptlingen, Medizinmännern und Untertanen. Unsere Revolver machten die Runde; sogar die Schiffsjungen gingen ab und zu bewaffnet umher. Hin und wieder schossen wir etwas. Es gab wilde Schweine im Wald, und wenn wir auf sie Jagd machten, hörten die Eingeborenen die Schüsse.
Aus den Hanftauen stellten der Segelmacher und Hell-

muth mit unendlicher Geduld sowohl Leinen als auch Angelschnüre und Netze her. Die Anstrengungen, Essen zu beschaffen, standen im Mittelpunkt. Wir fanden auch reichlich kleine, wilde Bananen, die nicht viel größer als ein Mittelfinger waren und die man braten mußte, ehe man sie essen konnte.

Unsere Jungen – Elias, Moses, Stavros und Pat – waren dabei, gute Fischer zu werden, und sammelten große Mengen von Schalentieren. Ich brachte Pat das Schwimmen bei, und im Laufe der fünf Monate, die wir auf der Insel waren, entwickelte er sich. Er wurde größer und viel kräftiger, er wurde fünfzehn Jahre alt und kupferbraun am ganzen Körper, und die Diät – Fisch, Schalentiere, Obst und Gemüse – machte seine Zähne besser.

Bald reichte er mir fast bis zur Schulter.

Zugleich war er immer noch ganz Kind. Wenn wir den Strand entlangliefen, hielt er mich immer noch an der Hand, und nachts schlief er neben mir in einer der Hütten. Er hatte nie wirklich Eltern gehabt; und jetzt hatte er den zweiten Steuermann Jensen gefunden.

Wir hatten auch eine Art Schule für die Jüngsten und für die von den Männern, die mitmachen wollten. Tai-Fun, Hellmuth und ich unterrichteten. Vor allem ging es um Lesen und Schreiben von Englisch und dann um Mathematik und Geschichte. Christian Hellmuth, Rosenkreuzer und Mystiker, erwies sich als eine Quelle von Mythen, Legenden und Fabeln. Wir hatten keine Bücher und nichts, um darauf zu schreiben, wir mußten uns mit der Schrift im Sand begnügen.

Gerettet wurden wir von der Mannschaft eines polnischen Dampfers.

Wir sahen die Rauchsäule des Schornsteins in der Frühe,

und ein paar Stunden später lag das Schiff draußen vor dem Riff. Zwei Rettungsboote wurden ausgesetzt, und sie kamen. Sie waren gekommen, um Obst und frisches Wasser zu holen. Im Verlauf des Nachmittags waren wir alle an Bord. Wir erhielten Wodka und Zigaretten.

Das Schiff hatte Kurs nach Manila.

Wir waren jetzt in einem neuen Jahrhundert und auf einer neuen Reise; wir waren am Beginn des zwanzigsten Jahrhunderts. Als der Abend kam, ging ich allein nach vorne auf die Back und sah hinaus auf die ruhige Dünung.

Dann kam jemand und nahm mich bei der Hand. Ich wußte, wer es war.

Eine Weile stand ich so und sah in eine unklare Zukunft, in ein neues und unbekanntes Jahrhundert, von dem niemand wußte, was es bringen würde.

Ich stand da mit Pats brauner Faust in der Hand und mit meinem eigenen, unruhigen Herzen in der Brust.

Ein wenig über Haie

Da der zweite Steuermann Peder Jensen kein Naturwissenschaftler oder Zoologe ist und sich in keiner Weise auf den Zweig der Zoologie spezialisiert hat, der sich mit den Fischen beschäftigt – die Ichthyologie –, weiß er rein systematisch und physiologisch wenig von Haien. Strenggenommen weiß der zweite Steuermann genausowenig von Haien, wie Walfänger (wissenschaftlich) von Walen wissen. Er begeht in seinem Bericht von der Bark ›Neptun‹ den für uns Schreibtischmenschen fürchterlichen Fehler, den Begriff ›Art‹ mit dem Begriff ›Ordnung‹ zu verwechseln. Deshalb mag hier ein wenig von dem am Platz sein, was Søren Kierkegaard ein »wissenschaftliches Nachwort« nannte. Wir wollen damit beginnen, daß wir an die übliche Einteilung von Tieren- und Pflanzensorten erinnern. Es gibt:

Klasse
Unterklasse

Ordnung
Unterordnung

Familie
Unterfamilie

Geschlecht

Art (Species)
Unterart

Später ist man gezwungen gewesen, die Aufteilung weiter zu führen in:

Rassen
Stämme.

Innerhalb der Welt der Fische gibt es eigentlich nur drei Klassen. Es sind die ›Rundmäuler‹, die ›Knorpelfische‹ und die ›Knochenfische‹. Hier gehen uns nur die Haie etwas an, die zur Klasse der Knorpelfische gehören, einer Klasse, die nur Rochen und Seedrachen umfaßt. All dies sind Fische, die von uralten, ausgestorbenen Fischen abstammen, die kein anderes Skelett hatten als relativ weichen Knorpel.
Rochen und Seedrachen wollen wir in Frieden lassen. Die Haie gehören zur Ordnung der *Selachier*, und diese Ordnung umfaßt 19 Familien, die wiederum in etwa 300 Arten, also Species, unterteilt werden kann. Sehr viele Haie ähneln einander so sehr, daß man sie früher der gleichen Art zurechnete und erst in späteren Zeiten verstand, daß man es mit verschiedenen Arten zu tun hatte. Andererseits können sich eine ganze Menge Haie einen bestimmten Aufenthaltsort aussuchen, wo sie durch die lokalen Verhältnisse ein anderes Aussehen bekommen als ihre Artgenossen, die von anderen lokalen Verhältnissen geprägt sind. Oft braucht es für einen Ichthyologen lange Zeit, herauszufinden, daß es sich um die *gleiche* Art handelt, aber um unterschiedliche *Stämme* der Art. Weiter gibt es Haie von solch unterschiedlichem Aussehen und so verschiedener Größe – zum Beispiel Arten bis hinunter zu einigen Zentimetern und Arten bis zu fünfzehn Metern Länge –, daß es fast unmöglich war, zu verstehen, daß beides Haie sind, also der Ordnung Selachii angehören.

Überhaupt gibt es kaum Fischsorten, von denen wir so wenig wissen wie von den Haien; und dennoch glauben wir alle, daß wir wissen, was ein *Hai* ist: er ist – nimmt man an – im großen und ganzen gesehen nicht sehr lieb, und darin hat man recht. Ein alter englischer Ichthyologe schreibt: »Der Hai ist ein böses Tier; er *verteidigt* sich, wenn er angegriffen wird.« Ich persönlich muß gestehen, daß ich es nicht so bösartig finde, sich zu verteidigen, wenn man angegriffen wird. Es ist schlimmer, daß sie angreifen, ohne selbst zuerst gereizt worden zu sein.
Sie greifen aus chronischem Hunger an; sie greifen an, um zu fressen – hin und wieder auch, um nur zu kosten, sozusagen eine Warenprobe aus der Mahlzeit zu nehmen, bevor sie sich fürs Fressen entscheiden; und einzelne, besonders eine spezielle Art – auf Grund seines unverhältnismäßig großen Kopfes und enormen Maules Ochsenhai genannt –, greifen oft aus reinem Sportsgeist an.
Der Ochsenhai kann bis auf weniger als einem Fuß Tiefe angreifen. Selbst ein Hai von ziemlich bescheidener Größe – von sagen wir acht Fuß Länge – hat einen Gebißdruck von 3000 kg pro Quadratzentimeter, und die Quadratzentimeter sind bestückt mit Zähnen, die ungefähr genauso scharf sind wie das Skalpell eines Chirurgen. Das bedeutet: er kann einen kräftigen Mannsschenkel oben an der Hüfte mit einem einzigen Zuschnappen abbeißen, quer durch Muskeln und Knochen hindurch. Ich habe gesehen, wie ein ausgewachsener weißer Hai, der größte von den Heringshaien, eine Stahltrosse von fast einem Zoll Dicke durchbiß. Wahrscheinlich hatte er einen Gebißdruck von ca. 12000 kg pro Quadratzentimeter. Man muß damit rechnen, daß, abgesehen von wenigen Ausnahmen, im großen und ganzen alle Haie gefährlich sind, auch

wenn sie nicht länger als einen halben Meter sind. Zu den vollkommen ungefährlichen gehören verwunderlicherweise die größten von allen Species, die zwei Leviathane, der Pilgerhai und der Walhai – der größte noch lebende Fisch der Welt – von, in der Reihenfolge ihrer Erwähnung, zwölf Metern Länge und über zwölf Tonnen Gewicht und fünfzehn Metern Länge und mehr als fünfzehn Tonnen Gewicht. Sowohl der Pilgerhai als auch der Walhai (letzterer als der Welt größter Fisch) sind fromme, sanftmütige, fast scheue Geschöpfe, die sich von Plankton und von anderen mikroskopisch kleinen Lebewesen, aber auch von Kleinfischen, Krabben und kleinen Krebsen ernähren. Es ist bei ihnen wie bei den Menschen: die Größten leben von den Kleinsten.

Die größte und umfassendste Haifamilie sind die Heringshaie, und zu ihnen gehört der drittgrößte Fisch der Erde, Leviathan Nummer drei, der Weißhai, der reine Satan unter den Haien, ein angriffslustiges, blitzschnelles und immer hungriges Geschöpf. Man hat in letzter Zeit Exemplare von sechs bis sieben Metern Länge und einem Gewicht von 3500 kg gefangen, aber man rechnet damit, daß er bedeutend größer werden kann. Im vorigen Jahrhundert fing man einen Weißhai von vierzehn Metern. Ganz und gar und nur ein bißchen angekaut kann er Tiere von der Hälfte der eigenen Länge schlucken. Er greift auch aus Sport, aus Vergnügen an. Er ist – innerhalb des Tierreichs – gewiß der gefährlichste, unersättlichste und kampflustigste Menschentöter der Welt. Das Maul erreicht eine Breite von anderthalb Metern, vollgestopft mit gezackten, rasiermesserscharfen Zähnen in sieben Reihen nebeneinander. Der Weißhai ist auch, wie mehrere Haiarten, Kannibale; er frißt kleinere Exemplare der eigenen Art – auch seine eigenen Jungen. Charakteristisch dafür, wie wenig wir vom Weißhai wissen, ist der Umstand, daß Ichthyologen immer noch darüber im Zweifel sind, ob das Weibchen lebendige Jungen gebärt oder Rogen ablegt. Man weiß mit Sicherheit nur, daß die Befruchtung im Uterus stattfindet. Interessant ist auch, daß bei lebendgebärenden Haiarten, wenn sie trächtig sind, die Jungen bereits in Mamas Bauch anfangen können, sich aufzufressen. Es gilt als sicher, daß der Weißhai eine Länge von mehr als sieben Metern erreichen kann und ein Gewicht von 4000 kg.

Von den anderen bekanntesten Menschenfressern seien der Tigerhai, der Hammerhai und der Blauhai – alles Heringshaie – erwähnt. Eine andere große Familie bildet der Makrelenhai mit einer bedeutenden Anzahl von sogenannten ›typischen‹ Haien, alle von mittlerer Größe, alle gefährlich.

Aber es gibt auch Haie so klein wie Sardinen, solche, die leicht in der Hand eines Mannes Platz finden würden, wie zum Beispiel der japanische Zwerghai – winzig klein, aber er *ist* ein Hai, obwohl nicht anzunehmen ist, daß er Menschen frißt. Es gibt auch einen portugiesischen Zwerghai, ungefähr einen Fuß lang, der sich in sehr großen Tiefen aufhält – er ist bei 3000 Metern gefangen worden –, ebenfalls harmlos, aber Hai bleibt Hai.

Zoologisch gesehen werden sie zur Klasse der Knorpelfische gerechnet; sie bilden die Ordnung Selachii, die in neunzehn Familien

Eine Familie hat die lateinische Bezeichnung *Isudiae.* Der größte und gefährlichste Hai in dieser Familie ist *Carcharodon carcharias,* der Menschenfresser par excellence. Von ›*charcharias*‹ ist das englische Wort für Hai – shark – hergeleitet worden.

unterteilt ist und, wie schon erwähnt, etwa 300 Arten umfaßt. Diese Zahl ist bezogen auf 1969; heute vierzehn Jahre später, sind sicher mehrere neue Arten registriert worden. Vor nicht allzu langer Zeit rechnete man mit nur 200 Arten, dann stieg die Zahl auf 250, es werden also immer mehr. Einzelne Arten gleichen sich sehr, sind aber trotzdem nicht die gleiche Species. Zwei bis drei Meter Länge ist das Normale, aber selbst weitaus kleinere Tiere können sowohl unsanft als auch äußerst gesundheitsschädlich sein.

Meistens leben sie von Fischen und anderen, kleineren Haien, Tintenfischen, Muscheln und Schalentieren, aber sie sind im großen und ganzen im eigentlichen Sinne des Wortes *Allesfresser*. Ab und zu kann der große Raub-Leviathan selber geschluckt werden, von dem gewaltigen Zahnwal, dem Casquelot, obwohl der Casquelot Riesenkraken vorzieht, die er von ganz unten aus über tausend Metern Tiefe holt.

Was man in Haimägen gefunden hat, ist verblüffend komisch oder, wenn man will, erschreckend, jedenfalls ein wenig unheimlich. Gelegentlich fressen sie Aas, aber sie ziehen lebendiges, zappelndes Futter vor. In der Not ist ihnen alles recht. Man hat gefunden: Blechdosen, einen Soldaten in voller Bewaffnung, einige Dutzend Mineralwasserflaschen, Gras, Stuhlbeine, ganze Seehunde und See-Elefanten, Regenmäntel, Schuhe, oft mehrere Paare, Ledergürtel, Ziegen, Kühe, jede Menge Uniformknöpfe, während des letzten Weltkrieges auffallend viele Reste von Fliegeruniformen, Hühner, Gamaschen, Truthähne, riesige Brocken Walspeck, Pinguine, Pflanzen, Holzstücke, Schildkröten bis zu fünfzig Kilo, Arme, Beine, Delphine, Chinesen, Schotten, Neger und Backsteine;

praktisch *alles*, vom riesigen Hai bis zur Armbanduhr. In einem Haimagen fand man einmal siebzehn Stiefel. Das dürften die irdischen Überreste der Besatzung eines Rettungsbootes gewesen sein.
Es sieht so aus, als würden die Haie ungern ganze Schädel fressen; vielmehr entfernen sie oft den Kopf, ehe sie den ganzen Körper verschlucken. Sogar ein ganzes Krokodil hat man in einem Haimagen gefunden, und im Magen eines großen Weißhais ist Platz für einen ganzen Schwarm von amerikanischen Badegästen, die draußen sind, um ihre Gesundheit durch ein frisches Bad im reinen Salzwasser zu stärken. Aber – und dies ist eine Merkwürdigkeit – es scheint, daß die Magensäure der Haie Menschenfleisch langsamer verdaut als andere Nahrung, – selbstverständlich abgesehen von ungeöffneten Bierflaschen und größeren Metallgegenständen wie zum Beispiel den altmodischen, großen Taucherhelmen aus dickwandiger Bronze und ähnlichem.
Was sind nun die Haie eigentlich für eine Art Fisch? Von was stammen sie ab? Wegen des geringen Interesses, das die berufsmäßige, ökonomische Seite des Haifischfangs einstweilen genießt, wissen wir so wenig von den Haiarten; es ist typisch für uns, daß, wo kein Geld zu holen ist, die Forschung wenig Unterstützung erfährt. Trotzdem betrachten wir die Haie mit einer besonderen Neugier; sie sind spannend, sie sind ›Killer‹, und ›Killer‹ sind etwas Aufregendes. Sie trauen sich etwas zu tun, wozu wir anderen nicht den Mut haben, nämlich zu töten, ohne eine Uniform zu tragen. Aber sind überhaupt die Haie wirklich so gefährlich? Hartnäckig hält sich das Gerücht, daß die Haie nur sehr selten gefährlich seien; zumeist brauche man keine Angst vor ihnen zu haben. Erfahrene Leute

wissen es besser, und Leute, die Haie wirklich studiert haben, wissen es noch besser. – Trotzdem gibt es Menschen, die inmitten von Haischwärmen waren, sie gestreichelt, zwischen ihnen geschwommen und mit ihnen gespielt haben. Sie schwören, daß Haie leicht zu erschrecken und feige sind. Die Erklärung ist naheliegend. Wenn Leute über Bord gefallen sind und stundenlang, vielleicht tagelang in Gewässern, die von Untieren wimmelten, ohne verletzt zu werden gelegen haben, dann ist die Ursache folgende: zu gewissen Zeiten im Jahr nehmen die Haie keine Nahrung zu sich; die Männchen rühren kein Essen an, wenn sie brünstig sind – sie haben nichts anderes als ›Sex‹ im Kopf. Das kleine, walnußgroße Hirn, eigentlich nur eine Verdickung des Rückenmarks, hat keinen Platz für etwas anderes als Geschlechtlichkeit. Sie unterscheiden sich hierin vollkommen von den Menschen, die imstande sind, sowohl Geld als auch Sex gleichzeitig im Kopf zu haben. Und die Weibchen nehmen keine Nahrung zu sich während der sehr langen Zeit der Schwangerschaft oder des Eierlegens in Verbindung mit der Geburt. Viele von ihnen gebären lebende Junge; die Eier entwickeln sich in der Gebärmutter, bis die Jungen, die oft ziemlich groß sind, auf die Welt kommen – oder richtiger gesagt: in das Wasser. Aber *nach* den Schäferstunden haben die meisen Haie einen Appetit wie ausgehungerte, bengalische Königstiger. Sie sind sogar lebensgefährlich, wenn man sie schon an Deck hat. Sie beißen blitzschnell um sich und entwickeln enorme Kräfte in den Schwanzhieben. Eigentlich besteht ein Hai nur aus Muskeln, Sehnen und dem kurzen, spiralförmigen Darmkanal. Verlorene Zähne wachsen wieder nach im Verlauf von zwei, drei Tagen. Es spritzen förmlich Zähne aus den Kiefern. Die Haie sind in ewiger Bewegung und haben einen enormen Energieverbrauch. Die ewige Ruhelosigkeit hat ihren Grund darin, daß der Hai Wasser braucht, das durch den Mund hineinströmt und zu den fünf, sechs oder sieben Kiemenöffnungen heraus, um Sauerstoff zu erhalten. Aber wenn er zufällig ein paar Seehunde, einen anderen Hai und einen Leichtmatrosen im Bauch hat, dann ist es klar, daß er nicht *so* einen Bärenhunger hat wie sonst.

Die Haiordnung, die also unter die Klasse der Knorpelfische gehört, wird von einigen der ältesten und primitivsten Fische gebildet, die existieren. Es sind möglicherweise die vollkommensten Geschöpfe, die es gibt. Und nur das Primitive ist vollkommen. Diese seine perfekte, ideale Ausformung erreichte er vor 300 Millionen Jahren. Er konnte einfach nicht vollkommener werden in bezug auf die Funktionen, die er erfüllen sollte; und so, wie er sich im Laufe der Zeit in immer mehr Arten und Unterarten spezialisiert hat, sind auch einzelne Arten ausgestorben.

Von der größten, leider vor zwanzig Millionen Jahren ausgestorbenen Haiart, von der man heute meint, daß sie existiert hat, haben Archäologen Fossilien gefunden: Zähne und Kiefer. Die Zähne, von der gleichen Messerschärfe heute wie damals, haben eine Länge von vier Zoll und eine Breite von viereinhalb Zoll an der Wurzel. Dieser Hai ist ungefähr zwanzig Meter lang gewesen und hatte ein Gewicht von ca. fünfzig Tonnen. Unser riesiger Freund, der Weißhai, ist also selbst in seiner allergrößten Ausgabe nur ein kleines Kind neben seinem älteren Bruder. Aber dieser fossile Riesenhai starb – für uns Hailiebhaber beklagenswerterweise – vor zweihunderttausend Jahrhunderten aus, so daß wir ihn kaum mehr auf den Haken bekommen werden, nicht einmal mit einem springlebendi-

gen Engländer als Köder. Aber niemand weiß ja bis heute, was in den wirklich großen Meerestiefen existiert.
Im großen und ganzen sind die Haie, die wir heute kennen, ausgeprägte Meeresfische, Salzwasserfische. Aber man kann sich nicht darauf verlassen; einige von ihnen wechseln ab und zu das Revier und gehen weit in die Flußmündungen hinauf, in dünnes Brackwasser, und sogar ganz hoch bis zu Stellen, wo der Fluß aus reinem Süßwasser besteht.
Es gibt sogar Gastronomen, äußerst aggressive und kampflustige Haie, die ausschließlich im Süßwasser leben. Aber bisher weiß man nur von zwei Binnenseen auf der Welt, die Stämme von seßhaften Süßwasserhaien beherbergen. Der eine liegt in Neuseeland, der andere in Nicaragua. Beide Binnenseen haben einen Zugang zum Meer und erhalten ab und zu Besuch von Haien, die nicht seßhaft sind, sondern nur Gäste. Diese Gäste sind jedoch den seßhaften sehr ähnlich, nur die Farbe ist unterschiedlich. Die eingeborenen Fischer am Lago Nicaragua sehen auf die Fischer in den Nachbarseen, die keine Haie haben, herab. Sie sind äußerst stolz auf ihre Haie. Obwohl diese ab und zu einen Arm oder ein Bein oder zwei, vielleicht sogar einen ganzen Schwimmer schnappen, bewundern sie sie desto mehr für ihr Draufgängertum und ihre Stärke. Die anderen Fischer von den armen, hailosen Seen in der Nachbarschaft sollen äußerst dünnhäutig sein, wenn das Gespräch dieses Thema berührt; wenn man nur das Wort ›Hai‹ vor ihnen erwähnt, blicken sie zu Boden und schämen sich.
Dann gibt es Flußhaie wie den Kongo-Hai, den Ganges-Hai und Haie von vielen anderen großen, besonders afrikanischen und indischen Flüssen. Man findet sie weit drin-

nen im Inland, und in gewissen Teilen Indiens rechnet man mit bedeutenden jährlichen Verlusten von Menschen und einer großen Anzahl von Angriffen und Verstümmelungen – etwas, das oft in überraschend flachem Wasser stattfinden kann. Alle diese Fluß- und Süßwasserhaie ähneln einander sehr, obwohl sich hin und wieder auch andere Haie ein Stück die Flußmündung hinaufschlängeln.
Lange rechnete man damit, daß es verschiedene Arten seien, oder auf alle Fälle Unter-Spezies, die im Süßwasser lebten. Erst nach und nach entdeckte man, daß alle mit Sicherheit der Art des Ochsenhais angehören und daß es sich nur um verschiedene Stämme oder möglicherweise Rassen handelte. Der Ochsenhai ist nicht besonders groß, aber über alle warmen Meere verbreitet, jedoch auch oben in den großen Flüssen und, wie erwähnt, auf jeden Fall in zwei Fällen im Süßwasser seßhaft. Die Salzwasserversion des Ochsenhais ist etwas größer als die der Brack- und Süßwasserstämme, und hier ist es möglicherweise am Platz, das Wort ›Rasse‹ zu verwenden. Aber auch diese wird nicht mehr als ein paar Meter lang. Dagegen gehört er zu den angriffslustigsten Haiarten, die existieren. Nur ein Idiot oder Geisteskranker kann sich in ein Wasser wagen, in dem es Flußhaie gibt. Eine Episode aus Ostafrika, oben, von einem der großen Flüsse, unterstreicht dies. Ein junger Mann schwamm unmittelbar außerhalb der aus dicken Stahltrossen bestehenden Haisperre und ein anderer Mann dicht daneben, aber auf der Innenseite. Der äußere Schwimmer streckt beide Arme gegen den Himmel, schreit aus Leibeskräften, bekommt die Hälfte des Körpers aus dem Wasser heraus und fällt dann vornüber. Er war tot, als man ihn an Land schaffte.
Das eine Bein war wie von einem Chirurgen amputiert,

ganz oben an der Hüfte, das andere Bein über dem Knie abgebissen. Das Ergebnis von zwei Bissen. Der große, breite Kopf und das enorme Maul sind der Grund dafür, daß der Ochsenhai schon bei eineinhalb Meter Länge lebensgefährlich ist.

Eine andere Episode, diesmal von einem der Flüsse in Indien, spricht ebenso für sich: ein britischer Sanitätssoldat fuhr seinen Wagen in flaches Wasser, um ihn zu waschen. Der Ochsenhai bekam seinen Fuß zu fassen, und er verteidigte sich mit den bloßen Händen. Er kam gerade noch lebendig an Land, und daß er überhaupt überlebte, war dem Umstand zu verdanken, daß das Hospital in unmittelbarer Nähe lag. Der Mann war schrecklich verstümmelt und lebensgefährlich verletzt und ein Invalide für den Rest seiner Tage. Die Ursache war ein kleiner Hai – und der Angriff fand statt bei einer Tiefe von weniger als einem Fuß Wasser.

Der Ochsenhai greift, wie ich erwähnt habe, an ohne Hunger zu haben: Fische, Haustiere, Menschen, alles – nur um des Angriffs willen, also wie aus einer Art Sport oder einer Form des l'art pour l'art. Es ist auch möglicherweise ein Instinkt, der ihn dazu treibt, die Kiefer und die gewaltigen Muskeln, die ihn schließen, zu gebrauchen. Schon in der Jugend ist er lebensgefährlich wegen der Kraft seines Bisses.

Es ist eine Eigentümlichkeit des Haies, daß der Oberkiefer beweglich aufgehängt ist; der Unterkiefer sitzt fest. Sie beißen also zu, indem sie den Oberkiefer und die Schnauze heben und dann wieder senken. Soweit ich weiß, haben alle anderen Geschöpfe einen beweglichen *Unterkiefer*, mit dem sie beißen oder kauen. Der Weißhai schließt auch die Augen, wenn er beißt.

Zu Hause auf meinem Bücherregal habe ich einen auf seine Weise ungewöhnlich schönen Ziergegenstand; es ist der Kiefer von einem Hai mit allen seinen Zähnen – von einem Hai, der ungefähr zweieinhalb Meter lang gewesen sein muß. Den Zähnen nach zu urteilen, vermute ich, daß es sich entweder um einen südafrikanischen Sandhai oder um einen atlantischen Makohai – wahrscheinlich vor Marokko gefangen – handelte. Beide sind gefährlich, und wenn man das Gebiß sieht, zweifelt man nicht daran. Es hat sich später bestätigt, daß es sich um einen atlantischen Makohai handelt, also aus der Familie der Heringshaie.

Selbstverständlich ist es unmöglich, auf dreihundert verschiedene Haiarten näher einzugehen. Man kann hier nicht mehr tun, als ein paar charakteristische oder besonders eigentümliche Species auszuwählen und einige ganz generelle Worte hinzuzufügen. Es wird also nur eine Andeutung der Andeutung von dem, was über Haie heutzutage geschrieben werden könnte – selbst von einer Forschung, die sich immer noch im Anfangsstadium befindet. Ich habe nicht einmal erwähnt, daß die Haie die einzigen Fische sind, denen eine Schwimmblase fehlt. Es mag Haiarten geben, die in so tiefem Wasser leben, daß man sie nie zu Gesicht bekommen hat, und es kann natürlich weitere Binnenseen mit seßhaften Stämmen oder Rassen von Süßwasserhaien geben. Es liegen unzählige korrekte Berichte von Angriffen auf Menschen durch Haie vor, sowohl blutrünstig, makaber, als auch spannend – also zur Volkslektüre geeignet –, aber in Wirklichkeit nur von polychirurgischem Interesse.

Wir wissen bislang wenig über das Reich der Haie, aber *etwas* ist besser als *nichts*. Bald werden wir mehr von diesen umherstreifenden, vogelfreien und ruhelosen Freibeutern des Meeres herausbekommen haben – gehaßt, verabscheut und sehr oft unterschätzt. Es wird spannend sein, die weitere Forschung zu verfolgen.

Es mag ungebührlich sein, diese unsystematischen ichthyologischen Randbemerkungen dem Bericht des zweiten Steuermannes Peder Jensen von der Bark ›Neptun‹ anzufügen; aber auf der anderen Seite kenne ich den zweiten Steuermann gut genug, um zu wissen, daß er nichts dagegen gehabt hätte.

Um die Wahrheit zu sagen, ich kenne ihn *sehr* gut.

Jens Bjørneboe

Lesefutter

John Barth
Der Tabakhändler (5621)

Barbara von Bellingen
Die Tochter des Feuers (5478)

Eberhard Cyran
Der König (5638)

Fanny Deschamps
Jeanne in den Gärten
Deutsch von Uli Aumüller und Grete Osterwald.
528 Seiten. Gebunden und als rororo 5700
Jeanne über den Meeren
Deutsch von Uli Aumüller und Grete Osterwald.
560 Seiten. Gebunden

Robert S. Elegant
Die Dynastie
Deutsch von Margaret Carroux.
785 Seiten. Gebunden und als rororo 5000
Mandschu
Deutsch von Margaret Carroux.
607 Seiten. Gebunden und als rororo 5484
Mandarin
Deutsch von Margaret Carroux.
720 Seiten. Gebunden

Pauline Gedge
Die Herrin vom Nil
Deutsch von Ulla H. de Herrera.
538 Seiten. Gebunden und als rororo 5360
Pharao
Deutsch von Margaret Carroux und Ulla H. de Herrera.
544 Seiten. Gebunden
(Wunderlich Verlag)

rororo

C 2271/1

Lesefutter

Charlotte Link
Die schöne Helena
(5490)
Wenn die Liebe nicht endet
512 Seiten. Gebunden
(Wunderlich Verlag)

Margaret Mitchell
Vom Winde verweht
(1027)

Josef Nyáry
Ich, Aras habe erlebt . . .
(5420)

Diane Pearson
Csárdás
Deutsch von Margaret Carroux.
607 Seiten. Gebunden und als
rororo 5601
Der Sommer der Barschinskys
Deutsch von Margaret Carroux.
512 Seiten. Gebunden
(Wunderlich Verlag)

Michael Pearson
Das Warenhaus
Deutsch von Hermann Stiehl.
512 Seiten. Gebunden und als
rororo 5473

Mario Puzo
Der Pate (1442)
Mamma Lucia (1528)

Irving Stone
Vincent van Gogh (1099)

Nancy Zaroulis
Und sie nannten das Dunkel licht
Deutsch von Hermann Stiehl.
606 Seiten. Gebunden und als
rororo 5467

rororo

C 2271/1a